Alexander Strachan

1 RECCE

DIE NAG BEHOORT AAN ONS

Tafelberg

Eerste uitgawe in 2018 deur Tafelberg,
'n druknaam van NB-Uitgewers, 'n afdeling van Media24 Boeke (Edms) Bpk
Heerengracht 40, Kaapstad
www.tafelberg.com

Omslagontwerp: Nudge Studio
Boekontwerp: Nazli Jacobs
Redigering: Dolf Els
Proeflees: Daleen Malan
Kaarte: Frans van Dyk

Gedruk en gebind deur CTP Printers, Kaapstad

Eerste uitgawe, eerste druk 2018

ISBN: 978-0-624-08149-4
Epub: 978-0-624-08150-0
Mobi: 978-0-624-08151-7
Web PDF: 978-0624-08615-4

Opgedra aan
Kol Jan Dirk Breytenbach VRD SD SM MMM

Inhoud

Outeursnota

Hierdie boek gaan oor 1 Verkenningskommando (1 VK), die moedereenheid van die spesialemagte in Suid-Afrika. 1 VK (algemeen bekend as 1 Recce) het van 1972 tot 1981 as 'n onafhanklike operasionele eenheid bestaan. Tog het die vorming en opbou daarvan reeds in 1966 begin.

Mettertyd sou ander gespesialiseerde eenhede hieruit ontstaan, elkeen met sy eiesoortige aanwendingskriteria. Saam vorm die operasionele lede van hierdie eenhede Suid-Afrika se Recces – 'n benaming wat afgelei is van die Engelse woord reconnaissance.

1 VK sou sy eie karakter en stempel afdruk, wat geeneen van die ander eenhede hom kon nadoen nie. Sy eie ontstaan was in 'n era waarin die idee van 'n spesialemagte-eenheid heeltemal ondenkbaar was binne die Suid-Afrikaanse militêre opset. Die dryfkrag agter die vorming van hierdie unieke eenheid was die legendariese kol Jan Breytenbach. Hy is hierin ondersteun deur genls Fritz Loots en WP Louw.

Die Recces is die sambreelterm vir wat later ook 'n burgermageenheid, 'n seewaartse eenheid en 'n pseudo-/swart eenheid sou insluit. Dit was baie dekades 'n sensitiewe en "verbode" woord wat slegs in klein, uitgesoekte groepies gebruik is. Diegene wat openlik daaroor gepraat het, was waarskynlik nie deel van die organisasie nie.

Dit moet egter nie die indruk van groot getalle skep nie. Niks is verder van die werklikheid nie. In enige gegewe stadium van 1 VK se bestaan was daar nooit meer as 67 operateurs nie.

In die beginjare het 1 VK nie streng militêre strukture gehandhaaf nie; dit het op instink eerder as regulasie floreer. Die manne was onopsigtelik en wat voorkoms en kleredrag betref, heeltemal anders as die res van die Suid-Afrikaanse Weermag (SAW). Hulle was uit verskillende agtergronde en het elkeen 'n eie spesialisasierigting gehad.

Met hul eiesoortige ingesteldheid het hierdie vroeë vormingsgroep van die Recces as die Dirty Dozen bekend gestaan (n.a.v. die 1967-rolprent *The Dirty Dozen* oor 'n groep dapper valskermsoldate in die Tweede Wêreldoorlog). Dit was nog voordat die eenheid 'n amptelike naam gehad het. Met hul opleiding en operasies het hulle verder as die normale militêre strukture gekyk: Die man wat die beste vir die taak toegerus was, was die spanleier, ongeag of daar hoër range in die groep was. Selfs as dit 'n junior lid was, het hy seggenskap oor die oefening gehad.

Mettertyd het die groep meer gestruktureerd geraak. Dit was steeds 'n moeilike groep manne om te beheer omdat elkeen 'n individu en 'n leier uit eie reg was. Hierdie individualisme en terselfdertyd samehorigheid onder die manskappe het veroorsaak dat hulle nie goed oor die weg gekom het met lede van ander eenhede nie. Daarom het hulle meestal verkies om hulle eenkant te hou en is onafwendbare botsings op dié manier vermy.

Dié isolasie het daartoe gelei dat allerhande stories en mites oor die eenheid die ronde begin doen het. Baie min hiervan was waar.

Dit was wel waar dat dit – volgens baie kenners – die skerpste, veelsydigste en dodelikste spesialiseenheid in die ganse SAW was; vir sommige kenners in die hele wêreld.

Tydens keuring en latere oefeninge is die Recces gekondisioneer om honger, dors, vrees, pyn, uitputting en 'n gebrek aan slaap te deurstaan. Die manne was superfiks, bomenslik taai, hoogs opgelei en het vir absoluut niks gestuit nie. Hulle het aan lang en uitmergelende operasies deelgeneem. Hul sukses is toegeskryf aan die intense beplanning, voorbereiding en toewyding wat elke sending voorafgegaan het. Min tyd is op die teiken deurgebring in vergelyking met die weke of maande wat vooraf aan die beplanning en inoefening bestee is.

'n Seewaartse operasie waaraan maande lank beplan en voorberei is, kon byvoorbeeld in 'n enkele nag uitgevoer word. In die geval van stedelike operasies sou daar ná die lang voorbereidingsfase dikwels net enkele minute op die teiken deurgebring word, waarna hulle teruggetrek het.

Die individualiteit van die eenheid was ook duidelik merkbaar in sy leierskapstruktuur. 1 VK kon onderskeidelik met drie kleurryke bevelvoerders spog: kmdtt Jan Breytenbach (Oudtshoornfase), Jakes Swart (Durban-fase) en André Bestbier (oorgang van kommando- na regimentstatus). Elkeen het sy eie stempel en karakter op die eenheid afgedruk – elke keer 'n nuwe, innoverende leier vir 'n nuwe tydvak. Die onderoffisiersbevelstruktuur het legendes soos AO1 Trevor Floyd, Koos Moorcroft en Pep van Zyl ingesluit. Onder hierdie sterk leierskap is probleme en oortredings in die eenheid gewoonlik op onkonvensionele wyse opgelos.

So was daar die berugte dirty. Die oortreder moes 'n vol AK47-ammunisiekis van 30 kg dra van Fort Doppies, die Recce-basis in die Caprivi (vandag die Zambezistreek), na die Botswana-grens (of andersom) – 'n afstand van 25 km deur los, sanderige grond. Die ammunisiekis was loodswaar en boonop het sy ongemaklike, skerp hoeke verder tot die pyniging bygedra. Die straf het altyd in die nag plaasgevind onder omstandighede wat gewissel het van uiters warm met muskietplae tot snerpend koud en soms in deurdringende reën.

Dan was daar ook die moontlikheid dat die skuldige leeus, buffels, olifante en selfs mambas op sy eensame staptog kon teëkom. Dit was nie vreemd dat 'n alleenlopende stapper deur 'n leeu gevolg sou word nie. Daar was gevalle waar die kêrel die volgende oggend in 'n boom gekry is met leeus wat hom van onder af dophou. So is kwessies sonder formele aanklagte of papierwerk geskik en kon die daaglikse program sonder verdere gevolge normaal voortgaan.

In die vroeë dae was die manne woes en rof en het sommer op die ingewing van die oomblik in hul woonplekke op die Bluff in Durban begin teiken skiet. Spanning ná operasies is op verskillende maniere ontlaai. Die Durbanse naglewe was 'n gewilde uitlaatklep. Die bevelstruktuur moes dikwels die volgende oggend vure doodslaan nadat die Recces die nag in die strand- en hawegebied was.

1 VK was bevoorreg om oor baie wye aanwendingsmoontlikhede te beskik. Al die operateurs was gekwalifiseerde valskermspringers en kenners van springstof, boskuns, wapenhantering, seinverbindings, rotsklim, ontsnap-en-ontwyking, oorlewing, kamoeflering en mediese noodbehandeling. Hierdie wye spektrum kundighede is tydens operasies ingespan om die vyand te fnuik en te uitoorlê. Elke lid in die span het eie inisiatief en leierskap aan die dag gelê. Hulle was min in getalle en het altyd teen 'n veel groter mag te staan gekom.

Daar het 'n hegte kameraadskap tussen die manne geheers wat vandag nog voortgesit word, lank nadat hulle die eenheid verlaat het. Die beginsel van "een vir almal en almal vir een" het deurgaans gegeld. Dit is hierdie broederskap wat hulle deur moeilike tye gedra het en hulle het mekaar in toekomstige tye op alle vlakke bly ondersteun. Tydens operasionele tye is groot klem op sekerheid (geheimhouding) geplaas en lede sou nooit probeer uitvind waarheen hul makkers ontplooi is nie. Hoe minder jy weet, hoe beter, want dit skakel die moontlikheid van 'n sekerheidsbreuk uit.

In die boek word eers 'n kort oorsig gegee van die Recces se aanwending in sowel 1 VK as die latere 1 Verkenningsregiment, wat in 1981 uit 1 VK ontstaan het. Die leser kry insae in hoe hulle ontplooi en aangewend is, onder meer in bosoorlog- en stedelike oorlogvoering, pseudo- en voertuigoperasies, tweemanverkenningsmissies en ontplooiings met valskerms en op riviere en ter see.

Die Recces het in die nag in klein groepies ver agter vyandelike linies geopereer. Weens hul geringe getalle kon hulle nie op swaar vuurkrag steun nie en het eerder op steelsgewyse optrede en verrassing staatgemaak. Die moedereenheid, 1 VK, het slegs 'n hand vol operateurs gehad, ongeag verskeie werwingspogings. Die leser kry 'n kykie agter die skerms op aspekte soos die stigting, keuring en volledige opleidingsiklus en gaan saam op verskeie deurslaggewende operasies diep in vyandelike gebiede.

Daar word na die byna bomenslike keuringsproses (met 'n slaagsyfer van 8-10% en in sommige gevalle zero) gekyk, sowel as die operateurs se operasionele ontplooiing. Saam met die Recces besoek die leser onverwagte en vreemde bestemmings soos Biafra (Nigerië) en Dar-es-Salaam (Tanzanië).

Die Bosoorlog in Angola staan deurentyd sentraal in die konflik en die leser kry 'n unieke en intieme blik op geheime sendings en sabotasietake waarvan die sukses deur magte soos Unita opgeëis is. Die Recces het nooit bekend gemaak dat hulle die taak uitgevoer het nie omdat dit van strategiese belang was dat geen vinger na Suid-Afrika se betrokkenheid gewys kon word nie.

Oorlewing (vir die Recces eerder meelewing) in die Afrika-bos is nog 'n sentrale tema. Daar word vertel van die veelgeroemde leeumannetjie Teddy, wat saam met die Recces in hul geheime en versteekte basis, Fort Doppies geleef het. Namate Teddy groter geword het, het die operateurs hom Terry (vir terroris) begin noem. Sy uiteinde het baie bespiegelings ontlok en sy hanteerder, die bobaasspoorsnyer en boskenner Dewald de Beer, vertel wat werklik gebeur het. Die leeu se bestaan saam met die Recces op die oewer van die Kwando-rivier was in noue samehang met hul affiniteit en toegeneentheid jeens die Afrika-bos waaruit hulle geleef, gefloreer en geveg het.

Gedurende die Grensoorlog was 1 VK gedurig in vuurgevegte in onder meer Angola betrokke. Mettertyd sou hulle ook al hoe dieper by die oorlog in Rhodesië (vandag Zimbabwe) ingetrek word. Tydens hierdie fase sou hulle soos altyd onder die strengste geheimhouding aangewend word. Dit was immers in die wese van die Recces om onsigbaar agter die skerms te opereer.

ALEXANDER STRACHAN

Woordelys

AO1 Adjudant-offisier klas 1 (aangespreek as sersantmajoor)

AO2 Adjudant-offisier klas 2 (aangespreek as sersantmajoor)

1 VK 1 Verkenningskommando, ook bekend as 1 Recce

1 VR 1 Verkenningsregiment, eweneens bekend as 1 Recce

2IB Tweede in bevel

BHF-radio Baiehoëfrekwensieradio

BRDM 4x4- Russiese pantserkar met 'n bemanning van vier

D-dag Dag van die aanval

Eerste lig 'n Weermagterm wat op die tyd tussen dagbreek en sonsopkoms dui

Flossie Hercules C-130/Transall C-160-vragvliegtuig

FNLA Frente Nacional de Libertação de Angola (Nasionale front vir die bevryding van Angola)

Frelimo Frente de Libertação de Moçambique (Front vir die bevryding van Mosambiek)

Grad P 122 mm 'n Ligte vuurpyllanseerder (enkelbuis), tydens Operasie Savannah die "rooi-oog" gedoop

HAHO High Altitude High Opening

HALO High Altitude Low Opening

HC Honoris Crux

HCS Honoris Crux Silwer

HF-radio Hoëfrekwensieradio

Kaplyn Ontboste strook (50 m breed) tussen Suidwes-Afrika (vandag Namibië), Angola en Zambië

Kontak Vuurgeveg met die vyand

Laaste lig 'n Weermagterm wat op die tyd tussen sononder en donker dui

LMG Ligte masjiengeweer

LWD Louw Wepener-dekorasie wat van 1952 tot 1975 vir dapperheid toegeken is.

Medic Mediese ordonnans

MMM Militêre Meriete-medalje vir diens van 'n hoë orde

MPLA Movimento Popular de Libertação de Angola (Volksbeweging vir die bevryding van Angola)

Omuramba Langwerpige grasvlaktes, in die reënseisoen gewoonlik vol water

Operateur 'n Recce wat volledig opgelei en gevegsgereed is

Ops-kamer Operasiekamer (militêre operasies word van hier af beheer)

Ops-medic Mediese ordonnans wat saam met die span ontplooi

Pseudo-operasie Om in die gedaante van die vyand te opereer

Rondomverdediging Om in 'n sirkel te ontplooi met die gewere na buite gerig

RPG7 Vuurpylrigter wat oor die skouer afgevuur word

RSM Regiment-sersantmajoor

RV Rendezvous (bymekaarkompunt of -plek); ook ruitverwysing. Persone of spanne kan ook met mekaar RV (ontmoet)

Sabre Gemodifiseerde Land Rover (of soortgelyke voertuig) vir gevegsgebruik

Sekerheid Militêre woord vir geheimhouding

Shona Sporadiese oop graskolle, gewoonlik op 'n vloedvlakte

SKS Russiese semi-outomatiese karabyn met 'n magasyn met 10 patrone

SM Suiderkruis-medalje vir voortreflike diens

String Aantal valskermspringers wat by die vliegtuigdeur uitspring

Swapo Suidwes-Afrikaanse Volksorganisasie (South-West Africa People's Organization)

Tak HK Taktiese hoofkwartier

Teenspoorsny Eie spore uitwis

Unimog 4x4-troepedraer

Unita União Nacional para a Independência Total de Angola (Nasionale unie vir volkome onafhanklikheid vir Angola)

UT15 Hoogs maneuvreerbare ronde valskerm (van Russiese oorsprong) bedoel vir ervare vryvallers

VRD Van Riebeeck-dekorasie wat van 1952 tot 1975 aan offisiere vir dapperheid toegeken is

VRM Van Riebeeck-medalje wat van 1952 tot 1975 aan onderoffisiere vir dapperheid toegeken is

WNNR Wetenskaplike en Nywerheidsnavorsingsraad

Zanla Zimbabwe National Liberation Army

Zipra Zimbabwe People's Revolutionary Army

"Die nag behoort aan ons"

Hannes Venter se groep nader die Shatotwa 1-basis behoedsaam. In die helder maanlig is alles rondom hulle duidelik sigbaar. Hul wapens is gespan en die veiligheidsknippe op vuur gestel. Namate hulle naderkom sien hulle die hutte se grasdakke in die maanlig blink. Dis onheilspellend stil en nie eens 'n hond blaf nie. Dit verontrus hulle – die gedagte dat daar nêrens 'n hond blaf nie. Elke kamp het immers 'n hond of twee, waarom ruik die honde hulle nie?

Met alles in totale stilte gehul wag die groep angstig vir eerste lig, daardie grys tydjie tussen dagbreek en sonsopkoms. Dis 'n heerlike wintersnag en soos te wagte wel effens koelerig. Soos die oggend naderkom, raak dit al hoe kouer. Maar toe die Recces hul rugsakke afhaal, is hul rûe papnat gesweet. In die koel luggie begin hulle nou koud kry.

Voor hulle begin die slapende basis van Swapo (Suidwes-Afrikaanse Volksorganisasie) nou wakker word. In die stilte is daar meteens roeringe, manne wat hoes en steun as hulle opstaan en hul lywe ná die nag se slaap uitrek. 'n Onderlangse gemompel en kuggies is oral hoorbaar. Die wagte by die basis se ingang –

skaars 40 m weg van die aanvalsmag – steek sigarette op en begin niksvermoedend gesels. Maar daar is altyd die risiko dat iets hulle kan waarsku dat die Recces op hul voorstoep is.

Sowat 300 m daarvandaan lê Charl Naudé se groep en wag. Hulle is sowat 20 m van die Shatotwa 2-basis opgestel en wag dat Hannes die aanval met eerste lig by Shatotwa 1 "spring". Sodra Hannes-hulle begin skiet, sal Charl se groep onmiddellik aanval. Volgens hul inligting is daar 120 soldate in elkeen van die twee Swapo-basisse.

Terwyl hulle vir Hannes wag om die aanval te begin, stap iemand uit 'n hut reg voor hulle. Dis 'n Swapo-vegter sonder sy geweer wat reguit na die Recces toe aankom. Hy stap op LC Odendal af wat langs 'n meter hoë bossie posisie ingeneem het. Die res van die span verskuif effens en toe is hulle weer doodstil. Maar elke AK47 is nou roerloos op die man gerig wat aangestap kom. Adrenalien jaag deur die operateurs se are. Hulle hou asem op terwyl hul harte hard in hul ore klop.

Die man gaan reg voor LC staan. Hy was duidelik nog erg deur die slaap want die volgende oomblik urineer hy bo-op LC sonder om hom te sien. Dit was een te veel vir LC en hy skiet die man net daar in sy spore dood.

Toe die skoot klap, brand almal gelyktydig met AK47's en RPG7's op die basis los. Terselfdertyd breek alle hel 300 m verder los, waar Hannes se span Shatotwa 1 met AK47's, RPG7's en mortiere bestook.

Hul eerste teiken is die wagte by die beheerpunt en wagpos. Hulle is óf dadelik doodgeskiet óf het op die vlug geslaan, want ná 'n paar oomblikke het hulle nie meer teruggevuur nie. Van die Recces se RPG7-vuurpyle tref die hutte. Minstens drie reg voor hulle slaan aan die brand en veroorsaak 'n muur van vlamme

15 m voor die aanvalsmag. Dit verlig die Recces se eie posisies helder. Bokant hul koppe breek ligspoor- en gewone koeëls die lug met skerp knalgeluide.

Vanuit die hoofbasis word daar nou ook in die rigting van Charl se groep geskiet. Dié vuur is nie juis noemenswaardig nie omdat die hele kamp duidelik aan die slaap gevang is. By Shatotwa 1 staan Hannes se mag nou almal uit hul stellings op en beweeg vorentoe. Hulle word onmiddellik met ligte masjiengewere (LMG's) onder die koeëls gesteek. Die LMG-stellings was in die noord-westelike deel van die basis en taamlik naby aan die Recces.

Hannes se mag sit hul aanval met vuur-en-bewegingstegniek voort. Hulle hardloop egter nie soos gewoonlik nie, maar voer die aanval met 'n baie vinnige stap-pas uit. Stap en skiet, stap en skiet sonder ophou sodat die groep sy momentum behou. RPG7-vuurpyle en mortierbomme ontplof oral in die basis en ruk dit uitmekaar. Die Recces skiet met baie ligspoorkoeëls in hul ma-gasyne, wat die droë gras aan die brand laat slaan. Mettertyd is die hele kamp in ligte laaie. In die skynsel van die vlamme sien hulle hoe die Swapo's hardloop en rondswenk om die koeëls te ontduik.

Die basis is so onverhoeds betrap dat die meeste Swapo-soldate se gewere nog in hul hutte is. Die Recces maai onder hulle met PKM-masjiengewere, AK47's en RPG7's, terwyl die mortiere op 'n kort afstand oorhoofse vuur lewer. In die vroegoggendstilte van die bos is die ontploffings en masjiengeweersarsies oorverdowend.

Ligspoorkoeëls trek in helder ligstrepe 'n meter bo die grond en mense knak soos grashalms voor die aanslag. Die Recces be-weeg steeds vorentoe.

Die geveg kon dalk net enkele minute geduur het. Agterna was dit onmoontlik om die tydsduur te herroep. Vir sommige Recces kon dit soos ure gevoel het, maar ná 'n paar minute het hulle reeds deur die doelwit beweeg.

Toe tree die doodse stilte in wat so eie aan vuurgevegte is. Met ore wat tuit het die Recces nie eens geweet of Swapo heeltyd terug-gevuur het of nie, hulle was te gefokus op hul eie taak. Met die oorlogslawaai sou hulle buitendien nie die vyandelike vuur kon hoor nie. Maar nou, in die stilte, word hulle vir die eerste keer bewus van die steungeluide van die gewonde Swapo-vegters.

* * *

So moes 1 Recce se manne menigmaal die nag as dekking gebruik om die verrassingselement teen 'n oormag te behou. (Die volle verhaal van die aanval op die Shatotwa-basisse word in hoof-stuk 12 vertel.) Hul motto was dan ook "Die nag behoort aan 1.1 Kommando". Vir die Recces is die nag die ideale tyd om hul operasies uit te voer – dan was hulle onsigbaar vir vyandelike en ander nuuskierige oë wat moontlik hul teenwoordigheid kan ver-raai. Gedurende die dag verkies hulle om roerloos in hul skuil-plek te lê. Van daar bespied hulle die omgewing met arendsoë om inligting in te win oor wat rondom hulle gebeur.

Onopsigtelikheid is die wagwoord en die span sal nie hul teen-woordigheid deur geluid, rook, beweging, reuk of spore verklap nie. Dit is belangrik om die verrassingselement te behou. Die operateurs pas gevorderde tegnieke soos teenspoorsny toe om te verhinder dat hul aanwesigheid ontdek word – hulle wis hul eie spore agter hulle uit sodat die vyand nie eens weet hulle het die gebied binnegekom nie.

Die Recces doen vooraf verkenningsoperasies om hul teiken te identifiseer en in sommige gevalle inisieer hoër gesag (bv. Militêre Inligting [MI]) die ontplooiing. Afhangende van die sensitiwiteit daarvan sal die operasie deur die Hoof van die Weermag of deur die minister van verdediging gemagtig word – in sommige gevalle deur die staatspresident self.

Die Recce-span se leiers beplan 'n operasie in die grootste geheimhouding met so min moontlik mense betrokke. Op eenheidsvlak is die Recce-bevelvoerder verantwoordelik vir die beplanning. Eers nadat die plan oor weke of maande in die fynste besonderhede ingeoefen is, sal die Recce-spanne onder hulle eenheidsbevelvoerder op die missie ontplooi word.

In die vyandelike gebied sal die span deur die dag op een plek skuil en dan, net ná laaste lig (die tyd tussen sononder en donker), onder dekking van die nag uit hul skuilplek beweeg. Die doel is nou om die teiken te infiltreer wat hulle teen 'n geskikte tyd (byvoorbeeld middernag) gaan aanval. Hul onttrekkingsplan word baie fyn uitgewerk en alle moontlikhede word oorweeg: te voet, uit die lug of per see.

Afhangende van die omstandighede sal hulle ná die operasie deur 'n helikopter opgepik word. Andersins sal die span eers heelwat afstand tussen hulle en die teiken aflê en voor eerste lig weer in 'n dagskuilplek inbeweeg. Daar wag hulle tot dit weer donker word voordat hulle na 'n vooraf beplande landingstrook gaan waar die helikopter hulle oppik. Met elke operasie sal die teiken, terrein en vyandelike beweging noodwendig bepaal watter prosedure gevolg word.

Wanneer 1 Recce-operateurs in die buiteland ontplooi word, weet hulle dat hulle ongewens en onwettig daar is en meedoënloos gejag gaan word as hulle ontdek word. Om dit te verhinder word hulle verkieslik op klandestiene wyse in kleiner spanne ontplooi. Maar hulle kan ook aangewend word as deel van 'n groter aanvalsmag soos Unita, wat oor baie vuurkrag beskik. Groter groepe is meer uitdagend en die taak word kragdadig uitgevoer waarna die mag weer na veiligheid sal terugkeer. In sulke gevalle (waar daar 'n sterk offensiewe vermoë is) sal daar met verkenners wel gedurende die dag beweeg kan word.

Nagwerk en -operasies is tweede natuur vir 1 Recce se lede omdat hulle van meet af hierin geskool word. Hul opleiding gedurende die inoefeningsfase se nagwerkprogram word op presies dieselfde tyd gedoen as wat die operasie uitgevoer gaan word. As die teiken byvoorbeeld om 02:00 aangeval moet word, sal die inoefening ook om 02:00 plaasvind sodat die operateurs gewoond raak aan die toestande waaronder hulle gaan werk.

Byna alle operasies word snags uitgevoer, verkieslik tydens donkermaanperiodes. Die nag en gure weersomstandighede is juis die 1 Recce-operateur se grootste vriend en bondgenoot. Jare se aanwending onder dié omstandighede het van hom 'n meester in nagoorlogvoering gemaak.

'n Goed opgeleide soldaat beweeg makliker in die nag met die sterre as rigtingwysers. Dit is boonop koeler en daar is minder oë wat jou kan sien; jy kan meer ontspan en beter fokus. Hulpmiddels soos nagsigtoerusting kan gebruik word om beter in die donker te sien. Maar op die mees basiese vlak "sien" die Recce-operateur snags met sy ore en neus en laat hom daardeur lei.

Die persoon wat snags uit die donker na lig kyk, het 'n voordeel – sy oë is aangepas en die teiken vertoon baie helder. Hierteenoor is dit baie moeiliker om vanuit die lig na 'n voorwerp in die donker te kyk.

Jy kan ook in die nag heelwat nader aan die teiken kom sonder om gesien te word; dis veral belangrik met verkenningswerk en die insameling van inligting. In teenstelling daarmee is die speelveld in die dag gelyk: albei kante kan ewe goed sien en ewe

goed reageer, des te meer as die vyand in 'n basis of gebou inge-
grawe is.

Die Recces het dikwels black is beautiful-kamoefleerroom ge-
bruik om hul identiteit te verdoesel, maar dit was slegs op 'n
afstand doeltreffend; van nader sou die vyand hul ware gelaats-
trekke deur die kamoefleerroom sien. Die swartsmeerdery het
wel 'n voordeel gebied as hulle en die vyand onverwags in die
bos in mekaar vasloop. Dit het gewoonlik verwarring by die vyand
veroorsaak wat hulle 'n oomblik laat huiwer het voordat hulle
begin vuur. Die Suid-Afrikaanse span kon dan vinniger met hul
kleingewere en RPG7's in aksie kom.

Op dieselfde wyse waarop die Recce-operateur die nag as sy
vertroueling beskou, koester hy die Afrika-bos as 'n kosbare
bondgenoot. Waar buitestanders die bos met sy wilde diere, rep-
tiele en ondeurdringbaarheid as vyandig ervaar, sien die Recces
dit as 'n vriendelike en ondersteunende omgewing waarvan hulle
vir hul oorlewing afhanklik is. Hulle bestaan in totale harmonie
met die bos en gebruik die watergate, skadu's, skuiling, voedsel
en plantegroei om van dag tot dag in 'n oorlogsituasie te oorleef.

Die jong Recce leer dus baie vroeg om nie teen die bos in op-
stand te kom of dit te probeer beveg nie. Dit is neutraal, nie
vyandig teenoor jou nie en jul verhouding word uitsluitlik deur
jou eie ingesteldheid bepaal. Eers wanneer jy geleer het om die
spinnerakke en haak-en-steek vanuit jou onderbewussyn raak te
sien, weet jy dat jy finaal saamgesmelt het met die bos – julle is
voortaan één. Nou word elke stokkie 'n tandeborsel, elke bessie
'n suiglekker, elke oënskynlik droë rivierbedding 'n onuitputlike
waterbron.

Jy weet nou reeds dat die warm son op jou wang jou rigting
kan laat hou sodat jy op koers bly sonder om jou kompas te

raadpleeg; ook dat die rigting waarin 'n miershoop bo oorhel, jou wys waar noord is.

Die sweet aan jou lyf het droog geword en jy ruik nou soos die veld, soos die stof, die bome, die blare en die rankplante. As jy hierdie vlak van gerief in die bos ervaar, oorleef jy nie in die bos nie, jy floreer daarin, soos 'n gesoute Recce-operateur tereg opgemerk het.

Elke spoor stuur dan 'n sein uit, elke geluid help om die groter prentjie vollediger in te kleur. Jou aksies is onbewustelik berekend, jou voete gaan moeiteloos oor die droë takke sonder om een raak te trap. Jy gly geruisloos deur die skaduwees en raak weg in die donker kolle. Jy ruik die gras, jy ruik die dou, die grond is sag en tegemoetkomend. Jou ore is heeltyd gespits en jy hoor die krieke, en dan, as hulle skielik stil raak, dan wéét jy . . .

1 Recce was primêr 'n lugwaartse eenheid, wat beteken dat valskermvermoëns 'n integrale rol gespeel het. Die drie dolke op 1 Recce se skouerflits dui op land, see en lug, terwyl die kompasroos beteken dat operasies in alle windrigtings dag en nag (vandaar die swart-en-wit skouerflits) uitgevoer kan word. Toekomstige operateurs is gedurende hul opleiding aan al die tegnieke blootgestel.

Vir 'n tipiese aanval uit die lug word die Recces in 'n gekamoefleerde C-130/C-160-vliegtuig na die teikenarea geneem. Dit vlieg baie laag, net-net bokant die boomtoppe, om vyandelike radaropsporingstelsels te fnuik. In die donker is dit nie met die blote oog sigbaar nie. Die swaar gewapende 1 Recce-operateurs aan boord is met black is beautiful gesmeer; hul statieselynvalskerms is aan die oorhoofse kabels gehaak en die valskerms en uitrusting reeds nagegaan. Net enkele rooi ligte brand in die vliegtuig. Eers baie na aan die teiken sal dit na die springhoogte van sowat 183 m bo grondvlak opwip. Wanneer die afstuurders die springdeure oopmaak, vul die wind onmiddellik die romp met 'n groot lawaai en ruk aan hul klere en uitrusting.

Dan wip die vliegtuig op na springhoogte. Die skielike opwaartse krag druk die springers af vloer toe totdat die vliegtuig op die nuwe hoogte stabiliseer. Die rooi lig bokant die oop deur gaan aan en die afstuurders roep: "Staan in die deur!" Sodra die groen lig aangaan, spring die Recces een ná die ander uit. Hul valskerms ontplooi en meteens hang hulle in absolute stilte. In die beskikbare maanlig sien hulle die ander valskerms en die vliegtuig wat wegvlieg.

Die lae springhoogte maak dat die aarde baie vinnig naderkom. Dan land hulle een ná die ander op die ongemerkte afgooistrook. Hier en daar kraak takke soos van die springers deur die bome val. Heel eerste word die vuurwapens losgemaak en gespan. Nou is dit heeltemal stil en die groep is reg vir aksie.

Die aanvalsmag lê 'n kort rukkie roerloos en luister of daar vyandelike beweging is. Dan word die valskerms vinnig opgerol en beweeg hulle na 'n voorafgekose bymekaarkompunt, waar die valskerms gewoonlik eers vernietig en dan versteek word. Dan beweeg hulle steeds onder dekking van die nag na die teiken. Nadat die nagaanval uitgevoer is, beweeg die span na 'n oppikpunt van waar hulle, indien moontlik, voor eerste lig deur 'n helikopter uitgelig sal word. Hoe langer hulle op die grond bly, hoe hoër word die risiko.

In die geval van verkenning- en kleiner sabotasiespanne kan hulle die teiken op 'n alternatiewe wyse bereik, naamlik met hoëhoogte-infiltrasiemetodes. In sulke gevalle vlieg die C-130/C-160-vliegtuig op dieselfde roete en hoogte as burgerlike vliegtuie (gewoonlik 10 668 m) om nie aandag te trek nie en radaropsporing te ontduik. Dit is gewoonlik ook op dieselfde tye as die lugrederye se vlugte.

In sulke gevalle is dit net 'n baie klein groepie Recce-operateurs in die groot vliegtuig. Hulle dra spesiaal ontwerpte springhelms en suurstofmaskers wat aan 'n suurstofstelsel gekoppel is. Hulle is met black is beautiful gekamoefleer en hul rugsakke is swaar gelaai met rantsoene, water, ammunisie, springstof en ander items vir die taak diep agter vyandelike linies wat 'n paar weke kan duur.

Tien minute voor springtyd word die valskerms en uitrusting deur die afstuurders nagegaan. Alle ligte is verdoof; net enkele rooi ligte brand. Drie minute voor springtyd maak die boordtegnikus die laaibrug heel agter in die vliegtuig oop. Die hewige windlawaai veroorsaak dat almal nou net met handseine kan kommunikeer. Een minuut voor springtyd aktiveer die springers hul suurstof-uitspringbottels en ontkoppel dit van die vliegtuig se stelsel.

Die span beweeg na die laaibrug en maak gereed vir die High Altitude High Opening- (HAHO)-sprong. Dis bitter koud. Op 10 668 m is die temperatuur sowat -54 grade Celsius, afhangende van die atmosferiese toestande. Al wat die operateurs kan sien, is die donker gat waarin selfs vure op die grond nie sigbaar is nie. Ondanks die vriesende koue is die manne van al die adrenalien natgesweet onder hul spesiaal ontwerpte klere.

Dan is dit P-uur, die oomblik wanneer die eerste valskermspringer moet spring. Die groen lig gaan aan en die Recces duik uit die vliegtuig die donker onbekende in. Ná sowat drie sekondes word die valskerms oopgemaak en die span groepeer in die lug. Dis stil, elkeen hoor net die geluid van sy valskerm se stabiliseerders wat in die wind wapper. Die ander valskerms is dofweg sigbaar. Die lang daling na die landingsgebied het begin.

Dit is altyd onuithoudbaar koud tydens 'n HAHO-sprong en dit voel kompleet of jou hande en voete wil afvries. Die spanleier navigeer die span met sy globaleposisioneringstelsel (GPS) na 'n landingstrook wat tot 20 km van die uitspringplek kan wees.

Op 'n hoogte van sowat 3 660 m bo die grond ontkoppel die manne hul suurstofmaskers aan die een kant en lig die vryval-brille op om die grond te probeer sien. Die terrein word algaande sigbaarder. As die grond uiteindelik in sig kom, soek hulle 'n ge-skikte landingsplek. Dit is moeilik om die windrigting akkuraat te bepaal, maar dié aspek is van die uiterste belang om 'n veilige landing met die swaar gelaaide rugsakke en wapens te verseker.

Net voor landing draai die springers teen die wind in om 'n sagte landing te probeer kry. Bome, klippe, rotse en ander voor-werpe is die grootste gevaar. Die span moet ook so na as moontlik aan mekaar land. Die aarde kom skielik nader en dit voel asof dit die springer tegemoet spring. Met die trefslag voel sy yskoue voete en bene nie regtig die impak van die landing nie.

Hulle wag 'n kort rukkie, rol dan die valskerms op en dra dit 'n ent weg om te versteek, gewoonlik in 'n ou erdvarkgat. As die valskerms nie weer herwin gaan word nie, word dit eers vinnig stukkend gesny. In die donker beweeg die span nou na 'n vooraf bepaalde plek van waar hulle die vorige nag se afgooistrook deur die dag sal dophou. Hulle hou veral vyandelike bewegings dop wat 'n aanduiding kan gee of die vyand van hul teenwoordigheid bewus is.

As dit 'n verkenningsoperasie is, bly die een operateur onder dekking taamlik naby aan die teiken agter. Die ander een, baie lig geklee en gewapen met net 'n gedempte pistool, nader die teiken baie stadig vir die nabyverkenning. Dit is 'n uiters gevaarlike fase van die operasie wat noodsaaklik is om gedetailleerde inligting te kry. Ná afloop van die verkenning beweeg die span ongesiens in die nag na 'n vooraf bepaalde landingstrook.

Volgens skedule skakel hulle die baiehoëfrekwensie-grond-lug-radio aan, hoewel daar geensins gepraat gaan word nie. In die donker flits die spanleier op 'n gegewe oomblik met sy infrarooi-flitslig 'n kode in die rigting van die naderende helikopter. Sodra die vlieënier die span se kode identifiseer, sê hy slegs een keer oor die radio die woord "visual" en kom land dan. Met die span aan boord vlieg die helikopter in die donker op boomtophoogte terug na 1 Recce se basis iewers in die operasionele gebied.

Intense spanning heers gewoonlik in die laaste paar uur voordat 'n operasie begin. Maar sodra die Recce-operateur in die vyande-like gebied land, hetsy met 'n valskerm of per helikopter, tree 'n groot kalmte in. Die oomblik wat sy voete die grond raak, kry hy 'n bykans euforiese gevoel dat hy in totale beheer is.

Nog iets wat enige Recce-operateur altyd sal bybly, is die ab-solute stilte in die bos oomblikke voordat 'n aanval begin. Dit is asof die tyd stilstaan en die voëls, diere en selfs die plante asem ophou in afwagting op iets verskrikliks om te gebeur. Hierdie stilte herinner aan die stilte wat om jou hang sodra jou valskerm ontplooi as jy vir 'n operasie inspring.

Net so bly die reuk van helikopterbrandstof tydens aanskake-ling jou by. Die manne wat op duikbote gewerk het, sal weer nooit die kenmerkende duikbootreuk vergeet nie. Dis 'n bedom-pige mengsel van reuke – diesel, enjin, ghries, sweet en kombuis – wat in jou klere en vel intrek as jy lang tye aan boord was.

Selfs jare nadat hy die eenheid verlaat het bly die Recce-opera-teur steeds gekondisioneer om nie hard te praat wanneer hy 'n bos binnegaan nie. En dis vir hom steurend as ander mense dit doen – 'n bos of ruigte bly vir hom die plek waar handseine die plek van stem inneem en waar net in uiterste gevalle in fluister-stemme gekommunikeer word.

Die Recces is hoogs aanpasbaar om in verskillende omstandig-hede te werk en word ook in pseudo-operasies aangewend waar hulle die vyand se gedaante aanneem. Hulle dra die vyand se kleredrag en wapentuig en praat, loop, eet en dink soos die vyand. In die proses word hulle psigies sowel as fisiek die vyand.

Hierdie operasies is moeiliker om te beheer en soms het dit gebeur dat eie magte op mekaar vuur omdat die een die ander as die vyand aansien. As voorkomingsmaatreël word die hele gebied waarin daar geopereer gaan word, gewoonlik "gevries", wat beteken dat niemand anders die area mag betree nie.

'n Tipiese pseudo-operasie kan byvoorbeeld deur twee (of meer) manne uitgevoer word. Dit het dikwels bestaan uit 'n Suid-Afri-kaanse spanleier en 'n gewese vyandelike lid wat "gedraai" het en saam met hom teen sy eertydse kamerade opereer. Hierdie span-lid sal tydens infiltrasie voor die spanleier loop sodat hy dadelik 'n gesprek kan aanknoop indien hulle in onverwagte elemente sou vasloop.

Die tegniek om 'n vegter te "laat draai" het in die destydse Rhodesië by die Selous Scouts ontstaan. Die Rhodesiërs kon dit moontlik by die Britte oorgeneem het wat hierdie konsep in Kenia teen die Mau-Mau ontwikkel en gebruik het. Een metode was om gevange soldate ná ondervraging te vertel dat hul mak-kers in kennis gestel gaan word dat hulle saamgewerk en uitge-praat het oor geheime strukture. Die vrees vir weerwraak was dan gewoonlik 'n groot genoeg afskrikmiddel om hulle daarvan te weerhou om weer by hul eie magte aan te sluit.

Toegangsroetes na die teiken word verken, asook ontsnaproetes, die beste rigting van aanval, en die tyd en afstand tussen die teiken en die aflaaipunt of oplêplek, waar die operateurs bedags skuil. Hulle sorg ook altyd dat daar alternatiewe oplêplekke beskikbaar is.

Dit is gewoonlik in ruie bos, maar nie op uitstaande hoë grond of terrein waar die vyand dalk hul eie observasieposte kan ontplooi nie. Dit word so gekies dat die operateurs hulle hier kan kamoefleer en terselfdertyd 'n goeie uitsig op hul toegangsroete het. Sodra hulle 'n geskikte plek geïdentifiseer het, beweeg die span eers verby en keer dan met 'n ompad terug om die oplêplek in te neem.

Groot klem word op teenspoorsny gelê en as die plek eers beset is, vind geen verdere beweging plaas nie. Almal lê dan stil en luister en doen waarneming. Dié fase is veral vir tweeman-verkenningspanne baie senutergend. Goeie kamoeflering en absolute stilte is van kardinale belang. 'n Operateur sal op sy rug lê met gevegsuitrusting aan (borsuitrusting en magasyne) en sy geweer in die gereedhouding teen sy lyf. Sodra hy lê, strooi hy takke, gras, blare en grond oor hom om hom te kamoefleer.

Lede van die plaaslike bevolking wat kom hout kap of net ronddwaal is altyd 'n groot probleem. Ook boerbokke kan ongewenste aandag op die groep vestig met hul eienaardige gedrag om na iets vreemds in die veld te bly staar. Dan was daar die gevaar van honde wat kom rondsnuffel – vir dié doel is 'n .22- of .32- gedempte pistool byderhand gehou. As die hond hulle ruik of opspoor, is hy geluidloos geskiet waarna die operateur versigtig uit sy stelling opgestaan en die dier onder bosse ingesleep het. Geen ander beweging is in die skuilplek toegelaat nie – niemand mag iets eet, koffie maak of selfs 'n toilet-draai loop nie. Almal het doodstil lê en wag vir die nag om hulle uiteindelik soos 'n ou vriend te verwelkom.

In die vroeë 1980's het die Suid-Afrikaanse oorlogsfront begin verander en het die fokus nie net op die bos nie, maar ook op stadsomgewings begin val, en het stedelike oorlogvoering in werking getree. Geïnspireer deur die Israeliese spesialemagte se aanval op 4 Julie 1976 op die Entebbe-lughawe in Uganda om 'n groep gyselaars te bevry, is 'n aantal operateurs van 1 Recce Israel toe gestuur om 'n kursus in stedelike oorlogvoering te doen. Daarna het die Recces hul eie kursusse ontwikkel wat toepaslik was vir die omstandighede waaronder hulle gewerk het.

Net soos die operateurs die bos tot hul voordeel aangewend het, het hulle nou die beboude gebied se skadu's, geraas, kleredrag en verkeer uitgebuit om met die stadsomgewing saam te smelt.

Hulle het burgerdrag in die vyandelike stede gedra en hul wapens onder hul baadjies versteek. Hulle sou in los groepe loop, die wat kon sou in die plaaslike taal met die mense praat, en hulle sou agterdogtige bewegings sowel as enige militêre formasies vermy. Afhangende van die operasie kon die Recce-operateur hom as 'n toeris voordoen wat na kuierplekke of nagklubs soek.

Die teiken in die stad is vooraf in detail bestudeer om die span op hoogte te bring van die uitleg, verkeerspatrone en wegkruipplekke. Soms is boemelaars en hul gewoontes dopgehou en dan sou die Recces soos hierdie mense aantrek en optree sonder om aandag te trek.

Omdat die stede altyd diep in vyandelike gebied was, het die vyand 'n valse gerusstelling gehad dat hulle veilig en buite bereik van optrede teen hulle is. Wanneer die eerste skote klap en die skokgranate afgaan, het dit altyd as 'n totale verrassing gekom.

Die doel van die operasies was om vyandelike hoofkwartiere en skuilplekke aan te val en dokumentasie en ander bronne van inligting bymekaar te maak. Daarna is springstofladings in die teiken geplaas om dit heeltemal te vernietig. Ná die aanval het die Recces onmiddellik weer in die stad tussen die geboue, hole en strate verdwyn om na 'n voorafbepaalde plek te beweeg om onttrek te word.

Om so 'n operasie suksesvol uit te voer, moes daar vooraf 'n behoorlike stedelike verkenning gedoen word. Die verkenning is gewoonlik deur een man (soms twee) gedoen, wat een of twee keer by die teiken verbygery of gestap het. In die proses is 'n magdom inligting versamel: hoe lyk die deure en watter kant toe maak dit oop; is daar diefwering en hoe sterk is dit; is daar pype wat die aanwesigheid van gas in die kombuis verklap; en hoe lyk die deurslotte?

Al hierdie en nog baie meer inligting word deeglik in die verby-gaan gememoriseer en foto's met versteekte kameras geneem. As voertuie gebruik is, sou EMLC[1] (hoogs gekwalifiseerde ingenieurs by die Spesmagte-hoofkwartier) onsigbare kameras reg rondom die voertuig aanbring wat van binne af beheer kon word.

Hierdie operasies was uiters gespesialiseerd en operateurs is soms seelangs na die teiken gebring, of andersins per helikopter na 'n bepaalde punt van waar hulle te voet verder gegaan het. Soms het Puma-helikopters hulle met motorfietse en al ingevlieg en, afhangende van die situasie, sowat 50 km buite die stad afgelaai. Die spanne het dan die teiken met hul kragtige 500 cc Honda-

---

1 Elektroniese, meganiese, landboukundige en chemiese konsultante – gesetel te Spesmagte-HK onder bevel van kol Sybie van der Spuy. Dit het bestaan uit hoogs gekwalifiseerde ingenieurs en die hele projek het onder groot geheim-houding gefunksioneer.

veldmotorfietse genader. Terwyl die operateurs die teiken aanval, hou hul makkers die motorfietse aan die gang.

Ná die operasie laai hulle die aanvallers op en ry na 'n vooraf-beplande landingstrook om uitgelig te word. 'n Tipiese aanval op 'n teiken sou soms net 'n minuut of twee duur. Dit was altyd 'n totale verrassing en die spanne was reeds uit die teikengebied nog voordat die vyand kon reageer.

1 Recce was baie goed opgelei in stedelike oorlogvoering; dit was trouens een van hul belangrikste spesialisasierigtings. Soms is agente gebruik om voertuie in die teikenstad te verskaf. In sulke gevalle is die spanne van die see af gelanseer en het hulle die agente op die strand ontmoet. Hulle het dan na die teiken gery en met dieselfde voertuie teruggekom strand toe om onttrek te word.

Met stedelike operasies het die span stadsgeluide tot hul voor-deel gebruik. Hewige verkeer of 'n vliegtuig wat oorvlieg het skote van veral gedempte MP5's en AK47's (submasjiengewere wat met knaldempers toegerus is) versag. Die operateurs het soms spesiaal ontwerpte baadjies gedra waarin wapens en uitrusting versteek kon word. Die baadjies het by die plaaslike kleredrag ingepas, maar het 'n Kevlar-versterking gehad wat hulle teen skrapnel en kleingeweervuur beskerm het.

1 Recce het in die middernagtelike ure soos skimme in vyande-like stede rondgesluip van donker kol tot donker kol. In nood-gevalle het hulle spoorloos in die ondergrondse stadstruktuur verdwyn. Nes hulle die Afrika-bos gebruik het om hulle onsig-baar te maak, is die stadstrukture vir dieselfde doel aangewend.

See- en rivieroperasies is ook gedurende donkermaan en half- en kwartmaan uitgevoer. Hulle het hawens en kusteikens onopsigte-lik in spesiale bote met lae profiele en gedempte enjins genader en geïnfiltreer. Die talle donker plekke in die hawegebied is ideale skuilings.

Ook rivieroewers het skadukolle waarin die teiken ongesiens genader kan word. Die span trek kamoefleernette oor die kajakke en verdwyn met die stilroei-tegniek – met die water as hul waardevolste teenspoorsny-bondgenoot.

Hulle kies hul landingsplekke baie versigtig om nie verdagte spore op die oewer agter te laat nie en dra skoene wat met die vyand se soolpatroon toegerus is. Soms het hulle "olifantvoete" – 'n soort kous van seil – bo-oor hul stewels getrek om hul spore te verberg. Olifantvoete se soolgedeelte het spons bevat wat 'n ovaalvormige spoor met 'n dowwe, onduidelike vorm agtergelaat het. Van die manne het hul olifantvoete snags as kussings gebruik. Die operateurs sou ook kaalvoet uit die bote klim, veral as daar baie vissermanne in die gebied was. Sodra hulle by 'n veilige en geskikte plek kom, word die stewels met die vyande se soolpatroon weer aangetrek.

Samewerking tussen die verskillende Recce-eenhede was van kardinale belang om operasioneel doeltreffend te wees. Net so belangrik is die rol van die ondersteuningspersoneel. Sonder die regte toerusting, vervoer, mediese hulp, logistieke steun en finansiële gemoedsrus kan die Recce nie behoorlik op sy taak fokus nie.

Dit is ook belangrik dat sy huishouding in sy afwesigheid steeds funksioneer. In dié verband moet die rol van die vroue nooit onderskat word nie; hulle sorg dat skoolbywoning, opvoeding van die kinders en daaglikse instandhouding voortgaan, sodat die operateur uiteindelik na 'n veilige en geordende hawe kan terugkeer. In 1 Recce se sukses het die ondersteuningskomponent net so 'n integrale rol as die operasionele komponent gespeel.

1
Eerste optrede

Die denke agter die vorming van 1 VK kan so ver teruggevoer word as die 1960's. Dit was in hierdie vroeë dae van die Bosoorlog toe die eerste Suid-Afrikaanse aanval in Ovamboland op 26 Augustus 1966 op Swapo se Ongulumbashe-basis uitgevoer is.

In daardie stadium is slegs die SA Polisie (SAP) aangewend om Swapo-insypelaars in Suidwes-Afrika (SWA) te beveg. Kapt Jan Breytenbach se span van agt valskermtroepe moes dus eers as "spesiale polisielede" beëdig word sodat hulle die basis saam met die polisiemag uit helikopters kon aanval. Saam met Breytenbach was Kaas van der Waals, Wouter Hugo, W Burgess, Yogi Potgieter, J Snyman, Tilly Smit en Johnny Kruger.

Die polisie se maj "Rooi Rus" Swanepoel was in beheer van die gesamentlike aanval wat as Operasie Blouwildebees bekend gestaan het.[2] Die bevelstruktuur was op die grond pleks van in 'n helikopter om die aanval uit die lug te orkestreer. Die operasie het dus beperkte sukses gehad – twee Swapo-vegters is dood en nege gevang terwyl 'n hele aantal ontsnap het.

---

2 Paul Els: *We fear naught but God*, pp. 18-24

Tydens die nabetragting in Pretoria is besef dat die SAP nie meer op hul eie Swapo-insypelaars in SWA onder beheer kon hou nie. Dit het tot die SAW se toetrede tot die Grensoorlog gelei.

Breytenbach was in die Britse vloot voordat hy na Suid-Afrika teruggekeer het. Kmdt WP Louw het hom omgepraat om by 1 Valskermbataljon aan te sluit. Dit was voor Operasie Blouwildebees en Breytenbach het toe reeds wye militêre blootstelling gehad.

In die Britse vloot het hy in nagnavigasie gespesialiseer en was die toppresteerder in sy groep. Hy was 'n navigator in die gesogte Night Fighter Squadron van die vloot se lugvleuel.

Buiten navigasie het hy heelwat geleer van vlieg en seeverwante onderwerpe. 'n Hoogtepunt in sy vlootloopbaan was sy dienstydperk in die Verre Ooste. Die verskillende plekke wat hy aangedoen het en die verskeidenheid poste waarin hy aangewend is, het sy visie binne 'n kort tydjie vergroot. Breytenbach het baie gelees en het reeds vroeg in sy lewe persoonlike idees en denkrigtings ontwikkel oor hoe 'n weermag moet funksioneer.

Hy het ook 'n uitgebreide infanteriekursus in Amerika gaan doen. Dit was daar waar sy belangstelling in die Britse Special Air Service (SAS) en die Amerikaanse marinekorps se metodes en werksaamhede posgevat het.

By 1 Valskermbataljon het hy 'n brief aan kmdt Louw geskryf wat die vonk verskaf het om 'n eenheid soortgelyk aan die SAS in Suid-Afrika te stig. Hierna was hy en Louw gereeld in gesprek oor onkonvensionele oorlogvoering.

Louw, wat intussen bevorder is, het in Pretoria met Breytenbach en maj Dudley Coventry, bevelvoerder van die Rhodesiese SAS, vergader. Daarna was hulle vuur en vlam om 'n eenheid soortgelyk aan die SAS op die been te bring. Toe Louw die volgende jaar (op 1 Desember 1967) Hoof van die Leër word, het hy dadelik gereël dat 'n span spesiaal uitgesoekte manne Rhodesië toe gestuur word om by die SAS opgelei te word.

Jan Breytenbach was deel van die groep en die ander lede het manne ingesluit soos Eddie Webb, Boytjie Viviers en Barrie Ferreira. Daar was ook Frank Bestbier, Yogi Potgieter, Johnny Kruger, Pep van Zyl en Tillie Smit. Hierdie span sou die kern kon vorm van ltgenl Louw se beoogde eenheid.

Dit was 'n uitmergelende keuringskursus waarin die Rhodesiese instrukteurs geen genade aan die Suid-Afrikaners betoon het nie. Die groep is blootgestel aan gevorderde vernielingswerk, seinwerk en valskermspring (vir dié wat gekwalifiseerde springers was). Dit is opgevolg met gevegdrills op kleinspanvlak, rotsklim, abseilwerk en spoedmarse met swaar pakke.

In Suid-Matebeleland is die kursusgangers aan 'n ontsnap-en-ontwykingsoefening onderwerp. Hulle is dae lank in 'n klein sel opgesluit met byna geen kos nie en aan ondervraging onderwerp. Uiteindelik is hulle in 'n spoorwegbeestrok weggevoer, maar hulle het uitgebreek en gevlug. Breytenbach is in dié fase gevang en aan 'n reeks ondervragingstegnieke onderwerp waarin onder meer 'n sak oor sy kop getrek is, hy deurentyd wakker gehou is en koue water snags oor hom uitgegooi is.

Diegene wat die toetse deurstaan het, is na die Zambezi-vallei waar hulle by die Chewore-rivier 'n oorlewings- en spoorsnykursus gedoen het. Daarna is hulle Kariba-dam toe vir die laaste fase van hul opleiding. Net 'n hand vol kandidate het die keuringskursus geslaag, onder wie Breytenbach, Yogi Potgieter en Pep van Zyl.

Die suksesvolle kandidate het hul SAS-barette en lyfbande

ontvang tydens 'n geselligheid wat in Salisbury (vandag Harare) by die SAS-hoofkwartier gehou is. Daarna het hulle na Suid-Afrika teruggekeer. Niemand het geweet wat die volgende stap sou wees nie, maar Breytenbach was teen dié tyd soos 'n oorgehaalde veer. Hy was vasbeslote om dieselfde keuring op eie bodem aan te bied sodra Suid-Afrika se eie SAS-tipe eenheid formeel goedgekeur word.

Die ontstaan en vestiging van 'n spesialis- onkonvensionele gevegseenheid in die SAW sou 'n geïntegreerde proses wees met meer as een faktor wat 'n rol speel. Daar sou uiteindelik 'n eenheid gebore word wat geheel en al van enige bestaande eenheid in die SAW verskil het.

Maar heelwat water sou nog in die see moes loop voordat hierdie ideaal verwesenlik kon word. Die wegbreekstaat, Biafra (deel van Nigerië), was in hierdie stadium vir baie Suid-Afrikaners 'n onbekende naam. En dit was daar waar 'n konflik aan die kook was wat 'n beslissende invloed sou hê op die stigting van 'n soort SAS-eenheid in Suid-Afrika.

2
Vreemde bestemming:
Biafra

Ver noord van Suid-Afrika, in Nigerië, het 'n burgeroorlog ge-
woed. Die konflik het begin nadat kol Chukwuemeka Ojukwu,
militêre goewerneur van dié land se oostelike streek, die gebied
op 30 Mei 1967 eensydig onafhanklik verklaar het. Aanvanklik
was daar geen noemenswaardige reaksie nie, maar geleidelik het
skermutselings tussen magte van die nuwe Republiek van Biafra
en Nigerië se militêre regering ontstaan, wat weldra in 'n vol-
skaalse burgeroorlog ontaard het.

Biafra het skamele militêre toerusting gehad en boonop het
Nigerië sy hawens dadelik geblokkeer. Die wegbreekstaat met 'n
bevolking van 14 miljoen het nou te staan gekom teen die res
van Nigerië se 41 miljoen. Net vier Afrikastate – Gaboen, Zambië,
Tanzanië en die Ivoorkus – het Biafra amptelik erken. Frankryk en
Portugal het die nuwe staat in die geheim gesteun. Militêrgewys
het dit na 'n hopelose situasie vir die Biafrane gelyk, maar tog het
die oorlog vir langer as twee jaar voortgeduur.[3]

---

3   Peter Stiff: *The Silent War*, pp. 22-33

Genl Fritz Loots (toe direkteur MI) is vroeg in 1969 na die
Angolese hoofstad, Luanda, om sy Portugese eweknie te besoek.
Een middag is daar 'n onverwagte klop aan sy hotelkamerdeur.
Dit was twee swart mans. Ons is weermagoffisiere van Biafra,
het hulle die verbaasde Loots meegedeel. Hy het die situasie uiter-
mate vreemd gevind. Twee Wes-Afrikane wat wil beraadslaag met
'n offisier van die SAW was nie alledaags nie. Ná die aanvanklik
hoflike gesprek het hulle tot die kern van die saak deurgedring:
Biafra soek hulp van Suid-Afrika – wapens, ammunisie, spring-
stof, myne en mediese voorraad.

Terug in Suid-Afrika het Loots die situasie aan die destydse
minister van verdediging, PW Botha, gerapporteer. Dié wou weet
wat Loots aanbeveel. Suid-Afrika moet die Biafrane help, het
Loots gesê. Botha het getwyfel of die verskaffing van wapens sou
help omdat Nigerië te sterk vir Biafra was. Loots het egter daar-
op gewys dat hulp aan Biafra geslote deure vir Suid-Afrika na 'n
paar ander Afrikalande asook na Frankryk kon oopmaak.

Loots het beplan om Biafra met koverte logistiek sowel as mili-
têre opleiding by te staan. Die behoefte aan 'n spesialemagte-
eenheid kon moontlik in hierdie tyd reeds by hom begin pos-
vat het. 'n Hoogs klandestiene taak soos guerrillaopleiding in
Biafra het immers nie binne die reikwydte van 'n gewone weer-
mag geval nie.

As eerste stap het hy iemand gesoek wat vir die geheime sending
opgewasse was. Jan Breytenbach (intussen bevorder tot majoor)
se naam het weer eens na vore gekom. Loots het hom versoek
om 'n driemanspan vir die sending saam te stel. Breytenbach het
eerste vir Yogi Potgieter gekies, wat in 1967 die Rhodesiese SAS-
keuring saam met hom geslaag het. Trevor Floyd (van 1 Val-
skermbataljon) was sy volgende keuse. Hy het Trevor gevra om

nog een te nomineer, en só het FC van Zyl ('n medevalskerm-soldaat en Trevor se boesemvriend) die derde lid geword.

Breytenbach het die bestemming vir sy span tot aan die einde geheim gehou. Ons gaan Angola toe om Portugese soldate op te lei, het hy gesê.

Breytenbach is eers sonder sy span Biafra toe om verkenning te doen. Dit het deeglike beplanning geverg omdat die hele gebied beleër was. Om sekerheidsredes het hy via Parys, Frankryk na Gaboen gevlieg. Jack Mulloch, wat in Rhodesië gesetel was en sy eie vloot DC7-vliegtuie besit het, het Breytenbach op sy eerste vlug self vanaf Gaboen na Biafra geneem. Hulle het ná donker opgestyg en op 'n gevaarlik lae hoogte gevlieg om die Nigeriese radar en aanvalsvliegtuie te ontduik. Uiteindelik het hulle sonder voorval op Biafra se Uli-lughawe geland.

Die Biafrane het gemeen Breytenbach gaan al hul probleme help oplos en het hom hartlik ontvang. Dit het voorgekom of hulle militêr goed georden is. Eers toe hy daarop aandring om die "front" te inspekteer, het hy agtergekom die ontplooiing aan die Imo-rivier laat veel te wense oor. Pleks dat hulle met hul militêre tekortkominge 'n guerrillaoorlog voer, het die Biafraanse offisiere hulle vir 'n konvensionele oorlog ingerig. Breytenbach was ver-stom dat hulle steeds staande kon bly.

In Suid-Afrika was Trevor, FC en Yogi steeds onder die indruk dat hulle Angola toe gaan. Trevor en FC was op 'n kursus toe hulle opdrag kry om burgerlike klere aan te skaf en in Pretoria by Breytenbach aan te meld. Trevor het 'n wit pak met 'n bypassende hoedjie gekoop. Dit het hom soos 'n "Mexican gangster" laat lyk, het hy gesê. Hy het egter gereken hy is reg geklee om op die voorgenome reis onopsigtelik met sy reisgenote saam te smelt.

Die aand voor hul vertrek verras Breytenbach hulle met die nuus dat hulle nie Angola toe gaan nie, maar Biafra toe. Geeneen van hulle het al ooit van Biafra gehoor nie. Toe hy sê dat dit in Nigerië is, het hulle ook nie geweet waar dit is nie. Boonop moet hulle via Frankryk soontoe vlieg.

Yogi, wat laaste vertrek het, sluit in Frankryk by die groep aan en hulle vlieg saam na Libreville, Gaboen. Alles het vlot verloop, behalwe dat – sonder dat enigeen in die saak geken is – 'n onbekende Britse lid met die kodenaam Spuds aan hulle toegedeel is.

In Biafra was baie opleiding en herskommeling hul voorland. Die Biafrane het volgens tradisie net offisiere opgelei. Die betrokke offisier soek dan vir hom troepe uit, lei hulle self op en daarna gaan veg hulle. Die offisiere kon baie noukeurig vir Breytenbach op 'n kaart aandui waar die vyand is en waar hul eie troepe se posisies is. Maar wanneer hy die posisies gaan verken het, kon hy nooit 'n enkele soldaat op die aangeduide plek vind nie.

Die Suid-Afrikaanse opleidingspan het met groot ywer aan die werk gespring om die Biafran Organisation of Freedom Fighters (BOFF) as guerrillas op te lei. Met Malloch se ondersteuning is Suid-Afrikaanse militêre uitrusting weekliks na Uli-lughawe gevlieg: vragte ammunisie, 7,62 mm-gewere, masjiengewere, mortiere, landmyne en teenpersoneelmyne. Die span het tot hul verbasing ontdek dat daar wel troepe was wat oor heelwat potensiaal en deursettingsvermoë beskik het.

Om te toets of die opleiding suksesvol was, het Breytenbach besluit om sy span saam met die troepe te ontplooi. Hy en Trevor het self die vyandige Nigeriese grondgebied verken. So het die span by gevegte op die walle van die Imo-rivier betrokke geraak waar Breytenbach in die maag gewond is – blykbaar nie te ernstig nie want Yogi se mediese kennis was genoeg om hom te behandel.

Dit was 'n ingewikkelde proses om op Uli-lughawe te land omdat die aanloopbaan se ligte om veiligheidsredes permanent afgeskakel was. Die vlieënier moes uit 'n bepaalde rigting oor die radiobaken vlieg en in lyn kom met 'n aanloopbaan wat hy nie kon sien nie omdat dit in donkerte gehul was.

Op die laaste oomblik sou hy sy roepsein verskaf en "Lights please!" vra. Die aanloopbaan se ligte is dan vir 'n baie kort rukkie aangeskakel, die vlieënier het vinnig geland en die ligte is onmiddellik weer uitgedoof. Op die grond is flitse gebruik om die vliegtuig te lei na waar dit tot stilstand moes kom.

Die Suid-Afrikaners het naweke af gekry en dan het hulle om die beurt Vrydagaande na Libreville in Gaboen gevlieg. Hulle het die hele naweek daar gebly en eers die Sondagaand teruggevlieg Uli toe.

Toe dit Trevor se beurt is om te gaan, kom hy op die Franse soldate af wat druk besig is om St Michel (die beskermengel van alle valskermsoldate) se dag te vier. Hy het nog nooit hiervan gehoor nie en verwonder hom aan die oorgawe waarmee hulle partytjie hou. Enkele van hulle se naam was boonop Michel en dié gelukkige persoon het dan nog 'n paar dae afgekry. Trevor het nie op hom laat wag nie en onmiddellik saam met die Franse begin feesvier.

Die Sondagaand toe hy die vliegtuig terug Uli toe moet haal, is hy steeds buite weste en verpas die vlug. Eers die Maandag kry hy 'n vliegtuig om hom terug te neem. 'n Omgekrapte Breytenbach soek 'n verduideliking vir sy rondlopery en laatkommery. Trevor vertel hulle toe van die St Michel-feesviering en hoe die Franse hom so gulhartig by alles betrek het.

Die volgende naweek is Breytenbach en FC in groot afwagting

Libreville toe om aan die viering deel te neem. Hulle moes egter teleurgesteld terugkeer omdat dit net een maal per jaar gehou word.

Dit was Trevor se eerste St Michel. Die volgende jaar het hulle dit op Oudtshoorn saam met 'n paar lede van 1 Valskermbataljon[4] gevier met 'n valskermsprong. Hierdie kuiery op St Michel-dag het daarna 'n jaarlikse instelling onder die groep Recces geword.

Biafra kon nie veel teen die res van Nigerië uitrig nie omdat die oormag te groot was. Teen einde 1969 het hul oorlogspoging begin taan en het dit duidelik geword dat die Suid-Afrikaanse span spoedig onttrek sou moes word.

Breytenbach en Trevor was die enigste twee Suid-Afrikaners wat op die laaste dag op Uli-lughawe agtergebly het. 'n DC7-vliegtuig, met Ed Davis as vlieënier, het op die aanloopbaan geland om die laaste voorrade na Biafra te bring. Die inwoners moes aangevoel het dat die einde aangebreek het en het sedert vroegoggend al by die lughawegebied begin saamdrom. 'n Ent weg het kol Ojukwu se vliegtuig heeltemal geïsoleerd gestaan – hy was ook op pad uit.

Daar was die dag net dié twee werkende vliegtuie op die lughawe. Terwyl die laaste vrag met groot haas afgelaai is, gaan Breytenbach vinnig na Ojukwu se vliegtuig om afskeid te neem en die finale reëlings voor sy vertrek te tref.

Intussen raak Trevor al hoe meer bekommerd oor die skare mense wat hul hoop op die DC7-vliegtuig geplaas het om van die Nigeriese weermag te ontsnap. Dié mag was in aantog en nou

---

4 Hennie Blaauw en Joe Verster was die afstuurders. Dave Tippett, Jimmy Oberholzer en Wannies Wannenburg (in dié stadium nog nie deel van die eenheid nie) was ook saam.

kwalik 'n kilometer van die vliegveld. Daar was nie plek in die vliegtuig om so baie mense af te voer nie en dit sou in elk geval nie met so 'n swaar vrag kon opstyg nie.

Trevor wil nietemin probeer om van die Rooi Kruis-mense te red. Hy maak toe die vliegtuig se deur oop en sak met 'n tou af. Die oomblik toe die mense hom sien, wil almal in die vliegtuig in. Nee, sê hy, niemand kan nou al inklim nie omdat hulle nog besig is om vrag af te laai. Hy kry wel die boodskap na lede van die Rooi Kruis deur dat hulle met die tou opgetrek gaan word. Trevor is oorweldig deur die hopeloosheid van die situasie. Uit nood kondig hy aan dat hulle nog op die vlieënier wag, en dat niks kan gebeur voordat hy daar is nie.

Tussen die groep mense is 'n kolonel wat vra of sy dogtertjie voor in die ry kan staan. Trevor stem in dat sy eerste kan inklim, maar sy oë bly soek na Breytenbach wat klaarblyklik vertraag word. Met die skare wat nie veel langer in bedwang gehou kan word nie, raak die situasie by die sekonde meer kritiek. Maar al wat opdaag, is Breytenbach en Trevor weet dat hy nie sonder hom kan vertrek nie.

Terug in die vliegtuig roep Davis hom vorentoe en wys hom hoe die Biafrane 'n groot vragmotor voor die vliegtuig se neus trek om te verhinder dat dit opstyg. Weer is Trevor met die tou af, dié keer om die drywer te gaan dreig om sy voertuig te verwyder. Intussen kry hulle wel lede van die Rooi Kruis met die tou opgetrek, maar dis 'n gesukkel, veral met die vroue wat nie sterk genoeg is om vas te klou nie. 'n Benoude Trevor gooi nou alle militêre etiket oorboord en roep kliphard: "Jan! Jan! Kom nou, waar bly jy so bleddie lank?"

Met die Nigeriërs se bomme wat steeds al hoe nader val, het Davis nou genoeg van dié lewensgevaarlike situasie gehad. Hy gaan sonder Breytenbach opstyg, kondig hy aan. Vir Trevor beteken dit hy sal moet uitspring om saam met sy spanleier agter te bly. Hy pluk sy pistool uit en dreig Davis daarmee. Die situasie word gelukkig ontlont toe Breytenbach 'n rukkie later vinnig in 'n voertuig aangejaag kom.

"Make way, make way for the pilot!" skreeu Trevor verwoed op die skare. "Let the pilot get in!"

Breytenbach beur 'n pad tussen die mense oop en klim met die touleer op. Die oomblik toe hy in die vliegtuig is, storm hulle die leer en begin klim. Maar die sterk tou kon nie dié oorweldigende gewig dra nie en die hele leer stort in duie. In die proses word die meisietjie wat voor in die ry was deur die skare vertrap.

Terwyl die Nigeriese artillerie die aanloopbaan nou met hewige vuur bestook, kry Davis koers. Die bomme ruk diep kraters in die aanloopbaan maar hy stuur die vliegtuig tussen hulle deur. Buite klou 'n klompie mense nog wanhopig aan die romp was. Toe die vliegtuig spoed vermeerder, val die laastes soos los velle af. Dan ruk koeëls gate in die vliegtuig. Ironies genoeg is Breytenbach en Trevor se laaste geveg teen die Biafrane self. Hulle brand spontaan op die vliegtuig los in 'n desperate poging om dit op die grond te hou. Deur al die chaos kry Davis dit wonderbaarlik reg om die DC7 in die lug te kry.

In die vliegtuig sien Breytenbach en Trevor 'n soldaat in uniform wat iemand anders wat gered kon word, se plek gevat het. Met die adrenalien wat deur hul are pomp, wil hulle met alle geweld die deur oopmaak en hom uitgooi. Die vlugingenieur het sy hande vol om die twee Suid-Afrikaners in toom te hou. Gelukkig bedaar almal nadat die vliegtuig 'n ruk in die lug is. Hulle het in Libreville geland en die vlugtelinge wat hulle kon saambring, het daar afgeklim. Dit was die einde van die Biafra-episode.

Tydens hul oorstaan in Frankryk op pad terug het Breyten-
bach saam met die Franse spesialemagte nabetragting gehou. In
die proses het hulle hom ook oor hul geheime strukture ingelig.

Trevor het later die Pro Meriete-medalje (PMM) vir sy optre-
de op die Uli-lughawe ontvang, terwyl Breytenbach die Suider-
kruis-dekorasie (SD) gekry het.

3
1 Recce

Die Biafra-operasie het gewys dat Suid-Afrika wel 'n onkonvensio-
nele eenheid nodig het en so kry maj Jan Breytenbach uiteindelik
opdrag om 'n spesialemagte-eenheid saam te stel. Alles geskied
so onopsigtelik moontlik. 'n Dekstorie word voorgehou dat die
beoogde eenheid nuwe wapentuig gaan toets, asook die paraat-
heid van ander weermaginstellings.

Maj Dudley Coventry van die Rhodesiese Special Air Service
(SAS) is gevra om te help soek na 'n geskikte plek in Suid-Afrika
en Breytenbach te adviseer oor die vestiging van so 'n eenheid.
Coventry het heelwat rondgereis en toe Oudtshoorn voorgestel.
Dié basis in die Klein-Karoo het voldoende infrastruktuur gehad,
onder meer skietfasiliteite, geboue en 'n lughawe. Dit was naby
oop sowel as bergagtige terrein en bosopleiding kon in die rigting
van Knysna gedoen word. Boonop was dit nie te ver van die see nie.

Twee kandidate ('n offisier en 'n onderoffisier) word in 1968 by
elkeen van die verskillende infanterie-bataljons gewerf vir 'n
spesialis-infanteriekursus. Dit was niks anders as 'n vermomde
keuring vir 'n toekomstige spesialemagte-eenheid nie, met Brey-

tenbach en ssers Yogi Potgieter as kursusleiers. Die groep kom in Bloemfontein bymekaar waar hulle hoofsaaklik skietoefeninge doen. Vir die eerste keer skiet Breytenbach en Potgieter met skerp ammunisie tussen die kursusgangers.

Ná 'n week gaan hulle Oudtshoorn toe en bly drie tot vier weke in bivvies (selfgemaakte skuilings) in Luiperdskloof. Die kursusgangers skiet en doen 'n spoorsny- en oorlewingskursus waarna hulle na die Knysnabos vertrek. Daar word hulle "gevange geneem" en 'n dag lank toegesluit en aan robuuste ondervraging onderwerp.

Naby Calitzdorp ontsnap die groep oor die Outeniekwa-berg en kom uiteindelik by Swartvlei naby Sedgefield weer bymekaar. In dié stadium was nog net vier manne oor. Hulle moes 1 Valskermbataljon se kompaniebevelvoerder soek en vang en onderskep sy Land Rover. Ná weke se ontbering kom hulle by die laaste bymekaarkompunt (RV) uit waar Breytenbach en Yogi wag.

Breytenbach kon nie openlik kandidate werf nie omdat eenhede nie hul beste mense wou afstaan nie. Hy moes individue in die geheim nader om te hoor of hulle die kwalifiserende kursus wou doen. Hierdie siftingsproses het uiteindelik tien geskikte manne vir die tweede keuring opgelewer, elkeen 'n spesialis op sy gebied.

Hulle het op 13 Julie 1970 as Alpha-groep by Oudtshoorn aangemeld, reg langs die Infanterieskool. Hoewel daar net elf in die groep was, het hulle mettertyd as die veelgeroemde Dirty Dozen bekend gestaan.

Breytenbach, wat intussen tot kommandant bevorder is, was die bevelvoerder en kon ook as spesialis-navigator optree. Maj Dan Pienaar Lamprecht was die mees senior offisier ná Breytenbach. Hy was in die eerste groep wat die spesialis-infanteriekursus op Oudtshoorn geslaag het en sou jare later – op 1 Julie 1995 – die heel eerste Recce-operateur word wat tot die rang van generaal-majoor bevorder is. Hy was toe bevelvoerder van kommandement Westelike Provinsie. Kleingewere en opleiding was kapt Fires van Vuuren se spesialisasierigting, terwyl kapt John More hom op klandestiene lugoperasies en inligting toegespits het.

In onderoffisiersgeledere was AO2 Trevor Floyd die RSM. Hy het vele talente gehad, onder meer 'n besonder sterk meganiese aanleg. AO2 FC (Frans) van Zyl was deel van die Biafra-groep. Yogi Potgieter, wat saam met Breytenbach die SAS-keuring geslaag het, het oor 'n grondige mediese kennis beskik. Ssers Koos Moorcroft, wat 'n ikoon in die spesialemagte sou word, was 'n valskermspesialis. Hy was in daardie stadium nie meer in die staande mag nie, maar Breytenbach sowel as genl WP Louw het hom gevra om weer aan te sluit. Koos het geen benul gehad dat dit die begin sou wees van 'n spesialemagte-eenheid nie. Hy moes saam met More en sers Dewald de Beer sielkundige toetse ondergaan – 'n voorvereiste vir toelating tot die spesialemagte. Wat spoorsny, boskuns en oorlewing betref, het De Beer nie sy gelyke gehad nie. Ssers Kenaas Conradie was die springstofdeskundige en kpl Hoppie Fourie het as kwartiermeester opgetree en later ook as skubaduik-toesighouer.

Elke lid van die Dirty Dozen het sy unieke vaardighede met die ander gedeel in die maande lange opleiding wat gevolg het. So het elkeen sy kennis van onder meer vernielingswerk, boskuns, kleingewere en navigasie verbreed en aangevul.

Gou is nog lede gewerf. In Januarie 1971 het drie valskermsoldate pas ná hul springkursus opdrag gekry om in Oudtshoorn aan te meld. Kpls Jimmy Oberholzer, Dave Tippett en Wannies Wannenburg was geoormerk om deel van die groep te word. AO2 PW van Heerden en maj Nick Visser is bygevoeg wat die stigtersgroep tot 16 man vergroot het.

In die jare wat volg het dié groep onder meer strooptogte uit-gevoer en militêr strategiese teikens vernietig. Dit het spoor- en pad-brûe, hawens, radiomaste en -stasies en petroldepots en raffinade-rye ingesluit. Hulle het geselekteerde skepe geteiken en inheemse guerillamagte in vyandiggesinde lande ontplooi en opgelei.[5] Daar is deurgaans 'n hoë prioriteit op omvattende, strategiese verken-ning geplaas, wat die hoeksteen van die eenheid was.

Die eenheid het as 'n groep saamgebly al het hulle later 'n lug-waartse sowel as 'n seewaartse vleuel gehad. Almal was gekwali-fiseerde valskermspringers, maar seewaartse werk was nog 'n vreemde konsep. Dus stuur Breytenbach middel 1970 ses opera-teurs Simonstad toe om 'n twaalf weke lange aanvalsduikkursus te doen. In 1971 doen nog 'n groep die kursus.

Die groep het vroeër verskillende dekname gehad, waaronder Alpha- operasioneel eksperimentele groep, Delta-toetsgroep, Re-search and Development Wing of the Infantry School en Onge-reelde Oorlogsvleuel. Dit was tyd vir 'n permanente naam wat verkieslik nie te veel van hul aard verklap het nie. Breytenbach het Valskermkommando voorgestel, maar die generaals het op Verkenningskommando besluit. Destyds het dié naam nog nie die gelade betekenis van vandag gehad nie en het heel neutraal op die oor geval.

So het die eenheid op 1 Oktober 1972, sonder enige ophef of seremonie, 1 VK geword – kortweg die Recces, afgelei van Re-connaissance Commando.

Oudtshoorn as basis het sy eie administratiewe probleme ge-had. Die Infanterieskool se personeel is in die duister gehou oor

---

5   Paul Els: *We fear naught but God*, pp. 39 e.v.

die Recces se ware werksaamhede en het bly wonder oor wat aan die gang is. Die manne van 1 VK het nie van die Infanterieskool se streng kleredragkodes gehou nie en nog minder daarvan om in gelid te marsjeer as hulle iewers wou gaan.

Op sy beurt het die Infanterieskool nie genoeë geneem met die vreemde groep se informele werkuniforms en lang hare nie. Die vet was in die vuur toe Koos een oggend ongeskeer en in sy smocks ('n losserige oorpak) verbystap. Breytenbach was in Pretoria toe Koos aangekla word vir die verontagsaming van dragregulasies. Hy moes die Maandag vir die verhoor aanmeld – dieselfde dag waarop Breytenbach terug sou wees.

By sy terugkeer sien Breytenbach dat Koos sy uitstapdrag (formele uniform) aanhet en wil weet wat aangaan. Koos vertel hom en sê dat hy reeds skuld beken het. Breytenbach, in sy standaard-gevegsdrag, stap toe saam na die hoofkwartier vir die verhoor. "Pleit onskuldig en vra of jy 'n getuie kan roep," sê hy onderweg. Daar gekom, wag Breytenbach buite. Koos maak toe so en vra om 'n getuie te roep. Die adjudant vervies hom bloedig vir dié onverwagte wending omdat dit sy hele betoog deurmekaarkrap. Hy verander die pleit en Breytenbach word geroep. Dié sê hy het Koos aangesê om só aan te trek en die hof kan hom wat Breytenbach is, gerus aankla. Die aanklag word toe ter syde gestel en Koos kom skotvry daarvan af.

Jan Breytenbach het nie aan perke geglo nie. Die enigste persoon waaraan hy hom waarskynlik gesteur het, was sy "beskerm-engel", genl WP Louw. Breytenbach het gedoen net wat hy wou, wanneer hy wou. Die Infanterieskool kon moeilik hiermee saam-leef. As Breytenbach iets wou doen, het hy telkens net gesê hy het magtiging – al het hy dit nie gehad nie. Hy het elke keer bloot dieselfde magtigingsnommer verskaf, ongeag of dit vir voertuie was wat hy wou hê of om Fort Doppies (die eenheid se latere basis) te stig. Hierdie ingesteldheid het nie binne die Infanterie-skool se raamwerk gepas waar alles noukeurig volgens die reëls gedoen is nie.

Albei groepe het besef die geforseerde buurskap sou nie staande bly nie en op 4 Desember 1970 word die Recces vir administra-tiewe doeleindes na Kommandement Suid-Kaap oorgeplaas.

4

Opleiding en vroeë operasies

In die somer van 1971 heers groot opgewondenheid toe die Dirty Dozen aangesê word om op Rundu in die destydse Suidwes-Afrika SWA aan te meld. Hul opdrag is in 'n geseëlde koevert wat Breytenbach eers met sy aankoms in Rundu kon oopmaak. Dit het die gedagte by die manne laat posvat dat hulle uiters geheime operasies teen Swapo in Zambië gaan uitvoer.

Hulle was dus taamlik teleurgesteld toe hulle met die oopmaak van die koevert ontdek dat hul opdrag slegs was om die watergate in Suidoos-Angola en die Wes-Caprivi op die kaart aan te stip vir toekomstige operasionele doeleindes. Dié oefening is Operasie Da Gama gedoop.

Twee maande lank het hulle met ses Sabre-voertuie (Land Rovers wat vir gevegsgebruik aangepas is) die area gepatrolleer en die watergate aangestip. In die proses het hulle hul Portugese bure goed leer ken en ook uitgevind dat die Rhodesiërs in Mosambiek begin opereer het. Die hele groep is daarna terug Oudtshoorn toe. Die kennis en ondervinding wat hulle gedurende hierdie "onopwindende operasie" opgedoen het, sou hulle egter later goed te pas kom.

Elke era het sy eie kwota omstredenheid opgelewer. Een daarvan het aanleiding gegee tot die stigting van Fort Doppies, die Recces se latere beroemde basis. In die vroeë 1970's het Operasie Dingo[6] (ook bekend as Plathond) plaasgevind. Die Buro vir Staatsveiligheid (algemeen bekend op Engels as BOSS – Bureau of State Security) het besluit dat 'n groep andersdenkendes uit Zambië militêre opleiding moes ontvang met die hoop dat hulle die Zambiese president, Kenneth Kaunda, se posisie sou destabiliseer. Hierdie groep, wat uit Zambië na Angola gevlug het, is deur die Portugese veiligheidspolisie met BOSS se hulp na die Caprivi gevlieg.

Die Recces het opdrag gekry om die groep in guerrilla-gevegkuns op te lei. Oudtshoorn was te veel van 'n sekerheidsrisiko vir sulke klandestiene opleiding en daar is na die afgeleë, wildryke deel van die Wes-Caprivi uitgewyk. Dié gebied, wat gewemel het van olifante, renosters, buffels, seekoeie en krokodille, was die ideale plek waar Breytenbach en sy span 'n basis vir dié doel kon stig. Die basis is aanvanklik Olifantkamp genoem omdat daar so baie olifantvoetpaaie daardeur gelei het. Later sou die kamp se naam na Fort Doppies[7] verander word. Dit was nietemin in die omgewing van Olifantkamp waar Breytenbach se span Recces die groep Zambiese uitgewekenes (nou toegerus met kommunistiese uitrusting en wapens) opgelei het.

Nege maande later is Breytenbach weer soontoe om die opleiding te inspekteer. Daar tref hy slegs die opleidingspan aan. Hy hoor toe dat die Zambiërs op hoë gesag teruggeroep is Zambië

---

6 Peter Stiff: *The Silent War*, pp. 38-42
7 Fort Doppies het in Oktober 1974 afgebrand en daar is derhalwe na hierdie kamp verwys as Ou Doppies. Die nuwe (en meer bekende) Fort Doppies is toe langs die Kwando-rivier gebou.

toe vir 'n dringende operasie. Dit terwyl hulle nog geensins gereed was vir operasionele ontplooiing nie. Die Zambiese weermag het hulle aan die oorkant van die Zambezi-rivier ingewag en in 'n goed opgestelde lokval onderskep en afgemaai.

Die Recces se opleiding het soms met onverwagte terugslae ge-paardgegaan. In Desember 1971 moes Breytenbach en die tien lede van die Oudtshoorn-groep met duiktoerusting 'n water-sprong in die Swartvlei-meer gaan doen. Twee lede van die vloot se duikskool, AO2 Ken Brewin en ebmn Willy Dewey, het by die groep aangesluit. Hulle sou later saam met die Recces deelneem aan die eerste seewaartse operasie wat 'n sabotasietaak in Dar es Salaam, Tanzanië behels het.

Die watersprong was sowat 'n week voordat almal met hul jaarlikse verlof sou gaan. Die groep het baie na die oefening uit-gesien. Met Trevor Floyd se aanmoediging het 'n paar manne boonop 'n lekker uitstappie agterna beplan. Hulle sou 'n verdere week aanbly vir wat hulle "fun diving" genoem het. Hulle sou onder meer op en af teen die kus beweeg en met 'n pylgeweer vis skiet. Planne is gemaak om dié vakansie vir homself te laat betaal. Een was om loodsinkers op die strand op te tel en vir drinkgeld te verkoop. Nog een was om ladings in die seepoele te laat ont-plof wat die dooie visse na die oppervlak sou laat kom. Dié sou hulle dan braai en die res aan die naaste slaghuis verkoop.

1 Valskermbataljon het die vliegtuig en valskerms verskaf. Kort voor die sprong het almal na suurstof oorgeskakel. Hulle sou ná die waterlanding met die duikoefening voortgaan en was toe-gerus met suurstofduikstelle wat vir aanvalsduik ontwerp is. Dié duikstelle laat nie lugborrels na die oppervlak kom wat die aan-valsduiker se teenwoordigheid kan verklap nie.

Maar sake het sommer van die begin af skeefgeloop. Toe die Dakota se groen lig aangaan, spring hulle een ná die ander. Die oomblik toe Trevor uitgaan, gryp die glystroom sy uitrusting en hy hang onderstebo aan die valskerm se draaglyne. Gelukkig kry hy hom losgewikkel en land veilig in die water.

Fires van Vuuren het derde gespring. Naby aan die oppervlak het hy in valskermtaal gereed gemaak om "uit te kom soos vir water". Dit beteken hy moet uit sy valskermtuig kom die oomblik wat sy voete die water raak, andersins kan hy verstrengel raak en sal die valskerm water skep en hom aftrek. Fires se duikbril was egter toegewasem en hy kon nie die afstand behoorlik skat nie. Op sowat 10 m, wat nog heeltemal te hoog is, val hy toe reeds uit sy harnas. Hy tref die water met só 'n slag dat die bande waarmee die suurstofduikstel aan sy lyf vas is, breek en die duur toestel onder die water verdwyn.

'n Omgekrapte Breytenbach kon sy ore nie glo toe hy dit hoor nie. "Die volgende wat ek seker gaan hoor, is dat die despatchers vir my kom sê die Dakota is weg!" was sy verontwaardigde reaksie.

Dié slegte nuus het onmiddellik 'n demper op die groep se entoesiasme geplaas. Hulle het net sewe suurstofduikstelle gehad en nou moes hulle boonop hoor dat een so 'n stel dieselfde as 'n Volkswagen kos. Binne 'n oogwenk het die hele avontuur in 'n nagmerrie verander. Hulle moes alles net so los om die verlore suurstofduikstel te soek.

"Kry daai ding!" het Breytenbach beveel. "Niemand gaan hier weg voordat julle hom gekry het nie!"

Dit was net vyf dae voordat hulle verlof sou begin. Breytenbach se opdrag het beteken dat hulle nou in hul vakansietyd na die toestel sou moes soek. Vir een, John More, is dit nog erger – hy sou die volgende oggend Europa toe vertrek op sy wittebrood. Sy pleidooi by Breytenbach help en hy is al een van die groep wat van die soektog verskoon word. More haas hom Oudtshoorn toe om sy bagasie te kry en vlieg via Port Elizabeth om sy vlug in Johannesburg te haal. Terwyl hy oor die Swartvlei-meer vlieg, sien hy sowaar deur die venster hoe die manne steeds onverpoos na die suurstofduikstel soek.

Dag ná dag soek hulle, maar dis vergeefs, hulle kry niks nie. Die twee vlootduikers wys hulle hoe om toue te span en die soektog stelselmatig uit te voer. Snags slaap hulle in 'n woonwapark en leef van blikkieskos: boeliebief, groente en blikke en blikke ertjies. Hul sakgeld raak vinnig op want daar is nou geen vis of sinkers wat hulle kan verkoop nie. Fires raak by die dag al hoe stiller. Hy is skielik die ongewildste lid in die groep en die ander wil in elk geval nie juis met hom praat nie.

Die hele week word daar gesoek en voor die laaste duik die Vrydagmiddag is die suurstofduikstel steeds nie gevind nie. Nou speel Breytenbach 'n ander kaart: "Julle gaan seker nou almal met vakansie en ek moet alleen agterbly om julle gemors reg te maak!" Hierop vra hy vrywilligers om saam met hom gedurende die vakansie te duik. Koos Moorcroft, Kenaas Conradie, Dewald de Beer, Jimmy Oberholzer, Fires en Dave Tippett willig in om saam met hom die soektog voort te sit. Hulle het in elk geval nie geld gehad vir 'n vakansie nie. Die spesialemagte-soldate het daardie dae nie veel verdien nie en ook nie die toelaes van vandag ontvang nie.

Die Vrydagmiddag laat word daar vir die laaste keer die dag geduik. Tydens hierdie desperate poging sien Koos 'n stukkie rubber in die water langs die swemlyn. Toe hy dit van naderby bekyk, sien hy dat dit inderdaad die toestel se suurstofmondstuk is. Hy

duik dadelik af, voel oral om hom rond en vat tot sy eie onge-
loof die suurstofduikstel raak! Toe hy daarmee na die oppervlak
kom en die manne dit sien, was hul verligting onbeskryfbaar.

Soms het dinge tydens operasies ook skeefgeloop, en in een geval
was dit tot die Recces se groot verligting. BOSS het inligting
bekom dat 'n Noorse skip 'n vrag myne en plofstofstelsels Tan-
zanië toe neem. Daar word die besending afgelaai en dan per
konvooi na Mosambiek en Rhodesië gebring. Dit was een van die
roetes wat gebruik is om ammunisie by die Front vir die bevry-
ding van Mosambiek (Frelimo) te kry.

Die Suid-Afrikaners het geweet wanneer die skip in Durban se
hawe sou vasmeer. Breytenbach, Trevor, Koos en Kenaas kry op-
drag om myne op die skip te plant. 'n Deskundige van BOSS het
die myne vir hulle voorberei. Dit was nog van die ou soort mag-
netiese myne wat met verouderde vertragingsmeganismes gewerk
het. Die span is vanaf Salisbury-eiland in die hawe met 'n balsak
('n sak waarin troepe hul uitrusting pak) vol myne na die skip
waar hulle dit teen die romp geplant het.

Die skip sou dieselfde aand nog vertrek en die myne is gestel
om af te gaan sodra die skip op die oop see was. Wat hulle nie
geweet het nie, was dat die skeepskaptein by die hawemeester
toestemming gekry het om nog 'n dag oor te staan. Toe die sabo-
tasiespan dit hoor, was dit te laat om iets aan die saak te doen –
die myne kon nie afgehaal word nie omdat dit klaar geaktiveer
was. Dit het 'n baie lang nag geword met die wete dat die Dur-
banse hawe met al sy brandstoftenks inderdaad 'n kruitvat was
wat gewag het om te ontplof.

Tot hul verligting het niks gebeur nie en die skip het die vol-
gende dag uitgevaar. Daar is aangeneem dat die vertragingsmega-

nismes dalk nie gewerk het nie of dat die myne afgegly en op die hawebodem beland het. Dit kon ook wees dat die skip met al die myne uitgevaar het en dat dit iewers in die oseaan afgespoel is. Tot vandag toe bly dit 'n raaisel wat met die myne gebeur het.

Hierdie poging van kmdt Jan Breytenbach en sy span Recces was nietemin die eerste Suid-Afrikaanse operasionele duikoperasie, al was dit op eie bodem uitgevoer.

Hul eerste sabotasietaak buite die land het in 1972 plaasgevind. Daar is op regeringsvlak besluit dat die bewind van pres Julius Nyerere van Tanzanië gedestabiliseer moet word omdat hy opleidingsgeriewe aan Frelimo beskikbaar gestel het. Dié geriewe het tot die eskalering van die guerrillaoorlog in Mosambiek bygedra, is gemeen. Die plan was om oproer in Tanzanië aan te wakker met 'n reeks sabotasiepogings.[8] Daar is aangeneem dat die Tanzaniërs enige sabotasiedaad aan Nyerere se teenstander, Oscar Kambona, 'n voormalige nie-Marxistiese kabinetslid, sou toeskryf.

Die Recces sou die taak uitvoer en die hoofstad, Dar es Salaam, is as eerste teiken gekies. Iewers langs die pad sou die span aan boord van 'n duikboot gaan wat reeds uit Simonstad vertrek het. Die duikboot sou hulle dan tot naby die teiken neem. In die donker sou hulle met kajakke na die strand roei en die stad te voet infiltreer. Bepaalde teikens is geïdentifiseer waarop hulle kleefmyne moes plant met vertragingsmeganismes. Daarna moes hulle na die strand terugkeer en met die kajakke na 'n afgespreekte punt (RV) roei waar die duikboot hulle sou oppik.

Breytenbach het vyf manne gekies om die opdrag saam met hom

---

8   Peter Stiff: *The Silent War*, pp. 46-52

uit te voer: Trevor, Kenaas, Koos en die twee vlootlede wat die vorige Desember saam met hulle by die Swartvlei-meer geduik het, Ken Brewin en Willie Dewey. Die Recce-operateurs het niks van seewaartse operasies geweet nie en het dus eers vier maande seeopleiding gedoen.

Hulle het die boek *Cockleshell Heroes* van CE Lucas Phillips en HG Hasler as riglyn gebruik. Die boek handel oor 'n soortgelyke strooptog wat deur die Britse kommando's gedurende die Tweede Wêreldoorlog vanaf 'n duikboot gedoen is. Breytenbach-hulle het egter 'n praktiese probleem: die groep het geen kajakke nie. Koos se pa kom toe tot hul redding deur drie Klepper-kajakke ('n opvoubare soort kano) uit Duitsland te bestel vir die voorgenome operasie. James Moorcroft het baie goeie kontak met die Duitsers gehad en die Kleppers is op klandestiene wyse die land ingebring.

Streng sekerheid is deurentyd tydens die groep se opleiding gehandhaaf en niemand behalwe Breytenbach het geweet waar die operasie sou plaasvind nie. Die spesialemagte het altyd dekstories – wat op die hoogste vlak beplan en gekoördineer is – gebruik om die ware aard en plek van 'n operasie te verbloem.

Die span sou van Pretoria met 'n Skymaster na die Mosambiekse kus vlieg waar 'n Portugese fregat ('n klein, vinnige oorlogskip) hulle sou oppik. Breytenbach het die groep ingelig oor die teiken en taak op hande. Kenaas (hul springstofdeskundige) het die ladings voorberei en elkeen in die groep het presies geweet wat hy moet doen en hoe die taak uitgevoer moes word.

Met hul aankoms by Nkala aan die Mosambiekse kus vind hulle dat die Portugese fregat nie opgedaag het nie – dit wag in Beira. Hulle vlieg toe na Beira waar hulle aan boord van die fregat gaan. Op die diepsee het die fregat kontak gemaak met die duikboot

Emily Hobhouse (S-98) met kdr Woody Woodburne as kaptein en hulle het aan boord gegaan.

Die span sou 20 km van die teiken afgelaai word omdat die Hoof van die Vloot, v-adm Johnson, besorg was dat die lewende koraalriwwe in die omgewing van die hawe die duikboot kon beskadig. Breytenbach het heftig beswaar gemaak, waarop Woodburne onderneem het om hulle in die geheim veel nader aan die strand af te laai.

Die sesman-span het hul drie Klepper-kajakke op die duikboot se dek aanmekaar gesit en al hul uitrusting en springstof binne-in gelaai. Om 20:00 is hulle toe sowat 14 km van die kus afgelaai. In die verte kon hulle Dar es Salaam se liggies sien. Die groep was baie gespanne, veral omdat dit die eerste keer was dat hulle so 'n operasie aangepak het.

Elke spanlid was gewapen met 'n AK47 met slegs een magasyn. Koos en Trevor het as noodmaatreël 'n seilsakkie met 'n paar ekstra patrone aan die been vasgegespe. Almal het siviele drag aangehad vir ingeval hulle op land in iemand sou vasloop. Dit sou hulle help om hul teenwoordigheid met 'n liegstorie te verklaar.

Die matrose het gehelp om die Kleppers met toue teen die duikbootromp stabiel te hou terwyl die span inklim. Dit was moeilik omdat die Kleppers maklik kon omslaan, veral in rowwe seetoestande. Gelukkig was die see daardie aand betreklik kalm en alles het vlot verloop. Die matrose het die toue laat los en die duikboot het onder die water verdwyn. Nou was die span op hulself aangewese. Om hulle was dit doodstil met net die water wat teen die Kleppers klots.

Hulle het gereken dat hulle in die gunstige weersomstandighede teen 6 km per uur sou kon roei en die Tanzaniese kus in 2½ uur kon bereik. Koos onthou dat daar op daardie oomblik 'n groot kalmte oor hom gekom het, waarskynlik omdat hulle alles so deeglik ingeoefen het.

Breytenbach, wat saam met Floyd voor geroei het, het genavigeer en die formasie gelei. Aan hul regterkant was Koos en Kenaas met Ken en Willie 'n klein entjie terug. In 'n stadium het 'n golf van agter gekom en Koos en Kenaas vinnig verby Breytenbachhulle gestoot. Dié het hom op die plek vervies en hulle aangesê om by die vasgestelde prosedure te hou.

Op die teikengebied was die strand donker en verlate. Die twee vlootlede het daar agtergebly om die kajakke te versteek en wag te hou. Die seewater het reeds die black is beautiful afgewas waarmee die span hulle op die duikboot gekamoefleer het. Vir Breytenbach was dit 'n geringe terugslag: "'n Wit ou wat black is beautiful dra, lyk bloot maar soos 'n wit ou wat black is beautiful dra."

Die strate was nog baie besig vir hierdie laat uur en die mense het min ag geslaan op die vier Recces in hul siviele klere. Hulle het eers in die rigting van die gholfklub beweeg, oor die groen gras gesluip en myne onder die voertuie op die parkeerterrein geplaas. Die gholfklub, wat deur hooggeplaastes besoek is, het groot publisiteitswaarde gehad. Op die ingewing van die oomblik het selfs die Britse hoë kommissaris se Rolls Royce 'n lading teen sy enjinblok gekry. Al die ladings is met vertraagde tydmeganismes gestel. Hierna is hulle terug na die Kleppers om die ladings vir die brug te gaan haal. Hulle het al met die rivierbedding langs koers gekry na die teiken toe. Voertuie het die heeltyd oor die brug gery terwyl hulle die ladings plaas. Alles het glad verloop en Breytenbach wou weet of daar nog springstof oor was. Dié moes Koos en Kenaas teen 'n kragpaal plaas om sodoende ook die kragtoevoer te ontwrig.

Daarna is die vier terug strand toe waar Ken en Willie hulle angstig ingewag het. Almal was nou haastig en hulle het die Kleppers met groot spoed deur die branders gelanseer. Volgens Koos het hulle "so vinnig geroei dat mens agter 'n Klepper sou kon ski". Hulle was sowat 'n kilometer van die strand af toe die eerste ladings afgaan. Toe Koos omkyk sien hy 'n horison rooi gekleur van die ontploffings. Ook by die gholfklub het die ladings nou die een ná die ander afgegaan.

Hulle het onverpoos na die RV-punt geroei waar die duikboot sou wag en hul rigting deurentyd met kompaspeilings bepaal. Uitstekende navigasie was nog altyd 'n uitstaande kenmerk van die Recces. Dit was in die dae voor die GPS en die groep moes op tyd en afstand staatmaak om sonder vaste verwysingspunte die korrekte bestemming op die oop see te bereik. Veertien kilometer verder het hulle die RV-punt teen omstreeks 04:00 gehaal. Tot hul ontsteltenis was daar egter geen teken van die duikboot nie – en hul noodplan was maar skraps. Anders as vandag was daar nie Barracuda-bote, helikopters of ander oppervlakskepe om hulle op te pik nie. Hulle was op hul eie aangewese en die noodplan was om van eiland tot eiland in die rigting van Suid-Afrika te roei – iets waarvoor hulle heeltemal kans gesien het omdat hulle ná al die inoefening uitsonderlik fiks en vasbeslote was.

Hulle het besluit om 'n rukkie te wag. Teen hierdie tyd was hul kele baie droog, die spanning het hoog geloop en die adrenalien het sterk gepomp. Tot hul groot verligting het die duikboot net ná 04:30 digby hulle na die oppervlak gekom. Hulle het die Kleppers vinnig afgeslaan en in die duikboot ingeneem. Later sou hulle hoor dat die duikboot in die nette van 'n vissersboot beland het en dat Woodburne se bemanning eers daarvan ontslae moes raak voordat hulle na die RV-punt kon gaan. Stukke visnet was

steeds om die duikboot se skroef gedraai en die twee vlootdui-
kers het dit die volgende oggend gaan loswikkel.

Hulle het die volgende dag in die omgewing van Dar es Salaam
gebly om die Tanzaniese radiouitsendings vanuit die duikboot
te monitor. Uit die uitsendings kon hulle aflei dat politieke kom-
mentators oor die algemeen gemeen het dat dit insurgente was
wat onder Oscar Kambona se leiding 'n gewapende opstand
begin het.

Terug in Suid-Afrika het Woodburne sowel as Breytenbach die
Van Riebeeck-dekorasie (VRD) vir hul aandeel in die operasie
ontvang. Die ander spanlede het almal die Van Riebeeck-medalje
(VRM) gekry.

V-adm Johnson wou egter nie toestemming gee vir hul volgende
operasie, 'n aanval op Dar es Salaam se olieraffinadery, nie. Hy
was steeds besorg dat die ongemerkte koraalriwwe die Emily
Hobhouse se veiligheid bedreig het. Hulle was baie gelukkig om
die eerste keer ongeskonde terug te keer, het hy gesê. Hoewel die
leër ten gunste van 'n opvolgoperasie was, het die Hoof van die
Weermag Johnson in sy besluit ondersteun.

Die Dar es Salaam-operasie het daartoe gelei dat Breytenbach
meer gevorderde seewaartse opleiding vir die Recces wou hê. Hulle
is toe twee tot drie maande Frankryk toe vir 'n aanvalsduikkursus.

Breytenbach het vroeg in 1973 begin uitkyk vir 'n geskikte offisier
wat onder hom as adjudant kon dien. Dit was 'n belangrike aan-
stelling omdat die adjudant die hoof- administratiewe stafoffisier
van die eenheidbevelvoerder is. Hy is verantwoordelik vir verskeie
administratiewe funksies en moet saam met die regiment-sersant-
majoor (RSM) let op dissipline in die eenheid; hy vervul dus ook
die rol van die oë en ore van die bevelvoerder. Omdat hy alle in-

ligting onder oë kry, is die adjudant vertroud met alles wat in die eenheid gebeur.

Kapt John More was juis op pad Pretoria toe om navrae te doen oor duikhorlosies. Daar het hy sy ou vriend kapt Malcolm Kinghorn (wat hy van die Militêre Akademie af ken) raakgeloop. Kinghorn het nou met beheerde items van die SA Leër gewerk – dus met enigiets wat 'n reeksnommer gehad het, hetsy horlosie, pistool of vragmotor. Hy vertel More van die hoë lewensduurte in die hoofstad en dat hy dit oorweeg om die weermag te verlaat om 'n loopbaan in tersiêre onderwys te volg. More kom gou agter hoe deeglik Kinghorn sy vinger op die pols het rakende alle genommerde items in die leër; hy kon byvoorbeeld onmiddellik die aantal voertuie of wapens by enige infanterie-eenheid bepaal en daaroor terugrapporteer.

Kinghorn se vaardighede kon met groot vrug aangewend word. Hy was uitstekend met die pen, het die hele stelsel by Leërhoofkwartier geken, wat al die mense ingesluit het, en by uitstek geweet hoe om projekte te organiseer. Verder het hy 'n wye algemene kennis gehad en was op die koop toe 'n historikus uit eie reg.

More vra hom toe of hy dit sal oorweeg om Oudtshoorn toe te kom en stel voor dat hy dadelik die springkursus doen sodat hy 'n ekstra R20 valskermtoelaag per maand kan verdien. Nee, sê Kinghorn, hy het hoë bloeddruk, ingeplante tande en dra 'n bril. En boonop, voeg hy by, het hy "geen voorneme om 'n held te word nie". Maar More het hom geesdriftig aangemoedig en hy was bereid om so 'n aanbod te oorweeg. As toegif sou dit meebring dat hy Pretoria kon verlaat om na 'n meer bekostigbare omgewing te verhuis.

Terug in Oudtshoorn rapporteer More aan Breytenbach dat hy die ideale kandidaat geïdentifiseer het om hul admin-offisier te word. Breytenbach het genl Willem Louw (sy ou vriend sedert valskermdae) dadelik geskakel om die oorplasing te reël. Die volgende wat Kinghorn hoor, is toe Louw hom inroep en meedeel om "sy tasse te pak en Oudtshoorn toe te gaan".

Kinghorn was goed bekend met die Oudtshoorn-omgewing – hy het as jong offisier kursusse daar by 1 Suid-Afrikaanse infanteriebataljon (1 SAI) gedoen – en het die geleentheid met ope arms aangegryp. Bowendien het hy Breytenbach-hulle al geken sedert die dae toe hulle in Pretoria Sabre-voertuie kom vra het om tydens Operasie Da Gama te gebruik. In Maart 1973 word Kinghorn 1 VK se adjudant.

Omdat die groep nie voorheen 'n adjudant gehad het nie, is dié take deur Dan Lamprecht en More verrig. Toe Kinghorn daar aankom, was Breytenbach in die Caprivi, besig om Fort Doppies te stig. Kinghorn het dadelik die rol van adjudant op sy skouers geneem en ook na 'n reeks ander take omgesien. Hy is bygestaan deur Hoppie Fourie. Hoppie was 'n oudvalskermsoldaat maar het in onguns by Breytenbach geraak en die stoorman geword. Malcolm en Hoppie het die eenheid se administrasie aan die gang gekry – Hoppie in sy pakhuis en Kinghorn in 'n klein kamertjie regoor hom.

Kinghorn het besef dat daar net een manier was om ten volle deur sy kollegas aanvaar te word: hy moes die spesialemagte se volle opleidingsiklus vrywillig deurloop. Dit doen hy en voldoen aan die vereistes vir Recce-operateur. Sy opleiding het in 1974 met die duikkursus in Simonstad begin. Al die lede van die Oudtshoorn-groep het die een of ander tyd die duikkursus aangedurf. Sommige het egter aan erge engtevrees gely en kon nie die kursus slaag nie. Hulle is egter steeds met groot vrug in talle ander hoedanighede aangewend.

Die groep het dikwels saam in die Mosselbaai-omgewing gaan duik. Terwyl hulle een dag 'n ruskans by die Paviljoen by Santos-strand neem, kom 'n opblaasboot met twee manne aangejaag. Die twee is deel van 'n span wat robbe by die eiland uitdun – daardie jare was dit nog toelaatbaar. Hul nette het aan die rotse vasgehaak en nou kan hulle dit nie loskry nie. Koos, More en Kenaas is toe saam met hulle om te gaan help.

Hulle het die nette vinnig losgewikkel gekry. Toe die jonger man vra hoe hy hulle kan vergoed, vra Koos dat hulle vir hom 'n klein rob lewend moet vang. Hy het in die sirkus gesien hoe oulik 'n klein rob kan wees en wou nou sy eie rob hê.

Die jong man vang toe 'n klein rob en gee hom vir Koos. Die welpie wil net byt, maar hulle kry hom met 'n gesukkel in die duiksak geprop. Hulle was toe al twee uur lank weg en Breytenbach het intussen al hoe ongeduldiger geraak.

"Waar de donner was julle heeltyd?" vra hy. Maar toe Koos die welpie uit die duiksak haal, verander Breytenbach se luim en hy is ewe opgewonde oor die nuwe "vonds". Die rob sal voortaan die Recces se gelukbringer wees, kondig hy aan, en doop hom heel gepas Klein-Koos.

Teen tienuur die aand was hulle klaar met die duikoefening en met Klein-Koos op pad terug Oudtshoorn toe. Dis toe wat hulle begin wonder wat hulle met die rob gaan doen. Koos stel voor hulle sit hom in die visdammetjie by die onderoffisiersmenasie.

Die volgende oggend is die kommandement in rep en roer. Oral lê vere, die eende is dood en daar is nie 'n lewende vis in die dammetjie oor nie. Die RSM soek in aller yl na die persone wat die moeilikheid veroorsaak het. Die Recces kom boonop agter dat Klein-Koos skoonveld is. Hulle gaan soek stilletjies op en af in Oudtshoorn se strate, maar tevergeefs, daar is geen teken van die rob nie.

Dieselfde aand wat hulle met die rob daar aangekom het, kom 'n dienspligtige toevallig om middernag ook terug van pas af. Hy kom die basis goedsmoeds ingestap, kan nie glo wat hy voor hom sien nie, en haas hom na die sersant aan diens. "Sersant, ek het nou net 'n rob by die hek sien uitstap!" kondig hy aan. Die sersant vervies hom so vir die voor-op-die-wa-troep dat hy net daar besluit om hom vir dronkenskap te arresteer.

Koos-hulle weet nou dat Klein-Koos definitief buite die basis is, maar kan steeds geen spoor van hom vind nie. Toe kry hulle 'n leidraad in die Oudtshoornse koerant: "Cape fur seal found in Oudtshoorn!" berig die blad. 'n Huisvrou het die rob tussen haar melkbottels op die stoep ontdek toe sy haar voordeur oop-stoot. Die rob is met 'n gespook in 'n nat kombers toegedraai en by Heroldsbaai in die see vrygelaat. Die insident is ook by die DBV aangemeld en dié soek toe dringend na die skuldiges wat die rob uit sy natuurlike habitat verwyder het. So het Klein-Koos met 'n vreemde ompad sy weg weer teruggevind see toe en die Recces was sonder 'n gelukbringer.

Daar was gereeld troeteldiere van een of ander soort in die een-heid. Op Oudtshoorn het Dewald de Beer 42 slange van verskil-lende spesies in 'n hok aangehou. Daar was onder meer kobras, pofadders, boomslange en selfs 'n groenmamba. Langsaan was 'n hok waarin hy muise geteel het om die reptiele te voer.

Die reptiele het ook goed te pas gekom tydens oorlewingskur-susse om studente op te lei in slangidentifikasie, giftige spesies en behandeling van slangbyt. So het Dewald sy slanghok teenoor die owerhede regverdig.

Hy het sy slange goed geken en baie tyd bestee om hul gedrag in die slanghok dop te hou. Volgens hom was 'n pasgebore slangetjie "een van die mooiste dingetjies op aarde". Ongelukkig het die dun slangetjies maklik deur die hok se ogiesdraad na buite geseil. Op dié wyse het daar in 'n stadium 17 kleintjies in Trevor se gereedskapkas beland.

Hierdie "wegseilgedrag" van die klein pofaddertjies het eenkeer onverwagte gevolge gehad. Om vir 'n valskermspringtoelae in aanmerking te kom, moes elkeen gereeld 'n aantal verpligte spronge doen. 1 Valskermbataljon in Bloemfontein het gewoonlik die Dakota, valskerms en afstuurders verskaf. Daar was heelwat dorings in die Oudtshoorn-omgewing en gevolglik was daar altyd takkies, dorings en droë blare in die valskermdoek as dit ná die sprong in die veld opgerol is. Die gebruikte valskerms is eers na 'n gebou in die basis geneem waar dit uitgeskud en rofweg opgevou is. Al die uitrusting is dan die volgende dag in die Dakota terug Bloemfontein toe geneem.

Op 'n dag, ná so 'n valskermoefening, bel 'n hoogs ontstoke maj DJ (Archie) Moore (later bevelvoerder van 1 Valskermbataljon) uit Bloemfontein: "Probeer julle nou snaaks wees of wat?" wil hy weet. John More is heeltemal uit die veld geslaan en probeer agterkom wat aangaan. Hy hoor toe dat die vroue wat die doeke in Bloemfontein oopvou om te herpak, hulle amper flou geskrik het toe hulle op 'n hele nes klein slangetjies afgekom het. More het dadelik besef wat gebeur het.

Die valskerms het ná die sprong 'n dag lank op die vloer gelê en Dewald se klein pofaddertjies het die geleentheid gebruik om hulle in die voue tuis te maak. Dit was egter onmoontlik om Archie Moore te oortuig dat dit bloot 'n sameloop van onvoorsiene omstandighede was. Hy het volgehou dat die Recces die klein slangetjies met opset in die valskermdoeke geplaas het om konsternasie in Bloemfontein te saai.

5
Eerste Recce-ongeval

"Stop! Stop! Stop!" roep Dewald skielik uit. In die sand voor hulle het stewelspore duidelik gewys waar die Swapo's die ou Ovambo-pad oorgesteek het. Die spoor kan nie te oud wees, sê hy. Op grond van Dewald de Beer se skatting het hulle 'n idee hoe ver die Swapo's van dié punt sou loop. Hulle moet teen dié tyd al taamlik dors wees. Die groep Recces besluit om so vinnig as moontlik by die watergate uit te kom en die Swapo's daar in te wag. Hulle is haastig ingeval Dewald 'n dag of wat uit is met sy skatting van die spoor.

Dit was 23 Junie 1974, baie ná aan die kortste dag en langste nag in die Suidelike Halfrond.

'n Week of so tevore het die Recces inligting gekry dat Swapo-kaders besig was om na Suid-Angola te beweeg. Breytenbach se span het die gebied goed geken – hulle het immers vier jaar tevore met hul eerste operasie, Operasie da Gama, al die watergate daar opgeteken. Dit was destyds in 'n mate vervelige werk, maar nou het hulle die vrugte gepluk omdat hulle onder meer geweet het waarlangs die ou Ovambo-pad loop.

Die Swapo-groep is toe al twee weke lank onderweg en die

Recce-span is vinnig met twee Land Rovers dieper in Angola in om hulle te onderskep. Dit was winter en die span het gemeen dat die Swapo's van watergat tot watergat sou beweeg. Hulle het dan ook hul strategie op dié aanname gegrond.

Jan Breytenbach was in die voorste voertuig wat deur Trevor Floyd bestuur is. Dewald, die een spoorsnyer, het voor op die linkermodderskerm gesit en Eric, die Boesman-spoorsnyer, op die regtermodderskerm. Fred Zeelie, Nella Nel en Chris Hillebrand was ook op die voorste voertuig. Agter hulle het John More, FC van Zyl, Koos Moorcroft, Kenaas Conradie, Anton Retief en die ander Boesman-spoorsnyer, Langman, gery.

More se Land Rover, wat agter gery het, stop eerste en die bemanning klim af om hul hinderlaag by 'n watergat daar naby te lê. Dewald-hulle ry nog 'n paar kilometers aan tot naby 'n mooi waterpan. Hulle neem hul posisies 'n entjie daarvandaan in.

Fred het onder 'n groterige bos inbeweeg. Voor hom het die wind van die kant af oor die water gekabbel. Al die spore na die pan het daarop gedui dat dit gereeld besoek word.

Dewald en Eric was aan die heel linkerkant opgestel ingeval die vyand dalk om die groterige bos sou kom. Fred en Chris het nou tot taamlik in die middel beweeg en was op effense hoë grond naby 'n miershoop wat inmekaargesak het. Uit hierdie posisie kon hulle reg langs die watergat afkyk na die oorkant toe. Nella was regs en effens voor hulle binne-in die uitgeholde miershoop en met takke toegepak.

Net toe die groep klaar opgestel is, kom daar 'n dringende radio-oproep van Rundu deur en Breytenbach moet terug na die voertuig toe. Terwyl hy en Trevor by die Land Rover doenig is, sien Dewald 'n beweging. Hy moet sy oë twee keer knip om seker te maak wat hy sien . . . vyf Swapo's kom doodluiters uit die bos aangestap! Die een loop so lekker windgat met 'n beesstertjie in sy een hand waarmee hy teen 'n boomstam slaan. Dewald hoor hoe dit "grrrts-grrrts" maak. Die volgende oomblik vuur Fred se LMG oorverdowend. Dis net 'n kort sarsie want die ligte masjiengeweer stoor (weier om te vuur) byna onmiddellik. Toe trek Chris los.

Die bos bars uit in 'n chaos van geweervuur. Op die pan spat die water in alle rigtings die lug in. Vir 'n paar oomblikke lyk dit amper asof almal hul vuur op die waterpan konsentreer. Die Swapo-kaders het van die verkeerde kant af om die miershoop gekom en dit het sake 'n bietjie deurmekaar gekrap. Die eerste een, die leier, word by die groot boom voor die miershoop doodgeskiet. Net daarna val nog een en hulle draai om. Naby die miershoop begin die LMG weer verwoed vuur en almal weet Fred het sy wapen se storing herstel.

Dewald sien 'n Swapo-soldaat wat bly lê, maar hy was byna onsigbaar in die stof van Fred se geweervuur. Albei sy bene was afgeskiet en hy was reeds dood. Maar Fred het nog nie opgehou skiet nie en die stof het aanhoudend om die dooie gedwarrel.

Op daardie oomblik kom Trevor en Breytenbach van die voertuig af aangehardloop en roep: "Volg deur, kom!" By die bosse aangekom sê Dewald: "Wag eers, ek het een hier geskiet! Ek het gesien hoe hy swik en sy geweer weggooi!" Hy hardloop om die bos en roep: "Hier lê hy reg by my. Ek het hom met 'n swaar kaliber geskiet, sy skouer is morsaf!"

Hulle was onder die indruk dat hulle drie Swapo-kaders geskiet het. Maar toe hulle weer sien, lê daar net twee. Een het intussen opgespring en die pad gevat. Twee dae later het die groep 'n radioberig gekry dat hy ook intussen dood is weens 'n skoot wat hy deur die maag gekry het.

Eric, wat met 'n ou .303 gewapen was, het intussen een van die gevalle Swapo-soldate se moderner SKS-geweer ('n Russiese semi-outomatiese karabyn) by die Recces present gekry – nou het hy 'n baie beter wapen gehad.

More en sy span kom toe inderhaas daar aan. "Klim!" roep Trevor en Dewald, altyd die spoorsnyer, spring weer links voor op die Land Rover en Eric regs. Die Swapo's het met 'n paadjie langs weggehardloop en die twee voertuie volg nou dieselfde roete in die hoop om hulle op te spoor.

So in die ry, selfs nog voordat die Boesman-spoorsnyer se skerp oë dit optel, skreeu Dewald skielik: "Hier's hy! Hier's hy!" Hy het weer eens die spoor raakgesien. Die voertuie stop en almal spring af. Vir Trevor lyk dit of die hele groep nou aan die hardloop is – dan is hulle dié kant van sy voertuig, dan daardie kant. Die Boesman-spoorsnyer het boonop iets langs die pad opgemerk en hulle ontdek 'n drom halfvol ammunisie asook 'n rugsak en 'n mediese tas. Dit was 'n aanduiding dat Swapo baie naby was.

Koos se Land Rover het probleme begin gee en Trevor, wat kennis het van enjins, ruk die enjinkap oop en begin die voertuig regmaak. Dis toe dat hy skielik besef dat hulle groot probleme het. Een kyk na Koos en dié beaam sy vermoede: Hulle was in die middel van die Swapo-hinderlaag se doodsakker, besig om 'n Land Rover reg te maak! Die enigste rede hoekom Swapo nog nie begin vuur het nie, was waarskynlik omdat hulle onseker was oor die Recces se getalle en ook omdat die Recces moontlik die hinderlaag van die verkeerde kant binnegegaan het.

Trevor gryp die LMG, lê oor die enjin aan en begin vuur, maar daar is heeltemal te veel bos voor hom. Hy hoor duidelik hoe Breytenbach na Fred roep wat saam met Chris die bos vee. Dit behels dat hulle in 'n uitgestrekte linie stap op soek na tekens van die vyand. Toe Floyd begin vuur, het dié twee dadelik ondersteuningsvuur gelewer en toe begin die kontak in alle erns. Dit voel asof alles gelyktydig gebeur en die tyd stil staan.

Breytenbach skreeu deurgaans vuurleidingsbevele aan die groep. By die Land Rover trek die koeëls oor Trevor en Koos se koppe. Gelukkig skiet die Swapo-soldate hoog. Trevor antwoord met nog 'n paar sarsies oor die enjin. Hy en Koos hoor hul eie mense in die bos en kan derhalwe nie te laag skiet nie maar hoop om darem die Swapo's se "koppe af te hou". Daarna maak hy die kap toe want hy weet nie eintlik wat aangaan nie.

Almal fynkam nou die bos met Fred as die linkerkantse verkenner. "Kom in donnerse lyn!" skreeu Breytenbach vir hom. Dit was waarskynlik die laaste woorde wat Fred gehoor het. Die volgende oomblik klap nog skote. Dewald onthou vandag nog van die vuurleidingsbevele: "Kenaas, gaan vorentoe! Skil af na regs! Buddy-buddy!"

Met die openingsvuur was Chris dadelik vasgepen, maar Fred het die hinderlaag vreesloos en instinktief gestorm en 'n vyandelike masjiengeweer-skutter doodgeskiet. Chris kon die duidelikste sien wat in die spervuur gebeur. Fred het in sy stormloop 'n goeie 40 tot 60 m gevorder. Toe klap nog skote van Swapo se kant af. "Fred! Fred!" het Breytenbach weer geroep. "Die luitenant is gefloor, kommandant!" het Chris geantwoord. Dit was of daar meteens 'n kort oomblik van stilte neerdaal – dit was presies 17:45. Fred Zeelie se dood was 'n groot verlies vir die Recces.

Met die geveg steeds aan die gang kom Eric met sy nuwe SKS-geweer uit die bos gestap en gooi dit nukkerig agter op die Land Rover. Dewald dag eers die Boesman gaan padgee, maar hy het net sy ou .303 kom terugvat. Eric kon nie met die moderne SKS oor die weg kom nie. So is hy toe weer die bos in met sy getroue

.303, die enigste wapen waarmee hy absoluut vertroud was, en het hy selfversekerd by sy span aangesluit.

Sporadiese vuur het nog 'n verdere 15 minute geduur met geeneen van die kante wat nog verliese gely het nie. Swapo het toe opgehou vuur en teruggeval. Die Recces wou hulle agternasit, maar dit was reeds laatmiddag.

Breytenbach soek nou dringend choppers om die gesneuwelde Fred Zeelie af te voer en met die opvolg te help. Hy wil die insypelaars inhaal voordat hulle die Zambiese grens bereik. Maar die opperbevel wil Breytenbach-hulle eerder in die omgewing van 'n ou vliegveld in Suidoos-Angola ontplooi. Hy weier volstrek en hou vol dat die Swapo's nie daar is nie. Dit sal 'n mors van tyd wees want hulle is op pad terug Zambië toe, sê hy. Niemand sal hom van iets anders oortuig nie.

More vertel dat hulle na 'n klein beboste gebied gery het waar hulle 'n tydelike basis vir die aand gevorm het. Daar het hulle Fred in 'n grondseil toegedraai. More het taamlik naby aan hom gelê. Hy onthou dit as 'n baie, baie lang nag vol vreemde geluide wat hy liefs nie weer wou oorhê nie – 'n lyk is nie stil nie. Fred was dood en dit was asof die mense nie met mekaar wou praat nie.

Omtrent die enigste woorde was toe Trevor vir Koos gesê het: "Jou Land Rover is nou weer reg." Net voor donker het hulle geweerskote in die verte gehoor. Later sou hulle uitvind dat dit een van die gewonde Swapo's was wat hom in 'n groep valskermsoldate vasgeloop het – kapt Johan Verster en ssers Gert Kitching, wat later ook Recces sou word, was deel van dié stoppergroep.

Deur die nag kon jy kort-kort iemand hoor sug. Maar niemand wou praat nie. Dit was of nie een aan die gebeure van die dag herinner wou word nie, elkeen was met sy eie gedagtes besig. 'n

Helikopter is eers die volgende dag gestuur om hul gevalle makker te kom haal.

Breytenbach-hulle is toe terug Fort Doppies toe. Maar ná twee dae kom die veiligheidspolisie daar aan en smeek hom om met die opvolgoperasie voort te gaan. Breytenbach sê toe hy kan nie met die Land Rovers oor die rivier nie, hy het helikopters nodig. Die spoor is toe al 'n paar dae oud en Breytenbach besluit om verster-kings aan te vra omdat hulle getalle maar min was. Johan Verster en Gert Kitching van 1 Valskermbataljon was reeds in die naby-heid van Suid-Angola met 'n peloton ontplooi. Lt Charl Naudé en sers Frans van Dyk (wat later Recces geword het) was ook daar met 'n seksie valskermtroepe.

Breytenbach beveel Charl en Frans toe om met hul seksie val-skermsoldate, ondersteun deur Boesman-spoorsnyers, die Swa-po-spore so vinnig as moontlik te volg. Hulle moes dan met ge-reelde tussenposes terugvoering gee oor die rigting waarin Swapo hardloop asook die sterkte van die vyandelike mag. Na gelang van hierdie informasie sou die Recces hulle dan by moontlike rivieroorgangsplekke voorlê.

Met Dewald se hulp het Charl en Frans die groep Swapo's op 23 man geskat. Hulle het in enkelgelid gehardloop en die spore was duidelik sigbaar in die sagte Angola-sand, wat die spoorsny vergemaklik het. Om by die getal uit te kom het hulle twee strepe 'n meter uitmekaar in die sand getrek. Hulle het die aantal spore tussen die strepe getel en deur twee gedeel. In sagte sand waar spore duidelik sigbaar is, is dit 'n baie akkurate metode. Dit was volmaan (waartydens Swapo gewoonlik geopereer het) en die spoorsnyspan kon die meeste van die tyd op die spoor bly hard-loop. Die agtervolgers was fikser, het vinniger gevorder en die

groep Swapo's geleidelik begin inhaal. Die plekke waar hulle ge-
stop het om te rus en kos te maak het telkens varser geword.
Later was die as in die vuurmaakplekke nog warm – as bly, af-
hangende van die weersomstandighede, drie tot vier uur warm
nadat die vuur uitgebrand het.

Een aand was dit Frans se beurt om op die spoor te navigeer en
hy het die kompaspeiling gevat. Hy het aan Charl, wat agter hom
gestaan het, verduidelik dat die groterige boom op die horison die
volgende navigasiepunt is. Die span het haastig soontoe begin
beweeg, maar toe loop Frans hom tromp-op vas in die boom met
Charl wat hom van agter af nog 'n entjie dieper in die dorings
instamp. Dit was 'n duidelike teken dat die span nou al so moeg
was dat hulle die boom hier reg by hulle as 'n voorwerp doer op
die horison aangesien het. Die wit Caprivi-sand en helder maan-
lig het dit moontlik gemaak om die 23 Swapo's se spore onafge-
broke te volg en Charl, Frans en hul span valskermtroepe was toe
reeds drie dae en nagte op die spoor met weinig slaap tussen-in.

Na nóg twee dae was hulle minder as 'n halwe dag agter die
Swapo's – die as van die vure was nog baie warm. Die spoorsny-
span het verwag om enige oomblik kontak te maak. Hulle het die
vasgestelde prosedure nougeset gevolg en Breytenbach per radio
gekontak sodat hy en sy span in beweging kon kom. Dié is son-
der omhaal met sy span na 'n moontlike oorgangsplek by die
Kwando-rivier, 'n gebied wat hulle goed geken het.

Hulle het baie vinnig die plek uitgesnuffel waar die Swapo's
die rivier oorgesteek het. Die spoor was tot hul ongeloof net 'n
paar minute oud, so vars dat die water nog uit die sleepmerke
van die mokorro's ('n kano wat van 'n uitgeholde boomstam ge-
maak is) op die sand gesypel het. Die Swapo's is met die mokorro's
oor die Kwando en was vir eers veilig op Zambiese grondgebied.

"Die terrs het gehárdloop; goeie donner, hulle het daai paar dae gehardloop," onthou Trevor die opvolgoperasie. "Dit was mos die heel eerste keer wat die terrs in Angola gestamp is!"

Breytenbach was ewe woedend vir die veiligheidspolisie oor die verloop van die gebeure: "Ons kon daai donners al die eerste dag vasgetrap en doodgeskiet het, maar toe wil julle mos aanloopbaan toe neuk!"

Dit was die einde van die opvolgoperasie.

Tweede lt Fred Zeelie was die eerste Recce-operateur wat in aksie gesterf het, op 23 Junie 1974. Binne die groter prentjie was hy ook die eerste Suid-Afrikaanse soldaat wat in die Grensoorlog omgekom het. Vir sy onverskrokke optrede onder vuur is hy later op Breytenbach se aanbeveling met die Louw Wepener-dekorasie (LWD) vereer. Hy is met volle militêre eerbewys in Alberton begrawe.

Sers Dewald de Beer het die VRM vir sy dapper optrede tydens die vuurgeveg ontvang. Dit was die eerste en enigste keer wat die VRM vir 'n operasie op land toegeken is.

Jare later sou die heel laaste soldaat van die SAW wat in die Grensoorlog gesneuwel het, toevallig weer 'n Recce wees. Dit was okpl Herman Carstens van 1 VR wat op 4 April 1989 op die SWA-grens gesterf het in 'n geveg met Swapo. Die gedagte word nou geopper dat sy uniform langs dié van Fred Zeelie in die Nasionale Museum vir Militêre Geskiedenis (vroeër bekend as die Oorlogsmuseum) in Johannesburg moet hang.

Ná Fred Zeelie se dood is Frans van Dyk en Charl Naudé terug na die Singalamwe-basis waarvandaan hulle met hul peloton valskermtroepe daagliks patrolliewerk gedoen het.

Een middag sien Charl hoog in 'n boom langs die Kwando-rivier 'n visarendnes. Hy hou dit 'n ruk dop en toe hy steeds niks van die wyfie gewaar nie, klim hy tot by die nes. Binne-in vind hy twee heeltemal ondervoede kuikens. Dit bevestig sy vermoede dat die ma waarskynlik dood is. Hy haal hulle toe versigtig uit die nes, druk hulle voor by sy hemp in en klim af.

Onder Charl se wakende oog ontwikkel die twee mooi. Een middag daag twee Recces, Marius Viljoen en Nella Nel, by die basis op met 'n boodskap dat die Recces die valskermtroepe uit-daag om 'n sokkerwedstryd in Ou Doppies te kom speel. Die volgende Saterdag is Frans en Charl met nege valskermtroepe na die Recce-basis vir die wedstryd. As 'n gebaar van welwillendheid gee Charl een van die visarendkuikens aan die manne van Fort Doppies.

Ná die sokkerwedstryd wat in die omuramba ('n groot grasbe-dekte pan) naby Ou Doppies gespeel is, het almal in die kroeg saamgekuier. Charl en Frans het weer eens besef hoe hulle hul met die Recces se werksetiek en lewenstyl vereenselwig. Op pad terug basis toe het die twee mekaar heelpad aangepor om by die Recce-eenheid aan te sluit.

Intussen het albei visarende vinnig grootgeword. Die een in Fort Doppies se uiteinde was egter minder gelukkig. Hy het in 'n groot hok gebly, maar tydens die brand by Ou Doppies het hy doodge-brand.

Ná 'n paar maande in die Caprivi het Charl-hulle met hul vis-arend na Bloemfontein teruggekeer. Hy was nou al mooi groot en is in Charl se uitrusting versteek. So het hy ongemerk in 1 Val-skermbataljon beland, wat jare lank sy tuiste was. 'n Jaar of twee later het hy tot sy kleurryke wasdom ontwikkel en het sy kenmer-kende Afrika-roep oor die valskermbataljon weergalm.

Die stadium het juis nou aangebreek waarin 1 VK sy volgende lede moes werf. Maj Jakes Swart van 1 Valskermbataljon was in hierdie tyd ook in die Caprivi as bevelvoerder van A-kompanie (waarin Charl en Frans gedien het). Swart, wat die Vrystaatse rugbyspan in 1974 teen die besoekende Britse Leeus aangevoer het, het egter al vroeër na Bloemfontein vertrek.

Dit was enkele weke vóór die sokkerwedstryd in Ou Doppies en pas nadat die Swapo's wonderbaarlik oor die Kwando-rivier ontsnap het. Charl en Frans het hulle direk ná die opvolgoperasie na die RV-punt gehaas waar hulle om die hoëfrekwensieradio (HF-radio) sit en luister het hoe Swart se Vrystaatspan naelskraap met 11-9 teen die Leeus verloor. Die toerspan het daardie jaar al die ander Suid-Afrikaanse spanne, ook die Springbokke, verneder.

Charl en Frans het Breytenbach met die opvolgoperasie teen Swapo beïndruk en hy het hulle aangesê om die Recce-keuring te gaan doen. Charl het eerste gegaan en Frans 'n paar maande later. Groot was hul vreugde toe albei die keuring slaag.

Groot dinge het ook op Swart gewag. Min het hy geweet dat genl Loots hom geoormerk het om einde 1974 as bevelvoerder by Breytenbach oor te neem, of dat hy selfs nog vóór Charl, Frans en 'n derde lid, Johan Verster, by 1 Recce betrokke sou raak.

6

2 Recce

Die vorming van 'n burgermageenheid vir die Recces sou in 'n groot behoefte voorsien. Dié eenheid, 2 Verkenningskommando (2 VK, algemeen bekend as 2 Recce), het in 1974 sy beslag gekry met 'n groep "naweeksoldate" – almal vrywilligers uit die Witwatersrand-Pretoria-omgewing – as kern. Hulle het aanvanklik as die Hunter-groep bekend gestaan.

Kmdt Gil van Kerckhoven, bevelvoerder van die Suid-Afrikaanse Ierse regiment, het die groep in Mei 1968 gestig. Hulle het vanuit die Doornkop- militêre basis geopereer en hulself oor naweke in ongereëlde oorlogvoeringstegnieke bekwaam. Baie was ervare soldate, onder hulle voormalige huursoldate wat in die middel 1960's in die Kongo gedien het onder die Brits-Ierse huursoldaat Mike Hoare, wat onder meer by 'n berugte staatsgreeppoging in die Seychelle betrokke was.

Kapt Sybie van der Spuy (wat later 'n beduidende rol in die spesialemagte sou speel) het in 1971 by die groep aangesluit en die keuringsproses, wat elke naweek vir 'n jaar lank aangebied is, deurloop. Van Kerckhoven is intussen met bevordering verplaas. Die Hunters is toe deur twee majoors beheer, en die klem het van opleiding na kroegfunksies verskuif. Om die situasie te beredder, is Van der Spuy (wat nog net agt maande van sy jaar lange keuring voltooi het) as die nuwe bevelvoerder aangewys. Hy het die twee majoors dadelik afgedank asook enigiemand anders wat verhinder het dat 'n aanvaarbare standaard gehandhaaf word. Nog 30 lede het in die slag gebly – hoofsaaklik gewese Kongo-huursoldate en persone wat vir die verkeerde redes daar was.

Die groep het die spesialemagte se grondbeginsel gevolg dat die man wat die opdrag kon uitvoer die patrollieleier sou wees, on-geag of daar hoër range in die opleidingsgroep was of nie. Dit kon dus gebeur dat 'n kaptein deur 'n korporaal (as instrukteur) in 'n bepaalde vaardigheid opgelei is.[9]

2 VK het uit die gesuiwerde Hunter-groep ontstaan. Van der Spuy is intussen tot majoor bevorder en as bevelvoerder behou. Hy het oor 'n nagraadse kwalifikasie in ingenieurswese beskik en was terselfdertyd ook 'n spesialis-navigator (wat astro-navigasie in-gesluit het).

Die groep vrywilligers het steeds naweke sonder enige besoldi-ging aan aktiwiteite soos wapenopleiding, selfverdediging (hand-tot-hand-gevegskuns) en valskermspronge deelgeneem. Hulle het egter geen amptelike status geniet nie omdat hulle nie 'n erkende weermageenheid was nie.

Toe brig GW Germishuizen begin 1974 Kommandement Wit-watersrand se bevelvoerder word, het hy Van der Spuy verwittig dat die Hunter-Groep óf sou moet ontbind óf as 'n eenheid amptelike erkenning van die weermag sou moes verkry.[10]

---

9. Peter Stiff: *The Silent War*, pp. 62-66
10 Paul Els: *We fear naught but God*, pp. 214-219

Van der Spuy het Jan Breytenbach, toe 1 Recce se bevelvoerder, gekontak. Hy en Breytenbach het mekaar sedert hul Leërgimnasiumdae geken. Breytenbach het voorgestel dat die Hoof van die Leër in die saak geken moes word.

Van der Spuy het toe sy visie vir die Hunter-groep uiteengesit op 'n vergadering wat in Mei 1974 by Kommandement Witwatersrand plaasgevind het. 'n Tweede vergadering het gevolg waarop die stigting van 2 Recce formeel sy beslag gekry het en die aanbevelings deur die Hoof van die Leër bekragtig is.

Die proses het baie vinnig verloop en 1 Junie 1974 kan as die amptelike stigtingsdatum van 2 VK beskou word, met maj Sybie van der Spuy as bevelvoerder.

Breytenbach het die vorming van 'n burgermageenheid as 'n uitkoms gesien wat in 'n groot behoefte voorsien het. Baie tyd, geld en energie word aan die vorming en opleiding van 'n spesialemagte-operateur bestee. Sodra hy egter sy diens beëindig en die eenheid verlaat, is hy vir die spesialemagte verlore. 'n Aktiewe burgermageenheid kon die ideale struktuur skep om so 'n operateur te akkommodeer. Dit sou verseker dat hy sy fiksheid en paraatheid behou om steeds operasioneel of in 'n opleidingshoedanigheid aangewend te word, sou die behoefte ontstaan. Dit was die hoofrede vir 2 VK se ontstaan.

Nog 'n ononderhandelbare voorwaarde was egter dat 2 VK, anders as die Hunter-groep, nie sy eie keuring en opleiding kon doen nie. Hierdie aspek sou deur 1 Recce behartig word. Dit sou verseker dat die hoë standaarde wat die spesialemagte van die begin af gestel het, gehandhaaf word.

Dié reëling het Van der Spuy soos 'n handskoen gepas omdat dit 2 VK se geloofwaardigheid bo alle verdenking geplaas het. 'n Bykomende voordeel was dat 2 VK-lede hiermee die geleentheid gekry het om makliker met 1 VK te integreer. Sy lede kon ná afloop van 'n suksesvolle keuring ook by 1 VK aansluit as hulle 'n permanente loopbaan in die spesialemagte wou volg. Die integrasie tussen die twee eenhede het daartoe gelei dat sterk en blywende kameraadskappe oor en weer gesmee is.

Die eerste keuringskursus vir 2 VK-lede het op 12 Augustus 1974 in Oudtshoorn begin en het 'n maand geduur. Maj Nic Visser en AO1 PW van Heerden van 1 VK – met Breytenbach in beheer – het die groep in die sneeubedekte Swartberg deur 'n volwaardige keuringsproses geneem. Van die 27 vrywilligers het 10 kandidate[11] (onder wie Van der Spuy) die keuring voltooi.

Hulle sou die kern van 2 Recce vorm. Eers sou hulle egter die basiese springkursus by 1 Valskermbataljon in Bloemfontein moes slaag – die Hunter-springopleiding het nie gegeld nie omdat dit nie aan 1 Valskermbataljon se regulasies voldoen het nie.

'n Jaar later (in Augustus 1975) is 'n tweede keuringskursus in die bergagtige dele van Oudtshoorn aangebied – vyf kandidate het geslaag.

Daarna was daar nog 'n keuring in die woude van Dukuduku, Zoeloeland saam met kandidate wat vir 1 VK aansoek gedoen het. Tydens dié keuring het nog vyf 2 Recce-kandidate geslaag. Die gesamentlike swaarkry onder moeilike omstandighede het die bande tussen studente van die twee spesialemagte-eenhede versterk deurdat almal oor dieselfde lees geskoei is en hulle saam swaargekry het.

2 Recce is vir die eerste keer op 28 April 1975 gemobiliseer toe

---

11 Maj Sybie van der Spuy, AO2 Les Greyling, AO2 Harry Botha, AO2 Willie Ward, sers Johnny Matthee, kpls Brian Walls, Gideon Nel, Rodney Mills, okpl Jan van der Merwe en sktr CV Protter.

die eenheid saam met 1 Recce en andere die beleg van die Israe-liese konsulaat in Foxstraat, Johannesburg tot 'n einde gebring het. Ironies het David Protter (nie verwant aan CV Protter nie), wat vir die gyselaardrama verantwoordelik was, in 'n stadium die Hunter-keuring probeer, maar gefaal.

In Desember 1975 is 2 Recce (met die uitsondering van twee lede) tydens Operasie Savannah in Angola ontplooi – waarskynlik die eerste burgermageenheid in die geskiedenis om operasionele diens in Angola te verrig.

Hulle was in daardie stadium sewentien man sterk (tien opera-teurs en sewe ondersteuningspersoneel). Op 14 Desember 1975 het nege operateurs[12] van 2 Recce die eerste operasionele nag-sprong deur 'n burgermageenheid sedert die Tweede Wêreldoor-log uitgevoer.

Al 2 Recce se lede het in die Witwatersrand-Pretoria-omgewing gewoon. In 1977 het daar egter 'n sterk oproep uit Bloemfontein gekom van burgermaglede wat deel van die eenheid wou word – almal gegradueerdes van die Universiteit van die Oranje-Vrystaat. Dit is aanvanklik nie met veel erns bejeën nie, waarskynlik omdat dit onprakties was om potensiële lede te hê wat so ver van Johan-nesburg was.

Uiteindelik het Van der Spuy die Bloemfontein-groep einde 1977 Durban toe gestuur om voorkeuring te ondergaan. Diegene wat die eerste fase geslaag het, is begin Januarie 1978 na die Fort Doppies-gebied waar hulle die finale keuring aangepak het.

---

12 Kmdt Sybie van der Spuy, lt Les Greyling, AO2 Harry Botha, AO2 Mike Tippett, AO2 Willie Ward, ssers Rodney Mills, serss Jan van der Merwe, Neville Clack en kpl Gideon Nel.

Agt van hulle het die keuring geslaag (onder wie die skrywer) en is ná afloop van hul valskermkursus (vir dié wat dit nog nie gedoen het nie) volwaardig by 2 VK ingelyf.

Dit was die eerste 2 Recce-keuringskursus wat aangebied is vir kandidate buite die Witwatersrand-Pretoria-omgewing. Hulle het almal in uiteenlopende rigtings gestudeer, onder meer medies, ter-siêre onderwys, natuurbewaring, inheemse tale, bourekenkunde en teologie. Hierdie groot verskeidenheid spesialisasierigtings sou bydra tot die groter poel van kundigheid binne die spesialemagte. Die agt kandidate[13] wat die keuring geslaag het, was bykans al-mal korporaals.

* * *

Naby die nood-RV duik iemand my hardhandig plat. Hulle bind my vas en trek vinnig 'n sandsak oor my kop. Die hele nag deur gooi hulle kort-kort emmers koue water oor my uit. Teen dag-breek is ek yskoud en my hele lyf ruk. Ek het oral seerplekke, die gevolg van die woeste hantering. Nie een van ons weet presies waar ons is nie. Vanweë die digtheid van die bos en plat topogra-fie lyk alles om ons dieselfde.

Al wat ons geweet het, was dat ons êrens in die Caprivi was. Ons was nou, ná afhandeling van die voorkeuringsfase einde 1977, met die volle Recce-keuring besig.

Die eerste week van die keuring het, nog voor die episode hier-bo, nie op 'n goeie noot vir my begin nie. Dit was op 'n hinder-nisbaan met toue wat tussen hoë bome gespan is. Ek het aanvank-lik die toue tussen die boomtoppe bekyk en vir geen oomblik

---

13 Des Walker, Pieter Bosch, Alexander Strachan, Chris de Jager, Steyn de Wet, Keith McLeod, Hannes Winter en Blikkies Blignaut.

gedink dat ons aan daardie hoë hoogtes blootgestel gaan word nie. Om van die tou af te val sou die einde van jou kursus beteken omdat jy verskeie beenbreuke sou opdoen. Ek het my vir baie dinge voorberei, maar nie vir hemelhoë toue nie. Dit was die keuring se sogenaamde "onbekende faktor" en ek moes doodeenvoudig net my vrees en onbeholpenheid oorkom.

In een van die eerste toetse moes ons oor 'n 10 m lange tou seil wat tussen twee boomtoppe gespan was. Ek is nie voorheen aan touwerk blootgestel nie en dit was vir my sielkundig die afbrekendste. Ek het by twee geleenthede my balans verloor en aan die onderkant van die tou gehang. In dié onmoontlike posisie het ek my met my arms vorentoe probeer trek. Niks het my meer gedreineer as die sielkundige wroeging om oor die tou te seil nie. Hoewel ek dit nie kon afskud nie, het ek tog elke keer met 'n gesukkel oorgeseil en heeltemal afgemat aan die oorkant geëindig.

Ons het in daardie eerste week ook bykans geen slaap gekry nie en het onophoudelik fisieke oefeninge gedoen met 'n betonblok van 30 kg op die rug vasgegespe. Verskeie kandidate het in die hindernisweek tou opgegooi. Namate die week gevorder het, het ons boonop al hoe swakker geword omdat ons slegs by een geleentheid gekookte sebravleis gekry het. Nadat een kandidaat, 'n geswore vegetariër, die handdoek ingegooi het, het die instrukteurs hom 'n blikkie boeliebief aangebied. Hy het 'n leeftyd se beginsels oorboord gegooi en die vleis met sy vinger uit die blikkie geëet en selfs die kante skoongelek.

Tydens ons "ruskanse" moes elke man vir hom 'n loopgraaf grawe. Omdat dit Januarie was, het dit gereeld gereën en ons het in die water gelê. Een aand omstreeks 22:00 bars alle hel los. Dis die instrukteurs wat met AK47's op ons losbrand. Terwyl die skote klap, gaan daar ook nog oorverdowende ontploffings oral om ons af. "Hardloop nood-RV toe!" skreeu hulle. Ek het twee stokke langs my loopgraaf in die grond geplant waaraan ek my uitrusting gehang het. In die donker kry ek egter nie my uitrusting raakgevat nie en strompel nog 'n halwe tree vorentoe. Toe ek afbuk, steek die skerp stok diep onder my lip in.

Skielik skyn daar 'n skerp lig op my. Ek sien dis sers Flip Marx. "Kyk of my lip reg is, asseblief?" vra ek hom. Die volgende oomblik stamp hy my hard met die flits reg op die bloeiende wond. "Beweeg!" sê hy bars en ek laat spaander nood-RV toe met AK47-koeëls wat in die takke bo my vasslaan.

Dit is tydens hierdie episode wat ek naby die nood-RV platgeduik is en die sak-oor-die-kop-en-kouewaterbehandeling kry.

Dit was 1 Recce se keuring en dit is presies hoe dit veronderstel was om te wees. Daar word geen genade betoon nie en jy moet dit ook nie verwag nie. Die instrukteurs is op presies dieselfde wyse gedurende hul keuring behandel en hulle het dit oorleef, dit is waarom hulle nou Recces was. As kursusgangers het ons na hulle opgesien en ons het 'n goeie vermoede gehad op watter operasies hulle al was.

Die hoofinstrukteurs was maj Hennie Blaauw, Flip en kpl Callie Faber. Hulle is bygestaan deur 'n aantal hulpinstrukteurs en enkele Boesmans.

Maj Blaauw het totale selfvertoue en ook kalmte uitgestraal. Hy het nie nodig gehad om te skreeu nie, sy besliste kyk alleen was genoeg. Flip was vir ons in eie reg 'n heldefiguur. As onderoffisier met die hoogste rang was dit sy werk om ons op te foeter. Sy PT-sessies (liggaamsoefeninge) was genadeloos. Dit was onmoontlik om lyf weg te steek wanneer hy in die omgewing was en sy energie was onuitputlik. Callie was die boskenner en het ons tussen alles deur van spore, diere, slange, plante en oorlewing in die bos geleer.

In die tweede week van die keuring het die roetemarse begin. Ek het vooraf geweet dat kandidate honderde kilometers moet stap en het my ou gemaklike stewels op my tuisdorp, Ladysmith, laat versool. Die gevolg was dat ek onwetend met Swapo se chevron-soolpatroon by die keuring opgedaag het. Ek het dit eers besef toe die Boesmans elke keer wat hulle my spoor sien, onverstaanbaar met hul tonge begin klik het.

Navigasie was nou die oorheersende faktor en ons het op voorafbepaalde kompaspeilings geloop, gewoonlik deur die nag. Die meeste van die tyd was jy heeltemal geïsoleer van die ander kursusgangers en het jy gewonder of hulle net so swaar kry en hoeveel daar nog op die keuringskursus oor was.

Jy moes die afstand wat jy loop bepaal deur jou treë te tel en dan elke 100 m 'n knoop in 'n tou te maak. Wanneer jy 10 knope gemaak het, was 'n kilometer verby en het jy 'n knoop in 'n ander tou gemaak. Dit het die aantal kilometers aandui. Hierdie tellery het 'n groot sielkundige effek gehad. Jy het eenvoudig net aanhou tel, sonder ophou. Sodra jy gaan sit het om iets anders te doen – soos om jou geweer skoon te maak – het jy in jou gedagtes steeds getel. Snags as jy gaan lê het om te rus, het jy aanhou tel. In die weke daarna sou jy tot jou uiterste frustrasie steeds aanhou tel wanneer jy met iets anders besig was.

Teen daardie tyd was ons al so maer en uitgeteer dat jy 'n holte in die sand vir jou heupbeen moes maak as jy gaan lê. Ons klere was in vodde en stukkend geskeur deur die haak-en-steek. Gedurende die eerste week kon jy jouself nog ruik, maar nou het jy soos dieremis en bome geruik. Ons was uitgelewer aan die Afrikason, donderbuie en swaar weerlig, en snags kon jy die hiënas en leeus hoor – in die donker het dit geklink of hulle hier reg by jou was.

Ons het baie selde kos gekry; op 'n keer 'n pak beskuit wat ons tussen mekaar moes verdeel. Dit was egter oneetbaar omdat dit vooraf in diesel geweek was. Ek het opgemerk dat minstens twee kandidate met ligte hare se haarkleur na rooi begin verander het. Een aand, met ons moreel baie laag, het elkeen nat en koud in die donker in sy loopgraaf gelê en wag.

Sowat 20 m weg het die instrukteurs by hul voertuie vleis ge-braai en bier gedrink. Behalwe vir hul onderlinge gesels was dit net te stil, iets was aan die broei. Ek het gewonder wat wag. Toe gebeur die mees onverwagte. Van die Land Rovers af het hulle vir ons musiek gespeel. Dieselfde kasset oor en oor en oor. Ek sou die woorde van daardie liedjie in my lewe nooit vergeet nie: "Who's gonna tell Maria he won't be home, who's gonna tell Maria she's now alone, tell her the life he wanted took him away."

Dié woorde van Joe Dolan se destydse treffer "Hush Hush Ma-ria" het uit die donker na ons toe aangekom. Vir diegene wat nog getwyfel het, was dit eens te veel. Die kontras tussen die honger en ontbering in die koue, nat loopgrawe en die romantiese musiek was net te groot om te verwerk.

Op 'n dag gedurende die tweede week van die keuring moes elkeen afsonderlik versteekte teikens oorkant 'n poel water aan-val. Terwyl jy jou beurt afwag, kon jy sporadiese geweervuur hoor maar niemand het regtig geweet wat om te wagte te wees nie. Elk-een het 'n volgelaaide magasyn gehad. Toe dit my beurt is, het ek met die kronkelpaadjie deur die bos begin stap, my geweer in die gereedhouding. Omdat die bos so dig was, kon ek nie veel sien nie maar toe ek om 'n draai kom, was ek meteens in 'n oopte. Daar is onmiddellik hewig in my rigting gevuur en ek het vir die eerste keer bewus geword van die poel water voor my. Oorkant die water het ek twee teikens geïdentifiseer en daarop losgebrand.

Met die nabetragting sou ek hoor dit was verkeerd. Ek moes eers afgegaan het grond toe en twee skote op elke teiken geskiet het voordat ek dit in sprange aangeval het. In die water ontdek ek boonop gespande doringdraad. Ek is daardeur en met die instrukteurs se onophoudelike geskiet het die water 'n boog oor my gespat. Wat hulle alles getoets het, sou ek nie weet nie, maar dit was vir my een van die weinig lekker oefeninge tydens my keuring.

Hoewel ons daagliks verswak het, onder meer weens die swaar betonblok op jou rug, die konstante oefening en min slaap, het daar tog 'n boswysheid by ons posgevat. Toe ons ná die oefening die ongebruikte patrone moes teruggee, het elkeen 'n paar patrone in sy kous of uitrusting weggesteek.

Die manne was nou al erg honger. Toe ons eenkeer 'n rotwyfie op haar nes met kleintjies betrap, is die hele lot op 'n klein vuurtjie gaargemaak. Ons het die vuur aan die gang gekry deur die koeëlpunt uit die patroondop te draai en die skoot af te vuur met 'n olielappie voor in die loop. Die lappie het aan die brand geslaan en ons het 'n bondeltjie droë gras daarmee aan die brand gekry.

Partykeer het ons op ons eie geloop en ander kere in spanne. Ek het dikwels op slange, veral pofadders, afgekom en een keer byna op een getrap. Daar was ook 'n leeuwyfie op my roete, maar sy het haar uit die voete gemaak toe sy my sien.

Die roetes deur die bos het gewissel tussen 15, 20 en 30 km op 'n slag. Dit was deur digte bos en jy het uitsluitlik op jou kompas staatgemaak om die RV-punt te bereik. In 'n stadium was die roete so ver dat ons die instrukteurs twee dae lank glad nie gesien het nie.

Laat die middag rus ons op die rand van 'n omuramba met niemand anders in sig nie. Die manne se voete was deurgeloop, hul lywe seer, hul skouers heeltemal deurgeskaaf. Reeds tydens die voorkeuringsfase het ons geleer om pleister permanent tussen ons bobene te plak vir die skaaf. Almal het kop tussen die bene gesit.

Miskien het ons 'n uur of wat in doodse stilte gesit, maar toe ek opkyk, sien ek die hele omuramba is vol wild – buffels, blou-wildebeeste, sebras en basterhartbeeste so ver as die oog kyk. Almal sien nou die wild en die gedagte tref ons gelyktydig. Ons moet 'n bok met die gesteelde patrone skiet. Dit druis teen alle instruksies in maar skiet gaan daar geskiet word.

Daar word eers gekoukus oor wie moet skiet en ons besluit op Des Walker omdat hy 'n natuurbewaarder is en waarskynlik die beste skoot sal kan skiet. Met die klein bietjie beweging en gefluis-ter merk die bokke onraad en beweeg na die oorkant van die omuramba toe.

Ons lê almal laag en ek kan nie sien op watter bok Des mik nie. Die skoot klap oorverdowend. Nog twee of drie skote klap en ek sien dit is 'n basterhartbees wat getref is. Met al die geweer-vuur weet die hele wêreld seker nou van ons teenwoordigheid. Nog 'n skoot op kort afstand is nodig om die bok uiteindelik neer te vel. Miskien het al die geval en gerol en gestamp die visiere so uitgestel dat die basterhartbees nie met die eerste skoot doodge-skiet is nie. Ons sny haastig 'n boud af en beweeg 'n ent weg van die karkas die bos in. Toe ons heeltemal verskans is, kry ons 'n vuurtjie aan die gang en elkeen sit nou met 'n stok in die hand met repies vleis wat hy in die vlamme hou.

Nog voordat die vleis gaar is, oorweldig die honger ons en al-mal begin met groot oorgawe eet. Maar iets is nie reg nie – ons kan nie meer as 'n paar klein stukkies vleis afsluk kry nie. Oor die lang periode met bykans geen kos nie het ons mae so gekrimp dat ons nie regtig iets geëet kon kry nie. Ek steek toe van die gaar vleis in die mortierhouer weg waarin ek van my water dra.

"Het julle skote gehoor?" vra maj Blaauw toe ons die volgende oggend by die RV-punt opdaag. Ons skrik ons asvaal en sê: "Ja, in doerie rigting." Tot vandag toe weet ek nie hoe ons hom oortuig het nie. Dalk het ons gehawende voorkoms iets daarmee te doen gehad. Ons was buitendien nie veronderstel om ammunisie by ons te hê nie. Ons het die geweerlope reeds met 'n lappie deurgetrek in geval van 'n geweerinspeksie. En ek het ook ontslae geraak van die gaar vleis in die mortierhouer. Blaauw kyk in die rigting waarheen ons gewys het, klap sy tong en sê: "Al weer bleddie poachers."

Ons het nou die derde week van ons keuring binnegegaan en niemand kon meer presies onthou hoeveel dae ons al aan die gang was nie. Ons het wel 'n ander dimensie betree wat ek nie tóé agtergekom het nie, maar wel met agterna-wysheid besef het: Weens al die aftakeling het totale afstomping ingetree.

Jy het die buitewêreld uitgesny en alles het net daarom gedraai om die een voet voor die ander te sit. Dit het geen verskil meer gemaak of die opdrag was om te loop, te draf of te hardloop nie, jy het bloot net voortgestrompel. Jou lippe was gebars, jou oë ingesak en jou heupbene en ribbe het uitgestaan. Almal was gedehidreer, ondervoed en in alle opsigte afgetakel. Waar die uitrusting se skouerbande waaraan die betonblok gehang het, deur die vel geskaaf het, het dit gebloei. Maar ook dit het nie meer saakgemaak nie. Dit het inderdaad op so baie plekke gepyn dat jy nie een plek kon uitsonder nie.

Of dit die instrukteurs gefrustreer het om in hierdie fase met ons te werk, sou ons nie toe weet nie. Waarskynlik was hulle heel tevrede dat hulle ons deur soveel fases van die finale keuring geneem het, dat hulle nou 'n produk gehad het wat van vrees en gevoel ontneem was. Diegene wat nog op die keuringskursus oor was, sou waarskynlik onbeperk kon aanhou met wat hulle ook al opdis.

Ons het wel opgemerk dat daar iets anders aan die terrein was. Ons het 'n pad teëgekom wat gereeld deur voertuie gebruik word en op dié pad begin loop. Sou ons dalk in die omgewing wees van 'n plek wat teen hierdie tyd 'n byna magiese betekenis in ons gedagtes gekry het? Die plek wat net vir Recces beskore was – Fort Doppies? Volgens ons berekeninge moes die keuring naby aan sy einde wees, maar ons het reeds lankal geleer dat niemand iets op hierdie keuring kon voorspel nie.

Ons het 'n dreuning gehoor en vir die eerste keer in weke 'n vreemde militêre voertuig stadig sien aankruie. Dit het van agter gekom en ons wou nie of het nie meer die krag gehad om uit die pad te kom nie. Toe dit agter ons stilhou, sien ons dit sleep 'n lae waentjie met oop kante. Daar moes tog nog 'n bietjie onder- nemingsgees in ons oorgebly het. 'n Paar van ons klouter toe op die lae waentjie.

Ná sowat 2 km gly ons af want ons vermoed ons is nou naby die plek waar ons met die instrukteurs moes RV. Nie te lank nie of Blaauw en sy span daag op. Hulle staan eers so 'n rukkie eenkant en koukus sonder dat ons kan hoor wat hulle sê. Toe kom hulle nader en Blaauw stel Callie, die spoorsnyspesialis, aan die woord.

Hy ken elkeen van ons se spoor by die naam, sê Callie. Ons dink ons is slim, maar ongelukkig nie naastenby slim genoeg nie, hoor ons. Ons spore het eensklaps in die pad verdwyn en 2 km verder weer te voorskyn gekom. Daarom weet hy "party het 'n lift gevang met die waentjie". Dit is 'n baie ernstige oortreding, sê

Blaauw, en daarom gaan hy sers Flip Marx vra om ons te straf sodat dit nooit weer in die toekoms sal gebeur nie. Op grond van die inligting wat hy uit die spore gelees het, roep Callie die skuldiges se name uit, myne sommer heel eerste.

Terwyl ons wag, is dit nie soseer die komende strafsessie wat hinder nie, maar eerder Blaauw se woorde dat dit "nooit weer in die toekoms sal gebeur nie". Het dit beteken dat, anders as wat ons vermoed het, die einde van die keuringskursus nog lank nie in sig was nie? Daar was nog genoeg tyd oor vir soortgelyke roetemarse wat ons sou moes voltooi.

Flip roep ons toe nader na wat later bekend sou staan as die watergatsessie. Ons kom sukkelend orent en strompel in die rigting van die omuramba waar die watergat is. Daar aangekom, moet ons met ons volle uitrusting in die watergat spring. Onderwater skep ons op die bodem met die een hand modder en bring dit na die oppervlak as bewys dat ons op die bodem was. Dan moet ons teen die wal uitklouter en die hele proses weer herhaal.

Dit was 'n eenvoudige oefening maar die probleem was dat dit nie einde gekry het nie, dit het net aangehou en aangehou. Die modderwal waarteen ons moes uitklouter, het boonop al hoe gladder geword. Mettertyd het ek heeltemal tred verloor met hoeveel keer ons in die moddergat af is. Die betonblok het my vanself na die bodem getrek. En toe gebeur 'n eienaardige ding. Ek het al hoe langer tye op die bodem sonder asem spandeer. Die beswyming waarin ek in die modderwater verval het, het 'n salige gevoel oor my gebring. Ek het agtergekom iemand pluk my boontoe en gehoor hoe Flip skreeu: "Wil jy jouself donners versuip?!"

Ná afloop van die watergatsessie het Blaauw ons meegedeel dat ons almal substandaard is en dat die keuringskursus derhalwe verleng gaan word. Ons was nog bitter ver van die einde af, het hy gesê, omdat ons so hopeloos is. Die pas gaan voortaan aansienlik versnel word. Daarom gaan ons hele modderbesmeerde spul onmiddellik op 'n roetemars deur die nag vertrek om die volgende oggend by die nuwe RV-punt aan te meld. Diegene wat dit nie betyds haal nie, is outomaties van die kursus af.

Of dit teleurstelling was of nie, agterna het ek besef ons het hom emosieloos aangeluister. As bykomende opdrag moet ons ook 'n vol drom diesel (sowat 200 ℓ) tussen twee pale saamdra. Blaauw het eers gewag dat sy woorde behoorlik insink en ons toe genooi om "eerder van die kursus af te klim". Nie een van ons agt gehawende kandidate, by almal net die oë sigbaar, het op sy uitnodiging gereageer nie. Hy het dit toe herhaal en gesê dat daar boonop 'n trog water is wat ook deur die nag saamgedra moet word. Vir die eerste keer tydens die weke lange keuring is ons voor 'n keuse gestel: ons kon óf die water saamdra óf ons moes alles net daar drink.

Ons is soos beeste hande-viervoet soontoe en het in 'n sirkel om die trog vergader. Toe het ons almal ons koppe laat sak om te begin drink. Langs my het iemand geproes en die inhoud terug in die trog gespoeg. 'n Skerp walm het opgeslaan. "Seker diesel," het ek geprewel. Nog 'n paar het die inhoud teruggespoeg. Toe begin van die manne drink. Ek het ook die vreemde vloeistof afgesluk. Ek het my verbeel ek hoor die instrukteurs lag. Party het eers gestik, maar toe skielik begin almal flink drink – die trog was al die tyd met bier gevul.

Toe kom al die instrukteurs en hulpinstrukteurs nader. Hennie Blaauw het eerste sy hand uitgesteek en toe Flip Marx en elkeen van die ander instrukteurs. Hulle het ons op die naam gelukgewens

met die suksesvolle keuring. Dit sou vir die res van my lewe uit-
staan as die grootste oomblik wat ek ooit beleef het.

Sonder dat iemand ons aangejaag het, het ons ons uitrusting
op 'n voertuig gelaai. Pieter Bosch, die teoloog onder ons, het
'n gebed gedoen. Toe het die voertuig stadig en sonder om te
stamp koers gevat. Dit was 'n baie kort rit en voor ons nog
mooi kon besef waarheen ons op pad was, het ons die eindbe-
stemming bereik. Die voertuig het ons deur die ingang geneem
van die plek van alle plekke, die heiligdom van die Recces, Fort
Doppies.

Daardie aand nadat ons vir die eerste keer in weke gewas en
tande geborsel het, het ons almal in Fort Doppies se kroeg gesit.
Dit was nadat die sjef vir ons kos voorgesit en ek 'n blik konfyt
opgeëet het. Dit het my naar gemaak en ek het buite gaan op-
gooi. By die kroegtoonbank het ons saam met Blaauw en sy span
instrukteurs uit skoon glase gedrink. Dit was 'n ongelooflike,
onwerklike gevoel. Dit was my eerste kennismaking met Fort
Doppies.

*　　*　　*

2 VK, wat in Januarie 1981 tot 2 Verkenningsregiment (2 VR)
herdoop is, se manne het 'n groot rol gespeel om die moeder-
eenheid by te staan wanneer daar 'n tekort aan operateurs vir
operasies was. Hulle is ook gereeld as instrukteurs by die oplei-
dingsvleuel aangewend. Hoewel hulle ook alleen geopereer het,
het hulle by sowel 4 Recce (seewaartse eenheid) as 5 Recce (pseu-
do-/swart eenheid) 'n waardevolle bydrae gelewer. 2 Recce het 'n
groot rol gespeel tydens die volle duur van die Bosoorlog totdat

hulle tot hul misnoeë op 31 Maart 1992 deur die owerhede ont-
bind is.[14]

---

14 Min mense wat nie op hoë vlak betrokke was nie, besef hoe naby aan sluiting
   spesialemagte as 'n geheel was weens die politieke verandering. Veral genl Kat
   Liebenberg, Hoof van die Leër, was bekommerd dat die nuwe bedeling weer-
   wraak op operateurs sou neem en wou hulle daarteen beskerm. Hy het ge-
   meen veral 2 Recce se lede was kwesbaar in hul loopbane omdat hulle nie
   dieselfde oorhoofse dekking as ander spesialemagte-lede sou kry nie; derhalwe
   is dié eenheid in Maart 1992 as voorkomingsmaatreël ontbind – briggenl
   Malcolm Kinghorn.

7

Van Oudtshoorn
na Durban

Genlmaj Fritz Loots, wat intussen afgetree het, was baie verras
toe hy in Augustus 1974 'n onverwagte besoek van genl Magnus
Malan, toe Hoof van die Weermag, ontvang. Dié twee het jare
lank 'n goeie verhouding gehad en Loots was waarskynlik in vele
opsigte Malan se mentor. Malan het hom ingelig dat die Recces
steeds in Oudtshoorn gestasioneer is en deur dié hoofkwartier
geadministreer word. Dit was volgens hom nie die ideale situasie
dat 'n administratiewe bevelstruktuur na die belange van 'n top-
gevegseenheid omgesien het nie. Malan het hierop vir Loots gevra
om terug te keer as oorkoepelende hoof van die spesialemagte.

Loots het gereken dat dit vir 'n baie kort periode sou wees net
om die administrasie reg te ruk. Dit het egter agt jaar geword –
van Oktober 1974 tot April 1982.[15] Met Loots se heraanstelling
het hy toevallig by dieselfde kantore in Pretoria ingetrek waar
Malcolm Kinghorn by Direktoraat Beplanning gewerk het voor-
dat hy na Oudtshoorn verhuis het.

---

15 Peter Stiff: *The Silent War*, p.56

Oudtshoorn met sy berge, bos en nabyheid aan die see het 'n goeie terrein vir opleiding gebied, maar die buurskap tussen die Recces en die Infanterieskool het nie gevorder nie. Boonop het die akkommodasie beperk geraak en daar was geen ruimte vir uitbreiding in die basis nie. Genl Loots het dit sy doel gemaak om 'n nuwe basis te vind wat spesifiek vir die Recces aangepas en ontwerp is. Dit was nou 'n uiterste prioriteit om die Recce-eenheid te skuif na 'n plek waar dit op sy eie en los van ander eenhede kon funksioneer.

So het die trek Durban toe in 1974 plaasgevind tot Jan Breytenbach se uiterste misnoeë. Die laaste plek waar hy sy eenheid wou hê, was in 'n stad, wat volgens hom slegs waarde het vir stedelike opleiding. Breytenbach wou die Recce-eenheid hê waar jy na willekeur met jou wapen in bykans enige rigting kon skiet. Die Bluff in Durban het nie dié moontlikheid gebied nie. Daar was wel 'n see, maar hy wou die manne permanent in die bos gehad het. Hulle moes die bos gewoond raak, nie bang wees as daar in die nag olifante verbykom nie.

Vir hom was Oudtshoorn se wêreld steeds die ideale opleidingsgebied as dit gekombineer kan word met die Knysna-Sedgefield-omgewing. Dan het 'n bevelvoerder bykans alles tot sy beskikking: ruimte, bos, see, berge, riviere en valleie. Sedgefield het ook baie vir Breytenbach op persoonlike vlak beteken omdat hy reeds 'n eiendom daar besit het. 'n Paar lede van 1 Valskermbataljon (waaruit Breytenbach toekomstige lede kon werf) het ook reeds huise op Sedgefield gehad. Sedgefield was trouens die plek waarheen die valskermbataljon gereeld gekom het om hulle voor te berei vir infanterieproewe.

Genl Loots het egter voet by stuk gehou en Breytenbach as ondergeskikte rang moes ondanks sy heftige besware en teenkanting noodgedwonge daarby inval. Die verskuiwing Durban toe sou in elk geval weinig met Breytenbach uit te waai hê, aangesien Loots toe reeds ander planne vir hom gehad het waarvan hy nog net nie bewus was nie.

Breytenbach het 'n sterk afkeer van administrasie gehad, wat ook die rompslomp en logistiek van 'n grootskaalse verhuising ingesluit het. Hy onttrek hom toe onbepaald na Fort Doppies en neem Trevor Floyd, Koos Moorcroft en Kenaas Conradie saam. Sy keuse om die trek te behartig, val op Nic Visser. "Trek jy nou hierdie bende Durban toe!" was sy laaste woorde aan Visser voordat hy hom uit die voete maak Fort Doppies toe.

Dit was volgens Kinghorn nie om dowe neute dat Visser die onbenydenswaardige taak gekry het om die verhuising te behartig nie. Breytenbach het altyd iemand gehad wat 'n klippie in sy skoen was en nou was dit klaarblyklik Visser se beurt. Voor hom was dit Hoppie Fourie. Kinghorn het dus van die begin af baie seker gemaak dat hy nie as 'n sondebok uitgesonder word nie.

Ironies genoeg het Visser die verhuising behartig, maar hom nooit self in Durban gevestig nie. Nadat alles afgehandel is, laat weet hy dat hy nie in Durban wil bly nie en verkies om terug te gaan Oudtshoorn toe.

Anders as Oudtshoorn was Durban 'n vakansiestad met 'n polsende naglewe wat nagklubs en stoepkroeë op die seefront ingesluit het – dit was 'n groot verleiding vir die jonger, ongetroude operateurs. Wat seewaartse werk betref, het hulle nou die luukse van 'n louwarm oseaan ervaar wat in skrille kontras gestaan het met die ysige water van die Kaapse Weskus.

Van hulle het romanties by studente van die Durbanse Onderwyserskollege betrokke geraak. Toe Rosa Fourie (gebore Bezuidenhoud) se pa haar aan die begin van haar finale jaar voor die koshuis aflaai, het haar kamermaat haar ongeduldig ingewag. Vier van hulle het die aand blind dates met Recces gehad. In daardie stadium het sy nog nooit van die woord Recce gehoor nie.

Toe die eerstejaar hulle kom roep en hulle by die trap afkom, het lt Dawid Fourie glo aan lt Connie van Wyk gefluister: "Die een met die kolletjiesrok is myne, sy gaan nog eendag met my trou." Die volgende middag ná klas staan Dawid se geel Mazda reeds voor die koshuis op 'n afdraand geparkeer – die battery is pap van die lank staan terwyl hy in die Bos was. Hulle gaan drink koeldrank by die padkafee in die stad. "Ek gaan môre weg," sê Dawid. "O, waarheen en hoe lank?" Hy bly 'n oomblik stil. "Ek mag nie sê nie." Dié woorde sou sy vir die res van haar lewe dikwels hoor. Die angs dat sy Dawid nooit weer gaan sien nie, was maar altyd daar, dit sou haar nooit los nie. Veral ná 'n begrafnis waar jong bruide in pikswart geklee hul geliefdes begrawe het.

Vandag, ná 40 jaar, sê Rosa Fourie dat om 'n Recce-vrou te wees, jy ook 'n keuring ondergaan. Net soos die manne s'n verg die vrou se keuring ook vasbyt, fisiek sowel as geestelik – dit is presies dieselfde. Jy sit alleen met jou eensaamheid en verlange, maak die kinders alleen groot, beleef al hul stadiums, probeer selfs 'n band tussen hulle en hul afwesige vader bou, koop jou eie tang en skroewedraaier, hanteer die huishouding en finansies. Jy bou mure om jou emosies en vrese.

Binne Recce-geledere was dit 'n tyd van groot omwentelinge. Net enkele dae voor die groot trek Durban toe word die groep tot almal se verbasing in kennis gestel dat Breytenbach nie meer in Durban by hulle gaan aansluit nie. Hy word na Leërhoofkwartier in Pretoria verplaas as genl Loots se stafoffisier operasies.

Breytenbach se ontydige vertrek het veroorsaak dat hy nog nie met elke Recce bereik het wat hy wou nie. Sy ideaal was om mettertyd elke individu in die eenheid op persoonlike vlak te bereik. Hy het geglo dat hy op dié wyse die beste in elke soldaat na vore kon bring.

Vir Jan Breytenbach is die nuwe fase in sy lewe en werk een groot frustrasie. Hy wou nie 'n staffoffisier word nie en het kantoorwerk absoluut verpes. Hy was 1 VK se eerste bevelvoerder en vir hom het dit veral gegaan oor die keuring en opleiding van die spesialemagte-operateurs. Hy het hulle in spanne ontplooi en tydens infiltrasieoperasies tot diep in vyandelike oorlogsones gelei.[16]

Hy het 'n amper fanatiese liefde vir die Afrika-bos ontwikkel en sy afkeer van beskawing – en spesifiek die netheid en politiesmilitêre korrektheid van die Leërhoofkwartier – was geen geheim nie. Die generale en senior staf se aktetasse wat bult van papierwerk kon hy met die beste wil op aarde nie met die begrip "soldaat wees" vereenselwig nie.

Hy het onbeskaamd die uitdagings van die spesialemagte-operasies met hul kenmerkende wedersydse respek en kameraadskap geniet. Sy ervarings met wat hy beskou het as "die mees professionele soldate in die ganse SAW, indien nie die wêreld nie", het hy gekoester. Sy grootste beloning was om ten volle aanvaar te word as 'n spesialemagte-operateur in 'n organisasie van perfeksioniste, 'n milieu waarin hy hom by uitstek tuis gevoel het. John More, wat later tot brigadier-generaal gevorder het, beskou Breytenbach as "die beste spesialemagte-operateur wat hierdie land ooit gesien het".

Al Breytenbach se ideale is abrup tot 'n einde gebring toe hy einde 1974 sonder vooraf waarskuwing oorgeplaas word na Leër-

---

16 Jan Breytenbach: *The Buffalo Soldiers*, pp. 15-18

hoofkwartier in Potgieterstraat, Pretoria as senior stafoffisier operasies. Hiermee is sy loopbaan in 'n oogwenk tot kantoorwerk verdoem.

Hy was woedend toe genl Loots hom by sy eenheid wegvat en Pretoria toe stuur. Om sy geliefde AK47 vir 'n pen te verruil, was iets wat lynreg teen sy geaardheid ingedruis het.

Vir Breytenbach het dit gevoel of hy in 'n tronksel leef. Deur die tralies voor sy venster kon hy sien hoe generaals en brigadiers met hul rooi hoofdeksels en epoulette in en uit deur die hoofingang beweeg. Soggens het die bestuurder die luukse motor se agterdeur oopgemaak, en ná 'n argelose saluut beur die stafoffisier doelgerig na sy lessenaar toe om in 'n geveg te tree met die stapels en stapels opgehoopte papierwerk.

Hy wou nie vrede maak met sy aanwending as kantoorwerker nie en het op verskeie maniere daarteen gerebelleer, onder meer deur sy dokumentasie te laat ophoop of dit onbeantwoord terug te stuur.

Breytenbach vind wel 'n tydelike ontsnaproete uit die lewe van papierwerk deur die Recces op die Bluff in Durban te gaan besoek. Hy inisieer die ontwikkeling van 'n aanvalsduikkursus en organiseer gesamentlike operasies tussen duikbote en die Recces. Terselfdertyd verken hy die gebied bekend as Hell's Gate aan die St. Lucia-meer om 1 Recce-operateurs op te lei in boskuns, wapens, oorlewing, vernielingswerk en kleintaktiek.

Die ligging van 1 Recce, wat nou op die Bluff gestasioneer was, bly vir hom 'n ewige doring in die vlees. 'n Verkenningsmag-soldaat moet soggens met die minimum voorbehoude direk in die veld kan instap en minstens tien skote met sy geweer skiet. Elke enkele oggend, sonder uitsondering. Dis hoe hy in voeling met sy wapen bly, wat in elk geval 'n verlengstuk van hom moet wees.

Hoe op aarde kan 'n oorbevolkte hawestad soos Durban aan hierdie behoefte voldoen?

Vir Breytenbach moet Recces bosgeoriënteerd wees. Derhalwe maak hy van elke geleentheid gebruik om kursusse te inspekteer wat aangebied word in Fort Doppies, die Recce-basis 1 900 km vanaf Durban. Dis 'n gebied wat ooreenstem met die omgewing waarin die Recces operasioneel ontplooi sou word om verkenning of ander operasies uit voer – daarom is dit vir hom die ideale opleidingsgebied.

As sy direkte hoof het genl Loots nie veel simpatie met Breytenbach se frustrasies gehad nie. Breytenbach verlang so sterk na die Caprivi-bos dat hy op 'n keer drie weke lank in die geheim soontoe verdwyn. Toe dit lyk of hy glad nie gaan terugkeer nie, is genl Loots verplig om 'n Dakota te stuur om hom op te spoor en terug te bring.

Breytenbach het wel uiteindelik 'n geleentheid gekry om uit sy vervelige kantoor te ontsnap. Dié kans kom in Augustus 1975 tydens 'n besoek van genl Constand Viljoen, direkteur-generaal operasies. Teen hierdie tyd het Breytenbach die gewoonte aangeleer om bedags Wilde Weste-boekies te sit en lees. Viljoen moes sy frustrasie raakgesien het, want hy bied hom die geleentheid om troepe van die Nasionale front vir die bevryding van Angola (FNLA) in Angola te gaan oplei. Breytenbach is in ekstase oor dié opdrag wat sy gehate kantoorlewe met die klap van 'n vinger beëindig het. Hy is oorstelp om te hoor dat hy reeds die volgende dag al met 'n C-130-vragvliegtuig na Rundu in die Wes-Caprivi vlieg. Ná die sieldodende kantoorfase voel hy vir die eerste keer in maande weer soos 'n "vry man".

Hierdie vryheid sou egter daartoe lei dat 1 Recce se kapasiteit as moedereenheid baie deeglik getoets sou word. Breytenbach se eerste selfopgelegde taak was om 'n aantal topoperateurs uit dié eenheid te kies wat die kern van sy opleidingspan sou vorm. Nadat hy hulle gewerf het, sou hy met verloop van tyd nog 'n paar manne uit Angola en Mosambiek selekteer sodat sy span uiteindelik op elf te staan gekom het. Die oorspronklike sewe het direk uit 1 Recce gekom. Om hierdie operateurs af te staan, was 'n gevoelige slag vir die moedereenheid, wat nooit juis sterk in getalle was nie.

Breytenbach het kapt Jack Dippenaar, lt Connie van Wyk en sers Marão da Costa, 'n Angolees, as kompaniebevelvoerders aangestel. As sy pelotonbevelvoerders kies hy serss Frans van Dyk, Vingers Kruger en Anton Retief en kpls Nella Nel en Mac van der Merwe. Later stel hy ssers Daniel Roxo en sers Robbie Ribeiro, albei van Mosambiek, en sers Silva Soeiro van Angola ook as pelotonbevelvoerders aan.

Dié groep, wat bestem was om die FNLA in Angola te gaan oplei, staan toe onvermydelik as die tweede Dirty Dozen bekend. Die manskappe wat onder hierdie instrukteurs se bekwame hande deurgeloop het, sou uiteindelik die kern vorm van Breytenbach se nuwe eenheid, 32 Bataljon.

Intussen is maj Jakes Swart van 1 Valskermbataljon in Desember 1974 as 1 VK se nuwe bevelvoerder in Breytenbach se plek aangestel. Hoewel daar 'n kortlys van kandidate was, is dit nie opgeteken hoe genl Loots se keuse op die gewilde maj Swart geval het nie. Loots het Swart al sedert 1962 geken toe hy in die Leërgimnasium onder Loots se bevel was.

Swart was 'n goeie sportman wat in boks en rugby uitgeblink het en van 1972 tot 1974 vir die Vrystaat gespeel het, die laaste jaar as kaptein. Hy is ook daardie jaar as die weermag se sportman van die jaar benoem. Swart het Breytenbach nie persoonlik geken nie maar wel geweet dat hy 'n spesialis op sy gebied was. Die aanstelling het hom dus verras omdat hy geen spesiale kwalifikasies vir die verkenningsmagte gehad het nie.

Hy begin dadelik om die Recces se getalle aan te vul deur keuringskursusse aan te bied. In die beginjare was die opleiding baie informeel. Maj John More, wat tweede in bevel (2IB) was, was buiten vir operasies ook verantwoordelik vir die opleiding. More het die opleidingsproses beter georganiseer en handleidings het die lig begin sien. Kapt Hannes Venter het die eerste kleintaktiek-handboek (gevorderde gevegskuns) geskryf, wat vir baie jare gebruik is.

Gedurende Swart se eerste jaar op die Bluff was daar nie veel sprake van militêre operasies nie. 1 VK moes ook Fort Doppies aan die gang hou en operateurs is soontoe gestuur om opleiding aan te bied. Dié wat opleiding aangebied het, moes terselfdertyd operasies uitvoer. Omdat hulle gelyktydig in al hierdie hoedanighede aangewend is, sou sommige mettertyd tekens van uitbranding begin toon.

Swart slaan die individualiteit van die Recce-operateur baie hoog aan. Binne Recce-geledere kon elke individu sy eie ondernemingsgees aan die dag lê en met die hulp van die eenheid tot sy volle potensiaal ontwikkel. Daar is ook 'n goeie verhouding met die swart mense in die Recce-eenheid. Baie het uitgestyg, onder wie AO2 Paul Dobe, ook bekend as Americo. Hy was 'n boorling van Mosambiek en is in Lourenço Marques (vandag Maputo) as hoërskoolonderwyser in wiskunde opgelei. By 1 Recce spesialiseer hy in verkenning en ontvang die Honoris Crux (HC) vir dapperheid tydens een van sy verkenningsoperasies. Americo het 'n groot belangstelling in touwerk en rotsklim getoon en hom vinnig gevestig as die spesialemagte se hoof-bergkliminstrukteur.

Swart, wat intussen tot kommandant bevorder is, het met sy stil, besliste werkwyse en uitstaande leierseienskappe 'n baie groot aanhang binne 1 Recce-geledere geniet. Terwyl hy groot gesag afgedwing het, was hy terselfdertyd besonder gewild en baie operateurs het so ver gegaan om hom as hul eie pa te aanvaar.

Die eerste groot operasie in die Jakes Swart-era waaraan die Recces saam met ander eenhede deelgeneem het, was Operasie Savannah, wat in 1975 in Angola begin het. Swart moes in Oktober 1975 'n knieoperasie ondergaan weens 'n rugbybesering wat hy teen die Britse en Ierse Leeus van 1974 opgedoen het. Hierdie besering sou hom aanvanklik uit die prentjie hou vir die opkomende Savannah-ontplooiings.

Operasie Savannah het reeds in Julie-Augustus 1975 begin toe wapentuig en ander voorraad aan Angolese bevrydingsbewegings verskaf is. Dinge het vinnig geëskaleer en teen November het bykans die hele 1 Recce by die gevegte in Angola betrokke geraak. Dit was ter ondersteuning van Taakmag Foxbat (onder bevel van kmdt Eddie Webb), X-Ray (onder bevel van kmdt Hans Möller) en Bravo (onder bevel van kol Proppies van Heerden).[17]

---

17 Bravo was voorheen Taakmag Zulu, maar is ná herorganisering Taakmag Bravo genoem. Hierdie naamsverandering het eers laat in die konflik gebeur.

8

Operasie Savannah

Die Angolese sou op 11 November 1975 'n nuwe bewind in Angola kry. Op dié dag sou Portugal die land amptelik aan die sterkste (of beduidendste alliansie) uit die drie bevrydingsbewegings – die Westersgesinde FNLA en Unita en die kommunistiesgesinde Volksbeweging vir die bevryding van Angola (MPLA) – oorhandig. Die Suid-Afrikaanse regering wou die FNLA en Unita voor onafhanklikwording in 'n gunstige onderhandelingsposisie teenoor die MPLA plaas.

Unita en die FNLA het reeds onafhanklik van mekaar by Suid-Afrika om hulp aangeklop nadat die MPLA sy teenstanders in Julie 1975 uit Luanda en die kusdorpe tot by Moçamedes (vandag Namibe) verdryf het. Die MPLA is onder meer deur Rusland en Kuba gesteun terwyl Unita klandestiene ondersteuning van Amerika en Frankryk ontvang het. Benewens dat Suid-Afrika die FNLA en Unita aan bewind wou sien, was daar 'n doelwit, – die beskerming van die hidro-elektriese projek by Ruacana/Calueque.[18]

---

18 FJ du T Spies: *Operasie Savannah, Angola 1975-1976*, pp. xv-xvi; asook
   pp. 66-68

Die Suid-Afrikaanse regering het dus besluit om hulp aan die FNLA te verleen. Hierdie militêre operasie het die kodenaam Savannah gekry.

As eerste konkrete stap in dié rigting is 'n skeepsvrag wapens in die buiteland deur die Central Intelligence Agency (CIA) aangekoop en via Zaïre aan die FNLA en Unita gelewer. Om te verseker dat die wapens doeltreffend aangewend word, is daar besluit om terselfdertyd opleiding aan die FNLA te verskaf, en is kmdt Jan Breytenbach vir dié doel aangewys.

Breytenbach het 'n vrye hand gehad om sy eie opleidingspan te kies en het die lede hoofsaaklik by 1 VK gewerf.[19] Later het hy ook lede in Angola en Mosambiek gewerf om deel van sy leierspan te word.

So het Taakmag Zulu sy beslag gekry, met kol Koos (Proppies) van Heerden wat as operasionele bevelvoerder opgetree het. Taakmag Zulu het uit twee groepe bestaan, naamlik Alpha (kmdt Delville Linford met sy Boesman-bataljon) en Bravo (kmdt Breytenbach met sy FNLA-troepe).

Breytenbach het op 28 Augustus 1975 uit Pretoria in Rundu, SWA, aangekom. M'pupa, 'n ou Portugese marinebasis in die suide van Angola, is gekies om as opleidingskamp ingerig te word. Dit is geleë aan die Cuito-rivier en per pad verbind met Calai en Dirico (in die suide) en Vila Nova da Armada (in die noordweste). Daar was 'n landingstrook vir ligte en medium vliegtuie, wat dit ideaal gemaak het vir opleidingsdoeleindes.

---

19 Die eerste groep instrukteurs uit 1 VK was kapt Jack Dippenaar, lt Connie van Wyk, serss Frans van Dyk, Vingers Kruger, kpls Nella Nel en Mac van der Merwe en sers Anton Retief (wat later aangesluit het).

Die FNLA-troepe, wat verflenterd en verwaarloos uit die bos te voorskyn gekom het, het geen benul gehad wie hierdie nuwe aankomelinge uit Suid-Afrika was nie. Met 'n gesukkel het die Recce-instrukteurs die manne in rye laat staan om te bepaal hoeveel daar was en wat die stand van hul opleiding is.

Voor hulle het 'n ongeorganiseerde groep van tussen 300 en 400 FNLA-aanhangers, oud-Flechas (Boesman-soldate) en Portugese gestaan. Die meeste was kaalvoet terwyl sommige net een skoen aangehad het; party het 'n geel hemp aangehad en ander 'n verflenterde jean sonder 'n hemp. Die sere aan hul arms en bene was ook op hul bolywe sigbaar. Die instrukteurs het die spulletjie een kyk gegee en getwyfel of dié gehawende en ondervoede troepe hoegenaamd opleibaar was. Die groep het tussen hulle net sowat 15 gewere gehad waarvan die meeste nie gewerk het nie. Dan was daar ook nog 'n taalprobleem. Die troepe was benewens hul moedertaal – Angola het 39 tale – wel Portugees magtig maar die instrukteurs kon geen woord daarvan verstaan nie. Uiteindelik is daar wel 'n tipe kommunikasie bewerkstellig deur Fanagalo ('n Suid-Afrikaanse myntaal) te gebruik. Van die Angolese het voorheen in Suid-Afrikaanse myne gewerk.

Die Angolese se leierskorps het beter vertoon en was ook beter bewapen as die troepe. Maar hulle sou uiteindelik net 'n oorlas wees omdat hulle, weens hul gebrek aan kennis, geen bydrae tot die opleiding kon lewer nie. In hul eie oë was hulle egter "hoogs opgelei" en dus nie bereid om aan enige verdere oefeninge deel te neem nie.

'n Week later het Breytenbach vanaf Rundu na M'pupa gevlieg nadat hy Jack Dippenaar in Rundu agtergelaat het met sy voorradelys. Toe Jack die items by die store gaan trek, sê kmdt Les

Harmse die groep wil te veel goed hê en hy skaal die lys tot Jack se ontsteltenis met 'n derde af. Hulle bring toe die rantsoene, ou uniforms, verouderde drieduim-mortiere, Sten-gewere, Vickers-masjiengewere en FN-gewere met houtkolwe op Bedfords na die pont toe. Oorkant die Okavango word dit op trokke gelaai, meestal Mercedes-Benz-lorries wat op die noordelike oewer van die rivier agtergelaat is deur Portugese wat voor die oorlog uit-gevlug het. Hierdie voertuie is later tot die berugte "groentelor-ries" gedoop. Dis egter 'n amper onbegonne taak om aan die oorkant van die Okavango orde te handhaaf, want toe die hel-pende hande die kos raaksien, begin hulle spontaan gil en stroop in die aflaaiproses heelwat van die voorraad.

Die konvooi wat die pad uiteindelik teen 02:00 M'pupa toe aandurf, bestaan uit drie swaar gelaaide trokke. Hulle kom met 'n gesukkel teen 09:00 by die M'pupa-basis aan nadat die trokke verskeie kere deur die nag vasgeval het. Ook hier, soos met die oorlaaiery aan die Okavango, bly die uitgehongerde troepe se oë vasgenael op die kosvoorraad (sakke meel, bokse plantolie, blik-kieskos en groente). Hulle het waarskynlik nog nooit so 'n groot hoeveelheid daarvan op een slag gesien nie. Later, in 'n aansienlik beter gemoedstemming nadat hul mae gevul is, word hulle uit-gereik met die uniforms en wapens (FN's) wat van die "groen-telorries" afgelaai is.

Breytenbach het 'n hoogs inspirerende toespraak deur 'n tolk gelewer oor hoe hulle die vyand gaan "opdonner". Robbie Robeiro, een van die Portugese soldate, het uitgeblink tussen die ander en sou later 'n baie groot rol speel in die opleiding van die troepe. Hy is spoedig as instrukteur aangestel en het sy eie peloton gekry om aan te voer. Buiten ander uitstekende eienskappe, was Robbie een van die fiksste ouens wat ooit by die Recces betrokke geraak het. Wat taaiheid, ratsheid, hardloop en soepel beweging deur die bos betref, kon min by die klein geboude Portugees kers vashou. Hy het ook baie vinnig in 'n formidabele soldaat ontwikkel.

Die groep is ingedeel in Alpha-kompanie (onder bevel van lt Connie van Wyk) en Bravo-kompanie (kapt Jack Dippenaar). Charlie-kompanie is later gestig en deur een van die Portugese soldate, sers Marão da Costa, aangevoer. Die pelotonbevelvoerders was Nella Nel en Mac van der Merwe. Anton Retief, Danny Roxo en Silva Soeiro het later bygekom en is ook as pelotonbevelvoerders aangewend.

Die Suid-Afrikaanse instrukteurs moes noodgedwonge Portugees begin aanleer. Vingers Kruger kon sy bevele vir die Vickersspan spoedig in Portugees gee, terwyl Frans van Dyk dieselfde met sy mortierpeloton kon doen. Hul uitrusting bly maar skraps en gevolglik improviseer hulle orals. So is die stertvinsakkie van 'n mortierbom byvoorbeeld in 'n magasynhouer omskep.

Vuur-en-beweging het die basis gevorm van die opleiding en die troepe is deeglik in dié gevegstegniek onderrig. Eers is net twee manne op 'n slag aan die aksie blootgestel met die een troep wat vorentoe beweeg terwyl die ander een skiet (vuursteun lewer). Die hardlopende troep beweeg vinnig in kort taktiese spronge in die rigting van die vyand. Sodra hy in 'n goeie posisie is – die terrein en dekking bepaal hoe ver 'n sprong is – gaan hy op sy knieë af en skreeu vir sy spanmaat om vorentoe te kom. So het hulle mekaar aggressief aangehits en die vyand probeer demoraliseer. Tydens die voorwaartse beweging wissel die twee gedurig rolle met die statiese troep wat vuursteun bied aan sy hardlopende, blootgestelde spanmaat.

Sodra die twee troepe die tegniek bemeester het, is nog twee manne bygevoeg en doen die vier gelyktydig vuur-en-beweging. Later het die hele span van agt manne onder beheer van hul seksieleier aan die oefening deelgeneem. Die RPG7-vuurpyllanseerders en PKM-masjiengewere was op die flanke ontplooi. Mettertyd is nog seksies en later ook pelotons gekombineer om vuur-en-beweging met spoed, momentum, aggressie, vuurkrag, doelgerigte beheer en aanhitsing uit te voer. Die uiteindelike mikpunt was dat die hele bataljon (drie kompanies) met een kompanie in reserwe op hierdie manier 'n gesamentlike aanval moes kon uitvoer.

Een oggend, terwyl die opleiding nog aan die gang was, spring die 300 tot 400 troepe skielik op en hardloop skreeuend en vloekend die bos in. In 'n oogwink het almal voor die verbaasde instrukteurs se oë verdwyn. Die leierspan kon vir 'n ruk nog die uitroepe hoor, maar soos die troepe dieper in die bos ingaan, raak dit mettertyd heeltemal stil.

Twee uur later, met nog geen troepe in sig nie, hoor hulle die bekende dreuning van Jan Breytenbach se oop Land Cruiser aankom. Hy wil dadelik weet waar die troepe is. Die leierspan is stomgeslaan. "Julle weet nie waar julle troepe is nie!?" roep die omgekrapte Breytenbach uit. "Nou watse donnerse Recces is julle wat nie eens julle eie troepe kan beheer nie?" Toe hulle hom vertel dat hier iets baie eienaardigs gebeur het waaroor hulle geen beheer het nie, maak dit hom net nog kwater. "Gaan kry julle troepe!" beveel hy. Dis egter 'n onbegonne taak om 'n paar honderd manne wat weggehardloop het in die bos te gaan soek en weer bymekaar te maak.

Eers laat die middag kom die troepe weer drupsgewys by die basis aan en kon hulle uitvind wat gebeur het. Alles het te doen gehad met 'n skopsuiltjie wat die gewoonte gehad het om saans in die pad te sit. Daar was 'n bygeloof dat wanneer dié uiltjie op 'n dak gaan sit, iemand in daardie huis gaan sterf. Daardie oggend het 'n skopsuiltjie by die basis ingevlieg en die troepe het hom opgemerk. Hulle mag hom egter nie doodmaak nie en al wat oorbly, is om hom so ver as moontlik van hul blyplekke af weg te jaag. Die voëltjie kan nie ver vlieg nie en word vinnig moeg. So het hulle kort-kort gewag dat hy eers op 'n tak uitrus voordat hulle hom weer met klippe laat opvlieg het. Hulle was egter versigtig om nooit te naby aan hom te gooi nie. Hulle het die uiltjie 'n hele dag lank gejaag totdat hy ver genoeg na hul sin weg was.

Nella was die groep se mediese ordonnans en een oggend kom 'n troep met 'n tandprobleem hulp vra. Nella, wat met sy mediese tas in die koelte van 'n boom sit, weet egter nie hoe om 'n tand te trek nie. Die leiersgroep bring toe vir hom 'n tang wat hulle onder 'n voertuig se sitplek gekry het. 'n Paar troepe hou die pasiënt vas, maar Nella kan nie sien watter een die seer tand is nie. "Trek sommer enigeen aan daai kant," sê die troepe. Terwyl die troep se geskree oor die kamp weergalm, trek hy die tand. Met 'n seer mond, maar verlos van die tandpyn, kom groet hy Nella die volgende oggend respekvol as "Dokter", wat toe sy aanspreeksvorm word.

Taakmag Zulu was hoofsaaklik 'n konvensionele mag wat geoefen het om met groot spoed teen die vyand aan te mars. Die lê van hinderlae was nie 'n prioriteit nie, hoewel daar ten minste een suksesvolle hinderlaag sou volg. Die .303-Vickers-masjiengewere het, nes die ander wapens, uit die Tweede Wêreldoorlog gedateer, maar het nietemin 'n vernietigende effek gehad as dit reg aangewend is. Storingsprosedures – wanneer 'n wapen nie wil vuur nie en die werking herstel moet word – is weke lank oor en oor met alle wapens geoefen, later ook met lewendige ammunisie. Opleiding in kaartlees was nie juis 'n prioriteit nie want daar was in elk geval nie opgedateerde kaarte van Angola nie. Hul mediese opleiding het uit die basiese behandeling van skietwonde bestaan – hoe om bloeding te stop, skok te behandel en wonde te verbind. Tydens operasies sou dié afdeling buitendien Nella s'n wees; al die Recces was ook medies opgelei.

Soos die weke en later maande verbygaan, kon die instrukteurs tot hul groot bevrediging sien hoe die troepe ontwikkel het. Hulle het al meer vertroud geraak met hul wapens en in die proses ook geleer om mekaar te ondersteun. Elke troep sou uiteindelik sy instrukteur verstaan, die bevel reg interpreteer en presies weet wat van hom verwag word. Hulle volle lojaliteit het nou na die nuwe leiersgroep toe oorgeskuif, op wie hulle hul hoop en geloof gevestig het. Sodoende het daar 'n sterk band sowel as wedersydse respek tussen die troepe en hul Suid-Afrikaanse leierskorps ontstaan.

Ná twee, drie maande se opleiding besluit Breytenbach die tyd is reg dat die groep getoets moes word met 'n bataljonaanval met lewendige ammunisie. Die instrukteurs was taamlik skepties oor hoe die (in daardie stadium) groen troepe in so 'n situasie sou optree en was bang dat hulle per ongeluk hul eie magte, onder wie die Recces, sou raakskiet. Maar die skynaanval was tot die leierskorps se vreugde 'n "teksboekaanval" en 'n tevrede, trotse Breytenbach kon aan die bevelstruktuur in Rundu rapporteer dat sy soldate slaggereed is vir aksie. Oorkant die Okavango-rivier, in die Rundu-basis, is daar met ongeloof gereageer oor hoe dit moontlik was vir 'n handjie vol instrukteurs om soveel rou rekrute in so 'n kort tyd op hierdie vlak van gevegsgereedheid te kry.

Taakmag Zulu het M'pupa verlaat op pad na die dorpie Calai, waar voorrade en ammunisie oor die Okavango-rivier met die pont vanaf Rundu aangevul is. Daarna het die aanmars in 'n westelike rigting al teen die rivier af begin na die Angolese dorpies Cuangar en Katwitwi.

Delville Linford se Alpha-groep het terselfdertyd vanaf Rundu, aan die suidekant van die Okavango-rivier, na Katwitwi aangemars, waar hy by Breytenbach se Bravo-groep aangesluit het. Kol Proppies van Heerden het intussen met Taakmag Zulu se hoofkwartier (HK) opgedaag en daarmee was die mag se struktuur volledig. As eenheid was hulle dus nou op alle vlakke georganiseerd en takties gereed om die vyand aan te durf.

Van Heerden se taak was om 'n mobiele taktiese HK agter Taakmag Zulu te stig. Hierdie HK is 'n kommunikasiesentrum wat oorkoepelend na die situasie kyk en dan besluite neem. Die taktiese HK moet altyd so ontplooi word dat dit nie onder vyandelike vuur kan kom nie, dus het die vyand se teenwoordigheid bepaal hoe ver agter die gevegsmag hulle beweeg. As operasionele bevelvoerder beheer Van Heerden dus die operasie uit sy mobiele HK, terwyl Breytenbach se Bravo-groep en Linford se Alpha-groep die aanval vorentoe neem.

Die aanmars is in alle erns in 'n noordelike rigting voortgesit tot by Serpa Pinto (vandag Menongue). Daarvandaan het Taakmag Zoeloe na Artur de Paiva (Cuvango) beweeg, en toe suidwaarts gedraai na Pereira d'Eça (vandag Ongiva), wat hul eerste groot doelwit was.

Connie van Wyk het die groep in sy oop Land Rover gelei waarop die dubbelloop-Browning-masjiengeweer gemonteer was; hy het self die wapen beman. Kort op sy hakke was Breytenbach, gevolg deur Frans se mortierpeloton, ook op oop voertuie. Taak-

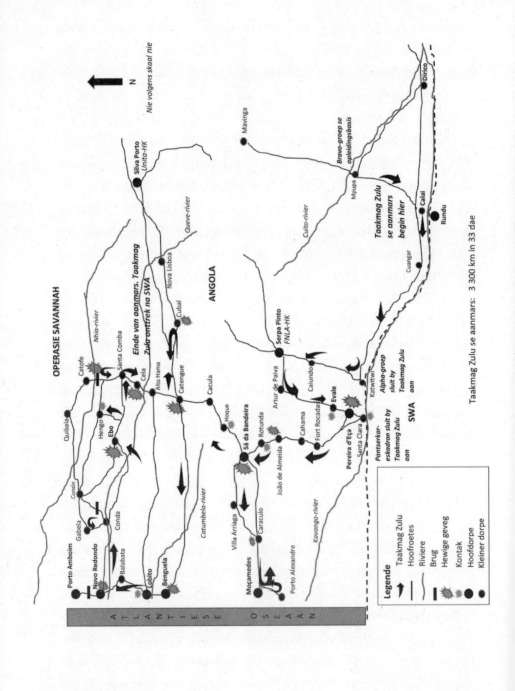

OPERASIE SAVANNAH

Nie volgens skaal nie

ANGOLA

SWA

ATLANTIESE OSEAAN

Einde van aanmars. Taakmag
Zulu omtrek na SWA

Taakmag Zulu
se aanmars
begin hier

Bravo-groep se
opleidingsbasis

Alpha-groep
sluit by
Taakmag Zulu
aan

Pantserkar-
eskadron sluit by
Taakmag Zulu
aan

Taakmag Zulu se aanmars: 3 300 km in 33 dae

Porto Amboim
Novo Redondo
Balabata
Lobito
Benguela
Quibala
Conde
Gabela
Conda
Hengo
Ebo
Catofe
Santa Comba
Cela
Alto Hama
Catengue
Cacula
Hoque
Cubal
Nova Lisboa
Silva Porto
Unita-HK
Mavinga
Sá da Bandeira
Rotunda
Cahama
Artur de Paiva
Serpa Pinto
FNLA-HK
Villa Arriaga
Caraculo
Moçamedes
Porto Alexandre
João de Almeida
Fort Rocada
Pereira d'Eça
Santa Clara
Evale
Calundo
Katwitwi
Cuangar
Calai
Rundu
Mpupa
Dirico

Nhia-rivier
Queve-rivier
Catumbela-rivier
Kavango-rivier
Cuito-rivier

Legende
Taakmag Zulu
Hoofroetes
Riviere
Brug
Hewige geveg
Kontak
Hoofdorpe
Kleiner dorpe

mag Zulu was daagliks in gevegte betrokke en dit het gehelp om die groep se paraatheid en hul hantering van wapens op te skerp. Om te verseker dat die ondersteuningswapens op teiken is, het Frans en Vingers tydens gevegte heeltyd tussen die mortiere en Vickers rondgehardloop om die troepe se verstellings aan die visiere na te gaan.

By Pereira d'Eça is die mortiergroep direk agter Connie se geweerkompanie opgestel, so naby dat hulle inderwaarheid boodskappe vir mekaar kon skreeu. Die ou drieduim-mortiere se lope, jukke en tweepote was erg deurgeslyt, met die gevolg dat enkele bomme nie op teiken was nie. Van hierdie bomme het baie naby aan Taakmag Zulu ontplof, wat tot die ontydige dood van een van die troepe gelei het. Aanpassings en verstellings is onmiddellik gedoen sodat die bomme verder weg kon val.

Die aanval is uitgevoer in die infanterie se klassieke vuur-en-beweging-aksie waarin die mortierpeloton oorhoofse vuur lewer terwyl die voetsoldate die vyand se posisie met kleingeweervuur aanval. Op dié manier het hulle in sponge al hoe nader aan die teiken beweeg sodat hulle die vyand op 'n baie kort afstand kon aandurf. Ná 'n hewige vuurgeveg is Pereira d'Eça deur Taakmag Zulu ingeneem en het hy daarmee sy eerste groot doelwit bereik. 1 VK se aandeel in hierdie strategies belangrike oorwinning het hul rolle onderstreep as opleiers sowel as gevegsaanvoerders. Die troepe het hier ook vir die eerste keer werklik tot hul reg gekom en dit was duidelik dat Taakmag Zulu gegroei het in terme van ervaring en dat die soldate heelwat selfvertroue gekry het.

Ná die aanval op Pereira d'Eça, is Linford se Alpha-groep na die SWA-Angola-grens gestuur om twee troepe Eland-pantserkarre (90 mm en 60 mm) te gaan haal. Toe die pantserkarre opdaag, wou Taakmag Zulu se troepe summier op die vlug slaan –

hulle het vas geglo dit behoort aan die vyand. Toe aan hulle verduidelik is dat dit inderdaad Suid-Afrikaanse pantserkarre is wat voor gaan ry om hulle te beskerm, is dié vrees besweer en het hulle 'n gevoel van onaantasbaarheid gekry.

Die aanmars is in 'n noordelike rigting voortgesit met die Angolese dorp, Sá da Bandeira (vandag die stad Lubango), as die volgende groot doelwit. In die bergagtige terrein tussen João de Almeida (Chibia) en Rotunda het 'n reeks gevegte uitgebreek en het die Recces vir die eerste keer met die berugte "rooi-oë" (Grad P 122 mm-vuurpyle) te doen gekry. Onder bevel van Connie is Vingers, Frans en 'n paar troepe te voet teen die bergpas op en het hulle ná 'n kort geveg bo-op die berg beslag gelê op die vuurpyllanseerder en 'n paar kiste vuurpyle wat later afgevoer is na 1 VK op die Bluff in Durban.

Hierdie vreemde wapen (die weergawe met die veelvuldige lanseerbuise is die Stalin-orrel genoem) het aanvanklik heelwat vrees by die troepe ingeboesem. Mettertyd het hulle hom egter gewoond geraak, veral toe hulle agterkom dat dit nie besonder akkuraat is nie. Terwyl die vuurpyl aankom, is dit duidelik sigbaar as 'n rooi kol in die lug – en dit het ook heel gepas die naam "rooi-oog" gekry. Sodra die troepe dit raakgesien het, het almal gelyktydig "rooi-oog!" geroep waarna hulle platgeval het.

Die swaarwapeninstrukteurs by die opleidingsvleuel het 'n gedetailleerde studie gemaak van die gebuite Grad P 122 mm wat na Durban geneem is. Daarna is die nuwe Recces in die werking daarvan opgelei. In die spesialemagte moes die operateurs alle vreemde wapens se werking deeglik bemeester.

Tydens die operasionele aanmars het Taakmag Zulu hulle een skemeraand in die omgewing van die dorpie Cuvelai bevind.

Iemand van Unita het hulle tegemoetgestap met die boodskap dat sy bevelvoerder by die soldatebarakke graag met hulle wil praat.[20] Skielik word daar egter met geweervuur uit die barakke op hulle losgebrand. In reaksie hierop beantwoord die taakmag die aanslag met mortiervuur. Binne enkele minute was die barakke aan die brand en het sowat 60 vyandelikes op die vlug geslaan. By nabetragting het dit geblyk dat dit Unita-troepe was. Die episode het wel 'n nadraai gehad in die sin dat daar by Taakmag Zulu se troepe 'n onsekerheid onstaan het oor wie nou eintlik vriend en wie vyand was.

Die aanmars is voortgesit in die rigting van Sá da Bandeira en Taakmag Zulu het die aand voor die geveg by Rotunda oornag, waar Breytenbach sy strategie vir die aanval uitgespel het. Sá da Bandeira was ongeveer die grootte van Potchefstroom. Die Recceleierspan het geweet dat Kubane in die omgewing opereer en was onseker oor wat die volgende dag sou inhou – behalwe dat daar 'n goeie kans was dat hulle verliese kon ly.

Iewers deur die nag kom maak die wagte hulle wakker. Met die regop sit hoor hulle dit ook: die dreuning van voertuie wat al hoe nader kom. Hulle sien die skynsel van die ligte teen die lugruim wanneer die voertuie teen die opdraandes uitry, dan raak dit weer weg teen die afdraandes.

In 'n stadium word een van die aankomende voertuie in die maanlig sigbaar en die Recces gaan maak die 90 mm-pantserkar se bemanning wakker. "Kan jy in die nag skiet?" vra hulle die kanonier en wil weet of hy 'n skoot op die voertuig sal skiet. Hy kyk eers deur die pantserkar se visier en sê toe hy sien kans om

---

20 FJ du T Spies: *Operasie Savannah, Angola 1975-1976*, p. 89

dit te doen. Daar is nie nou tyd om eers die res van die kamp te gaan wakker maak nie. Die pantserkar se loop beweeg effens totdat die kanonier sê hy is op teiken. Jack Dippenaar is die enigste offisier tussen hulle en daar word eers vinnig weer gekoukus of hulle die kamp moet wakker maak of nie. "Nee," besluit hulle, "laat waai voordat daai kar wegkom."

Die 90 mm-projektiel tref die voertuig trompop en 'n hoë vuurvlam skiet in die lug op soos dit ontplof. Dit is onwaarskynlik dat iemand die ontploffing sou oorleef. Om hulle is die hele kamp nou in rep en roer terwyl hulle vorentoe net ligte sien soos die ander vyandelike voertuie wegjaag.

'n Ligte vuurgeveg breek wel uit en Vingers en Frans hardloop vorentoe na waar die bemanning met die ou Vickers sukkel. Dit is Taakmag Zulu se eerste naggeveg. Terwyl Vingers self die nommer 1-posisie op die masjiengeweer inneem, skuif Frans op nommer 2 in en begin die ammunisieband voer. Ná 'n paar oorverdowende sarsies is dit skielik weer heeltemal stil. Intussen sit die troep wat met die masjiengeweer gesukkel het, nog die hele tyd roerloos tussen hulle. Toe Vingers aan hom stamp, val hy om en hulle ontdek dat hy deur die kop geskiet is sonder dat hulle dit besef het. Hy is na beskutting en versorging gedra, maar het gedurende die nag gesterf en is vroeg die volgende oggend in die klipharde grond langs die pad in 'n vlak graf begrawe.

Die volgende oggend beweeg Taakmag Zulu verder. Robbie Ribeiro moes Sá da Bandeira se vliegveld aanval en beset waarna Connie en Jack die dorp met hul geweerkompanies sou aanval. Die pantserkarre, sowel as die Vickers- en mortierpelotons, sou ondersteuning bied. Marão da Costa se Charlie-kompanie is in reserwe gehou ingeval hulle versterkings nodig kry.

Ná 'n kort geveg het Robbie se peloton die lughawe met die

ondersteuning van die pantserkarre opgeruim. Breytenbach het hom op die hoë grond aan die dorp se buitewyke geposisioneer en die aanval daarvandaan beheer. Taakmag Zulu het min weerstand teëgekom en baie vinnig deur die dorp beweeg. Om hulle het die dorpslewe amper normaal voortgegaan.

Skielik trek hulle egter artillerie- en mortiervuur vanuit 'n ou Portugese militêre basis aan die noordwestekant van die dorp. Taakmag Zulu se mortiere bestook die basis, maar dis buite bereik van hul drieduim-mortiere. Breytenbach beweeg hulle vorentoe sodat die mortiere binne trefafstand kan ontplooi. Hulle vuur 'n paar bomme na die basis met die doel om reaksie te ontlok, maar niks gebeur nie. Hierop beveel Breytenbach een geweerkompanie om saam met die pantserkarre die basis aan te val en te beset. Dit word baie vinnig uitgevoer en met net 'n ligte kontak hier en daar is Taakmag Zulu in beheer van Sá da Bandeira. Hulle besluit om die aand in die militêre basis te oornag.

Die volgende dag sit hulle die aanmars voort na die hawedorp, Moçamedes, wat hulle ook sonder veel teenstand verower. Taakmag Zulu het net een nag daar vertoef en die volgende oggend keer die Recces met hul uitgeputte troepe terug na Sá da Bandeira. Die troepe, wat nou daagliks in gevegte betrokke was, het gevegsuitputting begin toon en magtiging is verleen dat Taakmag Zulu vir 'n paar dae in Sá da Bandeira kon uitrus.

Ná 'n paar dae van rus en klere was, hervat die taakmag sy aanmars in die rigting van Benguela en Lobito (via Catengue), twee groot en belangrike kusdorpe wat verower moes word.

Hulle is al vroegoggend weg uit Sá da Bandeira en trek eers teen laatmiddag, 'n paar kilometer buite Catengue, laer vir die aand. 'n Patrollie wat uitgestuur is om te kyk of die gebied veilig is, maak inderdaad kontak met 'n verkenningspan van Fapla (Die mense se gewapende magte vir die bevryding van Angola).

Teen eerste lig begin die aanmars na Catengue, wat aan 'n spoorweghalte herinner het met net 'n paar geboue hier en daar. Die aanval word gelei deur Toon Slabbert in sy Eland-90-pantserkar, gevolg deur die geweerkompanies en Bravo-groep se HK en die ondersteuningswapens (Vickers en mortiere). Naby Catengue word die mortiere ontplooi en nader Toon met sy pantserkarre en Connie met sy geweerkompanie die teiken. Hulle is versigtig en gereed vir die geveg. Tot hul verbasing is die dorpie egter dolleeg met nêrens 'n siel in sig nie.

Onder 'n groot kremetartboom net buite Catengue vergader Breytenbach en sy leierselement oor sy verdere aanvalsplan. Hy bestudeer die golwende terrein weerskante van die pad, vergelyk dit met die inligting op sy kaart en kom tot die gevolgtrekking dat die topografie hom by uitstek daartoe leen dat die vyand Taakmag Zulu vanuit stellings op hoë grond kan aanval. Indien nodig sal hulle eenvoudig dan net weer kan terugtrek na die volgende reeks vertragingstellings agtertoe, wat ook op hoë grond voorberei is.

Intussen het Van Heerden 'n kompanie (Linford en sy Boesmantroepe) met 'n ompad na die Catengue-Nova Lisboa-pad gestuur. Hulle moes 'n hinderlaag gaan opstel vir moontlik vlugtende Fapla's en Kubane, wat uiteindelik 'n baie lonende strategie sou wees. Catengue was strategies van groot belang vir die vyand omdat dit aan hul belangrike logistieke roetes was, wat 'n spoorlyn ingesluit het. Breytenbach en sy leierselement beraadslaag nog so onder die kremetartboom buite Catengue toe daar skielik vanaf hoë grond en ook van die oostekant van die pad (waar Jack Dippenaar se kompanie ontplooi was) op hulle gevuur word met mortiere, B-10-kanonne en die berugte "rooi-oë".

Dit was 09:00 die oggend.

Breytenbach ontplooi onmiddellik sy geweerkompanies en laat die mortierpeloton in aksie kom. Terselfdertyd bestook die pantserkarre onafgebroke die hoë grond sowel as die vyandelike stellings langs die pad. Breytenbach het op en af met sy Land Cruiser gery om die geveg te beheer. Hy het bevele oor die radio gegee en die troepe ook met handseine beheer.

Vir hierdie geveg het Vingers sy twaalf Vickers-masjiengewere op 'n oop Mercedez-Benz-trok van tien ton opgestel – ses wapens aan elke kant, vasgepak met sandsakke. Hierdie unieke "Vingerstrok" het agter Breytenbach gery en vanuit dié posisie kon hy maneuvreer om vuursteun te lewer.

Sodra die Vickers op die stellings voor die aanvallende kompanies losgebrand het, het dit chaos onder die vyand gesaai en hul "koppe laag gehou" sodat die kompanies vinnig en met die minste weerstand kon aanval. Saam met die Vickers het die twaalf drieduim-mortiere aanhoudend op die vyandelike vertragingstellings en ontsnaproetes gevuur. Waar daar digte bos en bome was, het die mortiere gebars sodra dit die bome tref, met die gevolg dat geweldig baie skrapnel in alle rigtings gevlieg het. Alles het meegehelp om Jack en Connie se aanvallende geweerkompanies te ondersteun.

Breytenbach het oorkoepelend na die hele geveg gekyk en sy mortierpeloton telkens met groot spoed in sprönge van ses mortiere op 'n slag vorentoe laat ontplooi. Die drieduim-mortiere kon, weens hul beperkte reikafstand, egter nie altyd hul teikens tref nie. Hierop versoek Breytenbach per radio dat die 81mm-mortierpeloton, wat in Sá da Bandeira by Taakmag Zulu aangesluit het, onmiddellik vorentoe gestuur word. Hulle het 'n groter reikafstand van 5 500 m gehad.

Sers Jack Greeff was 'n lid van die 81 mm-mortierspan en het die vyandelike stellings baie effektief met mortiere bestook. Jack sou later 'n lid van 1 VK word, waar hy elf jaar lank met groot onderskeiding gedien en die HC vir dapperheid ontvang het.[21]

Connie se roepsein[22] was Cheetah, Jack Dippenaar was Red Fox, Vingers was Kobra, Frans Mamba en Breytenbach Carpenter. Veral Jack Dippenaar en sy manskappe het hewige vuur getrek en was onder konstante vuur van mortiere en B-10-kanonne. In 'n bepaalde fase van die geveg wil Breytenbach instruksies aan Jack oordra en roep dringend "Red Fox! Red Fox! Red Fox!" oor die radio, maar kry geen reaksie nie. Boonop kom 'n FNLA-troep by Breytenbach se voertuig aangehardloop met die berig dat Jack en sy hele kompanie gevlug het.

Intussen duur die geveg voort en neem die res van die groep stelling ná stelling in. Soos Breytenbach voorspel het, gebruik die vyand die tegniek van vertragingstellings wat meebring dat daar die hele dag lank baklei moes word.

Skielik is Red Fox weer terug op die lug, so onverwags dat slegs een lid van die leiersgroep hom hoor. Breytenbach was besig om die aanvalsmag in lyn te hou. Die geweerkompanie was heel voor, met die reserwekompanies steeds reg agter die drieduim-mortiere. Breytenbach het heeltyd vuurleidingsbevele geskreeu vir wanneer die mortiere moes oppak en wanneer die span vorentoe moes hardloop; op dieselfde wyse het hy vir die Vickers-manne bevele oor die radio gegee.

---

21 Jack Greeff: *A Greater Share of Honour*, p. i
22 'n Roepsein is die kodenaam wat gebruik word om 'n spesifieke persoon oor die radio te roep. Elke Recce-operateur het ook 'n bepaalde boeknommer tydens operasies ontvang. Persoonlike name is nie gebruik nie ter wille van sekerheid.

Heel bo links: Kol Jan Dirk Breytenbach VRD SD SM MMM, stigters-lid en eerste bevelvoerder van 1 VK.

Heel bo regs: AO1 Trevor Ian Floyd VRM PMM MMM, stigterslid en eerste RSM van 1 VK.

Bo: 1 VK se stigtersgroep (die Dirty Dozen): agter vlnr is John More, Fires van Vuuren, Trevor Floyd, Koos Moorcroft, Jan Breytenbach, FC van Zyl en Dan Lamprecht. Voor is Yogi Potgieter, Dewald de Beer en Hoppie Fourie (die elfde lid van die groep, Kenaas Conradie, het die foto geneem).

Heel bo: 1 VK-operateurs: vlnr is Chris Schutte, HAP Ferreira, Anton Retief, Fred Zeelie en John More.

Bo: Chris Schutte en Doppies die aap.

Links: Duikopleiding: Vlnr is Dewald de Beer, Frans van Zyl en Kenaas Conradie.

Onder: Eerste 1 VK-keuringskursus – naamlys onderaan die foto.

ERKENNINGSKOMMANDO **1 RECONNAISANCE COMMANDO**

KEURINGSKURSUS VK 1   SELECTION COURSE RC 1

FRITZ MUND   EXCELSIOR ATELJEE

| Staande Agter (l. na r.) | Kpl. M. Viljoen,   Kpl. J. M. J. Botes,   Kpl. A. Retief,   Sers. C. S. Schutte, Kpl. A. Badenhorst,   Sers. H. P. Roubertse,   Kpl. J. J. Burr-Dixon. |

| Middel (l. na r.) | AO 2 P. W. van Heerden (Instr.),   Kpl. Hap Ferreira,   Lt. F. J. Zeelie,   Kpl. R. M. Nel, Sers. J. W. A. du Plessis,   Kpl. F. G. Wannenburg (Instr.). |

| Voor (l. na r.) | Maj. P. J. D. J. van Vuuren (Opl. Offisier),   AO 2 M. J. Potgieter (Hoof Instr.). |

Attack Divers   DZI743   Aanvalsduikers
1974

AKKERSDYK STUDIOS   CAPE TOWN

Staande/Standing: O/Kpl I.J. JOUBERT   O/Kpl S. MARAIS   O/Kpl F.A. JACOBS   Sers J.M.J. BOTES   Kpl M.L. KRUGER
O/Kpl R.A. KNIPE

Sittende/Seated: Kapt M. KINGHORN   See L. SMIT (2nd. Dickie)   AOi K.A. BREWIN (Kursus Koördineerder)
B MN D.J.P. BRITS (Df) (Instrukteur)   See B. SCHÖNFELDT (2nd. Dickie)

Bo: Duikkursus, 1974 – naamlys onderaan die foto.

Oorkant
Bo links: Hannes Venter en Charl Naudé ná voltooiing van hul keurings-kursus.

Bo regs: Briggenl Jakes Swart.

Onder: Fort Doppies se Freedom Square.

Heel bo: Fort Doppies.

Bo: Land Rover Sabres met gemonteerde 7,62 mm-masjiengewere.

Oorkant
Heel bo: Van die eerste swart Recces wat in 1976 valskermopleiding ondergaan het, besig met hul springkursus by Seekoeikamp naby Fort Doppies. Primitiewe opleidingsgeriewe is in die bos geskep vir die kursus wat in groot geheimhouding plaasgevind het. Agter staan Neves Matias, wat later met 'n HC-dekorasie vir dapperheid vereer is.

Bo: Genlmaj Fritz Loots oorhandig die eerste swart springers se vleuels. Connie van Wyk staan agter Loots.

Bo: Teddy by Willie Snyders (agter) en Charl Naudé.

Regs: Teddy by Klein-Kloppies Kloppers.

Oorkant

Bo: Kandidate op keuringskursusse moes nommers dra en elkeen is slegs op sy nommer aangespreek, ongeag sy rang. Otch Otto was no. 25 in sy groep.

Onder: Die instrukteurs het gedurende die keuringskursusse hulpmiddels bygevoeg om 'n nóg groter fisieke impak te maak. Hier dra kursusgangers 'n drom gevul met water.

Heel bo: Ook die afvoer van verliese is by die keuringskursus ingesluit.

Bo: Leierseienskappe is tydens die keuringskursus getoets deur die groepe apparate soos die ysterkruis (spoorstawe) te gee om saam te dra.

Heel bo: Elke moontlike blaaskans is tydens keuring deur die uitgeputte kandidate benut.

Bo: Operateurs vuur met 'n 12,7 mm-swaarmasjiengeweer wat op 'n Unimog gemonteer is. Agter staan Amilcar Queiroz, wat later met die HC-dekorasie vir dapperheid vereer is. Paul Courtney vuur die wapen.

Bo: Kursusgangers op 'n "rappelling"-kursus van 1 VK in Durban. Rappelling behels die beheerde touneerlating van operateurs vanuit 'n helikopter.

Agter vlnr is: Dawid Fourie, Tom Cumming, Fritz Bosch, Jack Greeff, Wentzel Marx, Willy Ward, Moose Mennigke en Callie Greyling.

Middel vlnr is: Dewald de Beer, die vlugingenieur, Soutie, Dave Atkinson (vlieënier) en die medevlieënier.

Voor vlnr is: Sam Fourie, Gert Keulder, Wynand Kruger, Callie Faber, Dave Tippett en Van der Westhuizen.

Heel bo: Rieme de Jager vuur 'n 60 mm-mortier.

Bo: Jimmy Oberholzer en Frans van Dyk in vryval met 1 VK se vlag.

Bo: HALO-sprong met gevegs-
uitrusting.

Links: Operateurs voer 'n
HALO-sprong uit – let op die
suurstofmaskers. Die sprong
word op hoogtes van tot meer
as 10 000 m uitgevoer waarna
die valskerms – na gelang van
die situasie – op sowat 1 066 m
bo grondvlak oopgemaak word.

Ver links: Vryval-instrukteurs
van 1 VK en 2 VK. Agter staan
vlnr Harry Botha (2 VK), Frans
van Dyk, Koos Moorcroft en
Jimmy Oberholzer. Voor is Spik
Botha en Ralph More (Ralph
the Rat).

Links: Statieselyn-spronge.

Heel bo: Douw Steyn besig met opruiming van 'n vyandelike basis ná
'n aanval deur 1 VK.

Bo: 'n Operateur in gevegsuitrusting in 'n vyandelike basis.

Nadat 'n reeks stellings oorgeneem is, was daar 'n effense verposing in die geweer- en mortiervuur. "Waar is jy? Waar de donner is jy?" wil Breytenbach van Red Fox weet. Jack antwoord ewe kalm dat hy sy doelwit oorgeneem het: "Ek herorganiseer nou op die doelwit, maak gereed en wag vir die volgende bevel." Red Fox het toe nooit gevlug nie, hy was net besig om oorlog te maak. Die persoon wat vir Breytenbach kom vertel het dat Jack weggehardloop het, was inderwaarheid die weghardloper.

Ondanks die hewige gevegte beweeg die kompanies vorentoe en slaag telkens daarin om die hoë grond te verower. Die vyand se lyke en gewondes het oral gelê, ook hul ondersteuningswapens, wat hulle net so in die stellings agtergelaat het wanneer hulle na die volgende vertragingstelling teruggetrek het. Die geveg het om 09:00 begin en dit was nou 16:00. Om spoed en momentum te behou, is elke opvolgende aanval onmiddellik geloods om te verhinder dat die vyand kan herorganiseer. Eers teen laatmiddag het die heel laaste vertragingstelling, asook 'n brug in die laagliggende gebied, in sig gekom.

Die kompanies het hierdie laaste vesting aangeval en die hewigste geveg van die dag breek uit, veral aan Red Fox se kant. Weens die digtheid van die bos kan die mortiere ook nie meer vuursteun gee nie. Jack skreeu desperaat vir vuursteun en Breytenbach beveel Vingers om persoonlik twee masjiengewere van die Vickerstrok te haal en met die Vickers op sy driepoot vorentoe te hardloop. Met die mortiere nie meer nodig nie, sluit Frans by Vingers aan. 'n Woeste geveg ontstaan van loopgraaf tot loopgraaf met die twee Vickers wat hul werk met dodelike doeltreffendheid op 'n kort afstand doen. Alles is in stof en rook gehul en verder weg hoor hulle die oorlogslawaai van die swaar vuurgeveg waarin Red Fox en sy troepe gewikkel is.

En toe, eensklaps, is daar 'n doodse stilte. Nie 'n voëltjie wat tjirp of selfs 'n kriek is hoorbaar nie. Net die absolute, doodse stilte. Dit was 16:45 en die laaste vertragingstelling is uitgewis. Die oorlog was verby vir die dag.

Die wêreld het besaai gelê met die vyand se lyke. In een van die stellings vind hulle die gevegskaarte van die Kubaanse bevelvoerder wat in sy paniek om die dood vry te spring, dit net daar gelos het. Dit was waardevolle inligting vir Taakmag Zulu se inligtingsoffisier. Hy kon bepaal dat Taakmag Zulu 'n goed georganiseerde Fapla en Kubaanse mag sterker as regimentsterkte (400 tot 500 man) aangeval en vernietig het. Groot hoeveelhede wapentuig, klere, ammunisie en gewere is gebuit en later teen die vyand gebruik.

Die dag was egter nog lank nie verby vir Fapla en die Kubane nie. Tydens hul ongeorganiseerde en oorhaastige onttrekking jaag hulle blindelings met hul voertuie in Delville Linford en sy Boesmans se hinderlaag in. Talle sterf in die vuur en baie voertuie word vernietig. Met hierdie "teksboek-lokval" het die uitgeslape Linford die vyand by Catengue 'n finale nekslag toegedien. Vroeg die volgende oggend het hy en sy Alpha-groep weer by Taakmag Zulu aangesluit, waar daar met voorbereidings begin is om die aanmars die volgende dag na die volgende teiken voort te sit.

Cubal was so groot soos 'n gemiddelde plattelandse dorpie in die Vrystaat. Nog vyandelike magte was daar naby ontplooi. Taakmag Zulu (spesifiek Breytenbach se Bravo-groep) moes verseker dat hulle uitgewis word om te verhinder dat die vyandelike mag nie die taakmag van agter kon aanval en hul roete terug na SWA of die Caprivi afsny nie.

In die geveg om Cubal is die drieduim-mortiere aan weerskante van 'n teerpad opgestel, langs 'n groot oop vlakte. Terwyl Breytenbach-hulle aanval, lewer die mortiere oorhoofse vuur. Toe Frans in 'n stadium omkyk vanuit sy posisie by die mortiere, sien hy 'n groot aantal manskappe in 'n uitgestrekte linie – 'n gevegsformasie – aangestap kom. Hy kon nie agterkom of dit die vyand of sy eie magte is nie. Eers toe die linie op hulle begin skiet, besef Frans dis Fapla. Sy mortierspan is net bewapen met Tweede Wêreldoorlogse Sten-masjiengewere en een AK47. Nietemin gaan hulle dadelik oor tot aksie met aggressiewe vuur-en-beweging in die rigting van die aankomende vyand. Hulle skiet 25 Fapla-soldate dood en wond talle, wat in die bos verdwyn.

Later kom Breytenbach aangery en toe hy die dooies sien, wil hy weet wat aangaan. Frans sê hulle is aangeval "en toe skiet ons hulle". Breytenbach kan sy verbasing nie wegsteek nie: "Wel, julle het vandag meer met julle hopelose ou Sten's doodgeskiet as wat ons met ons AK47's geskiet het," merk hy droog op.

Kapt James Hills van 1 Valskermbataljon kom later daar aan en sê vir die twee Recce-sersante (Vingers en Frans) alles in die omgewing is doodstil. Breytenbach is intussen terug Cubal toe. Hills beduie op 'n kaart en wil hê dat die Recces sowat 25 km op 'n pad moet uitry om verkenning te gaan doen. Die pad kronkel uiteindelik deur plantasies en dit sou takties baie dom wees om jou so bloot te stel sonder enige ondersteuning. Vingers sê toe vir Hills dat hulle slegs van Breytenbach opdragte aanvaar. Hills is toe daar weg, maar keer terug met die boodskap dat hy met Breytenbach gepraat het en dat dié sê hulle moet ry.

Die twee Recce-sersante bly egter skepties oor die aard van die opdrag en kan steeds nie die wysheid daarvan insien dat twee manne die vyandelike gebied alleen met 'n Land Rover binnedring nie. Hulle besluit toe om eerder twee voertuie te vat met gemonteerde Vickers-masjiengewere en bemanning. Hulle ry die roete enduit sonder enige voorval. By die eindpunt draai hulle om en kom uiteindelik weer naby die teerpad uit waar die mortiere vroeër die dag opgestel was. Sowat 350 m van hulle was 'n murasie.

By die murasie sien hulle 'n vyandelike groep wat op Taakmag Zulu se manskappe skiet wat saam met pantserkarre op die teerpad ontplooi was. Die twee Recces twee jaag dadelik met die Land Rovers in die rigting van die murasie. 'n Ent weg sien hulle hoe van die vyandelike magte padlangs probeer weghardloop. Hulle draai die Land Rovers dwars in die pad sodat met die masjiengewere, wat agterop die voertuie gemonteer is, op die voortvlugtendes gevuur kan word. Vingers begin ook met sy persoonlike wapen op die Fapla-soldate skiet wat die murasie as dekking wil gebruik. Frans staan langs die voertuig en skiet oor die enjinkap. Met alles wat voor die wind gaan, is dit 'n geveg waarvoor enige soldaat sou wens. Oomblikke later word hulle egter geskud deur 'n massiewe ontploffing reg agter hulle. Dit kan nie mortiere wees nie want daar het geen skrapnel na hulle kant toe gekom nie.

Dit word dadelik opgevolg deur nog 'n kragtige ontploffing. Dit was Taakmag Zulu wat hulle as die vyand aangesien het. Die Eland-pantserkar se kanonier het die Land Rover met sy 90 mm-projektiel reg op die voordeur getref. Vingers en Frans trek bebloed deur die lug en val 'n hele ent van mekaar af in die stof. Hul gewere word eenkant toe geslinger en die Land Rover slaan aan die brand. Die kanonier vuur sy tweede akkurate skoot en skiet daarmee ook die ander Land Rover uit. Die bemanning wat agterop gestaan het, is almal op slag dood en verkool. Die pantserkarre dink steeds dat dit die vyand is met wie hulle slaags is en brand nou ook met hul Browning-masjiengewere los. Sodra een van die twee Recce-sersante beweeg, slaan die koeëls om hulle in die grond vas. Hulle kan Taakmag Zulu ook nie inlig dat hul eie mense op hulle skiet nie omdat die radio's saam met hul voertuie uitgebrand het. Dit was 16:00 en die datum was 4 November 1975.

Frans en Vingers het sowat 30 m uitmekaar gelê. Vingers lê agter 'n walletjie en skreeu vir Frans om na hom toe te kom. Toe Frans probeer regop kom, swik sy been egter onder hom. Hy besef dat hy nog 'n keer getref is, dié keer in die heup. Al wat oorbly, is om nader te kruip, maar sodra hy beweeg, blits die Browning-ligspoorkoeëls om hom. Hy besluit om doodstil te lê en te maak of hy dood is. Eers toe dit begin skemer word, kruip hy na Vingers toe en skuil saam met hom agter die lae walletjie. Op die pad brand die twee Land Rovers steeds en die twee Recces kan hul troepe se verbrande lyke oor die kante sien hang. Vingers was die ergste gewond (in die regterarm), maar hy stel nogtans voor dat hulle moet terugloop. "Waarheen?" vra Frans. "Suid-Afrika toe," antwoord Vingers. Frans sê hy kan nie loop nie en dat hulle doodgeskiet gaan word as hulle probeer opstaan. "Ek sal jou dra," antwoord sy swaar gewonde Recce-kameraad. Eers toe die donkerte toesak, word daar nie meer op hulle geskiet nie.

Al twee Recces is fisiek diep in die moeilikheid. Vier uur het verloop sedert hulle gewond is en as daar nie vinnig 'n plan gemaak word nie, was dit slegs 'n kwessie van tyd – waarvan daar min oor was – voordat hulle te swak sou wees om iets te doen. Toe hoor hulle 'n bekende geluid in die nagstilte – die dreuning van Jan Breytenbach se Land Cruiser!

Breytenbach het begin wonder wat van sy manne geword het. Hills het geen keuse gehad as om hom te vertel dat hy hulle sonder sy medewete op die sinnelose verkenningstog gestuur het nie. Breytenbach besef dadelik dat die twee brandende Land Rovers waarop hulle nog heeltyd skiet, heel moontlik dié van Vingers en Frans is. Met 'n pantserkar en 'n geweerpeloton gaan soek die bevelvoerder sy twee vermiste Recces.

Agter die lae grondwalletjie was die twee Recces aan Fapla se vuur uitgelewer wat op 'n afstand van 300 tot 400 m uit die murasie op hulle geskiet het. Al kon hulle die Land Cruiser hoor, kon hulle nie opstaan nie omdat Fapla hulle in die gloed van die brandende voertuie sou sien. Hulle besluit toe om so hard as moontlik "1 Recce!" te roep sodra die Land Cruiser nader is. Breytenbach hoor hulle toe sowaar roep en kom vinnig aange-jaag. Die pantserkar en geweerpeloton wat hom vergesel het, het die oormag teen Fapla laat draai, wat nie verder vanuit die mura-sie wou veg nie. Die swaar gewonde Vingers en Frans is sonder seremonie agterop 'n voertuig gegooi. Al die gesneuwelde troepe word ook opgelaai, waarna die konvooi terug na die basis toe vertrek.

Nella sit dadelik vir elkeen 'n drup op. Weens bloedverlies en die koue bewe hulle erg. Breytenbach is woedend. "Wat de don-ner het julle aangevang? Kyk hoe lyk julle! Julle kan nie bleddie oorlog maak nie, dis hoekom julle so lyk!" blaas hy stoom af. Daarna bedaar hy effens. "My mortierbevelvoerder, my ma-sjiengeweerbevelvoerder . . . my beste manne . . . Wat nou?" Hy lig hulle in dat hulle per voertuig afgevoer gaan word na Caten-gue waar 'n vliegveld is. 'n Dakota sal daar gereël word om hulle uit te vlieg. Vir die twee Recce-sersante, wat die oggend nog niks vermoed het nie, was dit die einde van Operasie Savannah.

Daar was egter nog een bekommernis – hulle sou afgevoer word op dieselfde pad waar Connie van Wyk sy hinderlaag opgestel

het. Op 'n draai van 90 grade in die pad was 'n reusagtige miers-
hoop wat Connie die vorige dag saam met Frans uitgehol het.
Dit was Connie se briljante plan om 'n 90 mm-pantserkar van
agter af in die uitgeholde miershoop te trek en te kamoefleer. Die
vyand wat voor die ander Suid-Afrikaanse veggroepe uitgevlug
het, kom dan niksvermoedend aangery. Connie hou die kanonier
op hoogte van die aankomende voertuig en die pantserkar se
loop beweeg stadig totdat hy op die teiken is. Op so 40, 50 m gee
Connie ewe kalm die bevel "Vuur!". Agterna gaan sy troepe dan
vorentoe en gebruik hul eie versteekte voertuie om die vyand se
wrakke gou uit die pad te sleep. Ook die lyke word opgetel en
verwyder sodat niemand onraad bemerk nie. Dan wag Connie en
sy manne weer vir die volgende vyandelike voertuig en so word
die perfekte hinderlaag oor en oor herhaal. Hulle het naderhand
sommer die vyandelike soldate wat nie in die ontploffing dood is
nie, gebruik om loopgrawe te grawe waarin hulle die dooies gooi.

Nou moet Frans en Vingers op dieselfde pad afgevoer word met
die wete dat Connie steeds soos 'n spinnekop in sy hinderlaag sit
en wag vir teikens. Hy is inderhaas oor die hoëfrekwensieradio
ingelig dat hulle op pad was. Die twee Recces was sowat drie weke
in die hospitaal en was ná drie maande weer reg vir aksie.

Ná die geveg by Catengue word Taakmag Zulu se aanmars
voortgesit in die rigting van Benguela en Lobito, twee groot en
belangrike hawedorpe. Dit word taamlik maklik sonder noemens-
waardige teenstand verower. Die taakmag gaan daarna 'n prentjie-
mooi omgewing binne om die volgende teiken, die kusdorp Novo
Redondo (vandag Sumbe), oor te neem.

Dit was midde-in die reënseisoen en die aanmars het al hoe
moeiliker geraak weens onbegaanbare paaie, sterk vloeiende riviere

en brûe wat deur Fapla en die Kubane vernietig is. Bravo-groep (ondersteun deur 'n eskadron pantserkarre) word gelas om oos- waarts na Cela te beweeg en by Taakmag Foxbat aan te sluit. By Cela word Bravo-groep verdeel en versplinter die eens suksesvolle groep in verskillende groeperings. Breytenbach en wat oorgebly het van Bravo-groep, ontplooi nou ongeveer 5 km van Brug 14 oor die Nhia-rivier, net suid van Catofe, waar daar die volgende dag hewige gevegte uitbreek.

Om te kompenseer vir die weersomstandighede se nadelige in- vloed stel Breytenbach voor dat daar na guerrilla-oorlogvoering oorgeslaan moet word. Die einde van hierdie fase van die oorlog was egter reeds in sig. Op 11 Desember 1975 begin Taakmag Zulu se onttrekking uit Angola en hulle keer na SWA terug.

Jan Breytenbach se leiersgroep was dit eens dat hulle, wat oorlog- voering betref, nie vir 'n beter aanvoerder kon wens nie. Breyten- bach het vir hulle die voorbeeld gestel van hoe om van voor af te lei en het nie 'n bang haar op sy kop gehad nie. Hy was 'n gebore vegter wat nie geskroom het om midde-in 'n hewige vuurgeveg op te staan en die aanval vorentoe te neem nie.

Tydens Operasie Savannah het Taakmag Zulu in hul aanmars 'n ongelooflike 3 300 km in net 33 dae afgelê. Hulle was deurentyd in gevegte met sowel Fapla as die Kubane, wat die prestasie nog groter maak. In die proses is groot getalle van die vyand dood- geskiet, gewond en gevange geneem. Die verliese aan eie magte was net 'n hand vol.

Bykans die hele 1 VK het mettertyd by Operasie Savannah be- trokke geraak as deel van ander gevegseenhede, onder andere kmdt Eddie Webb (Taakmag Foxbat) en kmdt Hans Möller (Taakmag

X-Ray). Hulle is vir operasionele doeleindes tydelik onder beheer van die leër geplaas. In die opvolgende operasies is hulle ook meestal in die rol van valskermsoldate aangewend en nie as Recce-spesialiste nie.

Toe die res van 1 VK in November 1975 na Angola ontplooi word, is die meeste van 2 VK se manne terselfdertyd opgeroep om saam met hulle aan Operasie Savannah deel te neem.

Kapt Malcolm Kinghorn van 1 VK was op 'n veggroep-bevelvoer-derskursus by die SA Leërkollege en het pas die teoretiese gedeelte voltooi toe hy uitvind dat Savannah die "praktiese deel" van sy kursus sou word. Hy land by Ambriz en word dadelik by die diep kant ingegooi toe hy reeds op sy eerste dag op 'n verkennings-patrollie saam met die Recces gestuur word. Toe sy Unimog om 'n skerp draai kom, sien hy 'n Russiese BRDM-pantserkar reg van voor aankom. Beide voertuie kom sowat 100 m van mekaar tot stilstand met Kinghorn en sy passasier wat gelyktydig uitduik om in 'n sloot dekking te neem. Die Unimog sou geen kans staan teen die gepantserde BRDM nie. Tot hul verligting kom hulle agter dat dit deur FNLA-soldate beman word, wat op die Russiese pantser-kar beslag gelê het.

Kinghorn was by verskeie operasies betrokke, asook by 'n klan-destiene onttrekking op die strand by die klein Angolese dorpie Ambrizette, noord van Ambriz. Die fregat *SAS President Steyn* was wes van Luanda ontplooi toe daar 'n bedreiging op land ontstaan vir 'n aantal artilleriste. Sewentien manne moes dringend per see onttrek word, hoewel so iets nog nie voorheen gedoen is nie. Die keuse val op Kinghorn om die strand te merk sodat die rubberbote kon weet waar om die manne op te pik om hulle na die skip te neem vir hul terugkeer na Walvisbaai.

In die stikdonkerte flits hy eers met 'n sakflitslig na die see, maar die fregat sien dit nie raak nie. Hy raak al hoe waaghalsiger en swaai sy flits naderhand in wawielbewegings in die lug rond. Uiteindelik gooi hy alle konvensie oorboord, trek twee van sy Unimogs op die strand en laat hul kopligte gelyktydig oor die see skyn. Toe die fregat steeds nie die ligte kan raaksien nie, oorreed hy die skip om tot die ongewone stap oor te gaan en lig van hulle kant af te verskaf (wat hulle ook vir die vyand sigbaar sou maak). Met die skip se lig as aanduiding kon hulle dit per radio begelei totdat dit binne reikafstand van die strand was. Die 17 manne en hul toerusting is toe met rubberbote – later is ook 'n Wasp-helikopter ingespan – aan boord van die fregat geneem. Die uitgerekte operasie was eers ná eerste lig afgehandel en die *President Steyn* moes inderhaas op volle spoed terugvaar na die oop see.

Die oorlog het intenser geraak en verskeie lede van 1 VK het hulle op die slagveld onderskei onder wie kpl André Diedericks wat tydens die geveg by Brug 14 in groot lewensgevaar 'n observasiepos op 'n koppie met die naam Top Hat beman het. Die FNLA-troepe wat saam met hom moes gaan, het geweier omdat dit te gevaarlik was – net een ou troep, wat boonop asma gehad het, is toe saam met hom die koppie op. André het nie geweet hoe om vuurleiding aan die artillerie te gee nie. Nadat hy vinnig oor die radio oor die prosedure ingelig is, het hy in 'n boom geklim en kalm vanuit dié posisie akkurate vuurleiding gelewer. Aan die hand van sy instruksies kon die artillerie hul bomme akkuraat op die teiken laat val. Dit was deurentyd net hy en die ou man omring deur die vyand, maar hy het sy pos nooit ontruim nie. Vir hierdie onverskrokke optrede tydens die Slag van Brug 14 het hy die HC vir dapperheid ontvang.

Sers Wannies Wannenburg is gedurende die eerste week van Desember 1975 by Catofe onder leiding van kapt Hannes Venter teen 'n gesamentlike mag Kubane en Fapla-soldate ontplooi. Saam in die span Recces was AO2 Kenaas Conradie en serss Boats Botes (span-medic), HAP Ferreira en Anton Retief en kpls Nella Nel en Bones Boonzaaier. Die span het die aand met 'n Puma-helikopter na die noordekant van die Nhia-rivier gevlieg en is oos van Brug 14 ontplooi. Hul opdrag was om die gebied te verken en op grond van hul waarnemings guerrilla-aksies agter die vyandelike linies uit te voer.

Wannies was veronderstel om met 'n Steyr Mannlicher .308-sluipskutgeweer met 'n Swarovski-teleskoop ontplooi te word. Tydens die inskiet van die wapens het hy egter 'n oefenskoot met 'n RPG7 afgevuur en 'n boom 'n hele ent weg trompop getref. Hy was so beïndruk met sy skoot dat hy dadelik gevra het om die RPG7 saam te dra en die sluipskutgeweer vir Boats te gee.

In die donker het die span in enkelgelid al in 'n vlak donga langs beweeg. Boats en Wannies was heel voor as verkenners, gevolg deur Venter en dan die res van die span. Die verkenners het 'n geluid in die bos gehoor en die teken vir die span gegee om te stop. Terwyl hulle probeer vasstel wat dit was, begin die vyand op 'n baie kort afstand vanuit 'n hinderlaagstelling op hulle skiet met kleinkaliber- en masjiengewere.

Die Recces gaan onmiddellik af grond toe terwyl veral Kenaas se deurdringende vuur die vyand vaspen. Boats se AK47 word uit sy hande geslinger toe 'n vyandelike koeël dit tref en hy begin met die sluipskutgeweer skiet, wat nie regtig vir 'n kontak geskik is nie. Oral in die donker blits vyandelike vuur onophoudelik.

Anders as die res van die groep het Wannies nie dekking geneem toe die kontak losbars nie. Hy staan en vuur onverskrokke met sy AK47 op die vyandelike posisies. Sekondes later word hy in die lies getref en sak inmekaar. Die wond bloei geweldig. Op Hannes se instruksie tel Bones die RPG7 op en bestook die vyand. Die oorverdowende ontploffing en skokgolwe van die bomme het die vyand laat padgee en so tot die span se redding gekom.

Maar dit het ook HAP Ferreira se oordromme laat bars en hy kon niks hoor nie. Die res van die span het dit eers agtergekom toe hy nie op Venter se bevele reageer nie. Hy het kliphard terug-geskreeu omdat hy nie sy eie stem kon hoor nie. Bones ontdek agterna dat daar 'n skoot tussen sy rugsak en sy rug deur is. Hy kon sy geluk nie glo dat die koeël hom nie getref het nie. Hannes Venter is in die skouer en arm gewond, maar het nietemin met die geveg voortgegaan.

Boats het Wannies se bloeding probeer stop deur 'n bomver-band met sy vingers in die wond te druk. Venter het vir Kenaas gesê om radiokontak met die tuisbasis te maak en 'n helikopter te ontbied om Wannies af te voer. Die radio by die leërbasis was egter onbeman. Intussen het die span 'n draagbaar uit takke en grondseiltjies gemaak om Wannies na veiligheid te dra, maar hy sterf weens die geweldige bloedverlies. Teen eerste lig – ná vyf uur se worsteling deur die bos – bereik hulle die rivier. Hulle steek dit oor en soek dadelik 'n geskikte landingsplek vir 'n heli-kopter. Ná verskeie vrugtelose pogings het hulle uiteindelik radio-kontak met die tuisbasis gemaak en 'n Puma-helikopter ontbied.

Die vyand, wat kort op hul hakke was, het by die rivier omge-draai. Hulle het waarskynlik gedink dat die Recces nie die rivier sou kon kruis met hulle ongeval nie. Dit was ook algemeen be-kend dat baie Fapla-soldate nie goed kon swem nie en dat hulle bang was vir krokodille.

Die gewonde Venter is eers vier dae ná die kontak na Pretoria afgevoer. Op Waterkloof-lughawe het hy tydens sy terugvoersessie die radio-voorval aan genl Loots, kmdt Jakes Swart en maj Johan Verster gerapporteer. Uit sy terugvoering het dit geblyk dat die leër nie die ideale bevelstruktuur was vir die Recces om onder te funksioneer nie.

Met dié dat Hannes Venter afgevoer is, het genl Loots beveel dat Swart die bevel moet gaan oorneem. Hy is na Cela in Angola, waar hy die taakmag-bevelvoerder moes adviseer oor spesiale operasies en die aanwending van die spesialemagte. Die vol rivier het die aanmars na Luanda gestuit, en Swart ontplooi dus sy Recces oos van Cela met die doel om saam met Unita guerrilla-aksies agter die vyandelike linies te loods, soos die plasing van ploftoestelle teen brûe. Twee Puma-helikopters was tot die Recces se beskikking, maar 'n Unita-troep vuur sy geweer per ongeluk af en tref een van die Puma's se rotors. Puma's het altyd in pare geopereer en gevolglik het 1 VK se lugmobiliteit tot 'n stilstand gekom omdat die een Puma nie diensbaar was nie. Weens die reën en vol riviere was daar nie veel sprake van verdere operasies nie en al die taakmagte het opdrag ontvang om na Suid-Afrika en SWA terug te keer.

Op hul suidwaartse tog kom die Recces by Silva Porta (vandag Cuito) aan, waar die SAW sy hoof- logistieke basis ingerig het. Hier tref hulle 'n oorvloed voertuie en uitrusting aan wat deur die burgermagregimente gestoor is tydens hul terugtog na Suid-Afrika. Die Recces vat wat hulle nodig het en lê beslag op 'n aantal Land Rovers en Unimogs waarmee hulle eers na Rundu vertrek en toe ooswaarts draai na Fort Doppies. Hierdie einste Land Rovers is later baie suksesvol in Sabres (gemodifiseerde Land Rovers vir gevegsgebruik) omgeskep vir gebruik in toekomstige operasies.

Sers Wannies Wannenburg is postuum met die Honoris Crux Silwer (HCS) vereer vir sy onverskrokkenheid onder vuur. Hy is in die heldeakker in Rustenburg begrawe. AO2 Kenaas Conradie het die HC vir sy dapper optrede tydens die geveg ontvang. Ander lede van 1 VK wat gedurende Operasie Savannah die HC ontvang het, is lt Connie van Wyk, ssers Daniel Roxo, en kpl André Diedericks.

Operasie Savannah het van Augustus 1975 tot begin 1976 geduur. Ná afloop daarvan het 1 VK se lede na hul basis op die Bluff in Durban teruggekeer. Die hawestad met al sy boheemse afleidings en "avontuurlike" naglewe is deeglik deur die jonger Recces ontgin. Legendariese ou kuierplekke soos Father's Moustache, Beach Hotel en Smuggler's Inn moes vinnig kennis neem dat "die manne terug was op die dorp". Laataande se gefuif het as 'n tipe ontlading gedien ná die maande lange Angola-ervaring. Ná die welverdiende ruskans was 1 VK se Recces spoedig uitgerus en oorgehaal vir aksie.

9

Keuring

Tydens die vroeë keuringskursusse het daar geen geskrewe doku-
mentasie bestaan nie – die vereistes, standaarde en evaluering is
deur die kursusleier self bepaal. Hy het die keuringsprogram op sy
persoonlike ervaring gebaseer en geput uit sy eie keuring, ander
keurings waarop hy as instrukteur of waarnemer gedien het, sy
valskerm-PT-fase, asook die ervarings wat hy as soldaat opgedoen
het. Daar was nie 'n vaste tydperk aan die keuring gekoppel nie –
die finale fase kon byvoorbeeld drie weke duur, maar is dikwels
langer gerek as daar onsekerheid oor sekere kandidate bestaan
het. Diegene waaroor daar wel reeds sekerheid was, moes dan
maar saam met die ander verder swaarkry, onbewus daarvan dat
hulle eintlik reeds aanvaar is.

Keuringsprogramme was tradisioneel gegrond op lang roete-
marse wat afgewissel is met statiese fases waarin die scenario van
'n tydelike guerrillabasis geskep is. Ontsnap-en-ontwykingsoefe-
ninge is gereeld gedoen. Daar was geen sielkundiges by die keuring
betrokke nie. Vóór voorkeuring is daar egter deeglike sielkundige
(en mediese toetse) afgelê waarmee IK, normale funksionering en
afwykings bepaal is.

Die berugte Recce-sielkunde het wel 'n baie groot rol tydens keuring gespeel. Die kursusleier en sy instrukteurs sou die kandidate deurgaans met valkoë dophou en 'n gedetailleerde studie maak van hul gedrag, optrede onder moeilike situasies, reaksie, intelligensie en liggaamstaal. Diegene wat swakker gevaar het, is eenvoudig net onder nóg groter druk geplaas totdat hulle uiteindelik ingegee en die kursus laat vaar het. Indien hulle wel nog fisiek kon byhou, het die Recce-sielkunde net vir nog meer bomenslike situasies gesorg waarin die kandidaat self handdoek ingegooi het. Daar is volgens die beginsel gewerk dat die kandidaat as 'n vrywilliger op die kursus gekom het en dat hy hom derhalwe vrywillig moes onttrek.

Die kern van Recce-sielkunde was daarin gesetel om die kandidaat onmiddellik uit sy gemaksone te kry deur die toepassing van intense fisieke sowel as sielkundige druk. Een metode was isolering en situasies is geskep waar die kandidaat hom alleen in die bos bevind het. Hy mag met niemand praat of gesels nie, het in afsondering geëet en geslaap en sy roetemarse in isolasie gedoen. Persone wat die reël oortree, is gestraf met nog groter afsondering. Die onbekende was een van die heel belangrikste keuringsmaatreëls wat ingespan is – dit het beteken dat die kandidaat nooit geweet het wat volgende met hom gaan gebeur nie. Opdragte is derhalwe sonder enige verduideliking verander en niemand het enige benul gehad van wanneer die einde in sig was nie.

Kos is streng gerantsoeneer en etes het op onafgespreekte en onverwagte tye plaasgevind. Dit kon pap saam met pap insluit – verbrande pap, rou pap, geen sout in die pap nie, te veel sout in die pap, net solank dit oneetbaar is. Reëls tydens etes moes nougeset nagekom word. Die kandidate moes in enkelgelid inval en die instrukteurs het een vir een die pap ingeskep, waarna hulle uitmekaar moes spat om in afsondering te eet. Vir afwisseling was die skottels soms sonder enige kos; dit was een van die toetse wat baie kandidate laat knak en tou opgooi het. Partykeer kon hulle vir afwisseling koolsop saam met die pap kry.

Tydens lang roetemarse het die instrukteurs soms blikkieskos – 'n enkele ongemerkte blikkie – van die voertuig af tussen die kandidate gegooi. Hulle het dan geskarrel om dit in die hande te kry. Gewoonlik was daar diesel in die blikkie gespuit deur klein gaatjies wat daarna verseël is. Wanneer die kandidate die blikkie uiteindelik oop gekry het, was dit die ene diesel. Hulle was egter in daardie stadium al so honger dat hulle probeer het om die diesel uit te braai en dan die inhoud te eet. Dit het tot hewige maag-werkings gelei, en menige kandidaat het weens hierdie toedrag van sake handdoek ingegooi.

Deel van die persoonlike dissipline was dat jou wapen deel van jou liggaam is en ten alle tye skoon moes wees. Uitrusting moes altyd in 'n toestand van gereedheid wees, asof die kandidaat op 'n spesiale operasie gaan vertrek. Onverwagte wapen- en persoon-like inspeksies is gedoen; 'n toepaslike straf sou wees om die wapen te verruil vir 'n gwala (swaar ysterstaaf). Roetines wat neergelê is, moes stiptelik nagevolg word.

Vir intelligensietoetsing is take uitgevoer wat die breinselle, ge-heue en vermoë om probleme op te los, uitgedaag het. Daar is gelet op hoe straatwys die kandidaat is: snap hy 'n situasie vin-nig, pas hom daarby aan en maak hom gemaklik daarin; spaar hy energie, water en kos; en kan hy kortpaaie binne die neerge-legde reëls vat?

Aanpassing binne spanverband is bepaal deur samewerkings-toetse op die hindernisbane; dit het die selfsugtiges baie vinnig geïdentifiseer. Almal op die kursus moes leiding kon neem; natuurlike leiers tree altyd na vore en ander word die geleentheid gegee om as leier eenvoudige spantake uit te voer. Offisiere en onder-offisiere is in moeilike situasies geplaas deur hulle as gewone spanlede in te deel onder 'n skutter of korporaal as spanleier. Alternatiewelik kon almal in dieselfde span geplaas word sonder 'n aangestelde leier en so word gekyk hoe die offisiere aanvaar word en by die situasie inpas.

As 'n reël is kandidate nie in hul persoon afgetakel nie, hoewel daar gevalle was waar die druk te ver gevoer is en die individu hom verneder kon gevoel het. Al die kursusgangers was geredu-seer tot nommers en elkeen moes sy nommer sigbaar op sy arm dra. Kandidate is slegs op hul nommers aangespreek, ongeag die rang wat hy beklee het. Dit het almal gelyk gemaak en senior range het saam met die ander onder die voortgesette druk gevou.

Gedurende die voorkeuringsfase is daarop gefokus of 'n kan-didaat oor die vaardighede en aanvoeling beskik het om as 'n Recce-operateur opgelei te kon word. Hy het basiese skietkuns gedoen en ook bos- en veldkunsonderrig ontvang. Blootstelling aan navigasie het die aflê van kort roetes gedurende die dag en nag behels. Daar is ten minste twee strawwe gevegsoefensessies per dag gedoen wat 'n hindernisbaan ingesluit het. Tydens intelli-gensieoefeninge is oplettendheid, waarneming en geheue getoets. Met die voorkeuringsfase is kandidate uit verskillende eenhede (pantser, lugmag, vloot, polisie of burgerlike kandidate) op die-selfde fiksheidsvlak gebring voordat die keuringskursus begin.

Die langroetemarsfase het bestaan uit spoedmarse op grond-paaie sowel as deur die bos. Hierdie marse is individueel of in spanne gedoen en die roetes is deur tyd- en afstandsberekening bepaal.

Geen evaluering- of takseringsvereistes het bestaan nie – dit het uitsluitlik by die kursusleier en sy instrukteurs berus. Die algemene vereiste was dat die kandidaat die eindpunt binne die vereiste tyd moes haal. Die kursusganger is tussen die begin- en eindpunt aan 'n verskeidenheid toetse onderwerp. Daar is elke dag 'n ordergroep gehou om die kandidate se vordering te bespreek en te besluit oor hoe om die druk op "verdagte" kursusgangers te verhoog. Wanneer 'n persoon aangedui het dat hy hom wil onttrek, is hy met onmiddellike effek van die kursus verwyder en uit die gebied afgevoer; die kursusgangers het hom dan ook nooit weer gesien nie.

Kapt Hannes Venter het die spesialemagte- en kleintaktiekkursusse ontwikkel terwyl hy bevelvoerder van Bravo-groep by 1 Recce was. Die siklus is later deur maj Malcolm Kinghorn verfyn. Daar was min operateurs en kmdt Jakes Swart het opdrag gegee dat Venter die getalle moes aanvul deur 'n keuringskursus aan te bied.

Voor die keuringskursus het Venter 'n statiese basis by Bhangazimeer in Zoeloeland gestig. Die kern van die program was gekoppel aan die bosagtige terrein. Dit het roetemarse ingesluit wat so uitgelê is dat dit die plaaslike bevolking se statte vermy het.

'n Week voor die kursus is Venter en PW van Heerden terug na die Bluff in Durban om logistieke reëlings te tref en die vervoer te finaliseer. Die voornemende kandidate het in die ou basis gebly en maj Sarel Pool van die logistieke staf kon nie wag dat die spul hul ry kry nie. PW het hulle die Sondag bymekaargemaak en voorbereidings begin tref dat hulle vroeg Maandag na die keuringsgebied vervoer kon word (sommige sou eers die Maandagoggend aanmeld).

Toe Venter die Sondagoggend gaan kyk hoe dinge vorder, kry hy hulle op die sportveld, waar PW hulle erg opgefoeter het. Daar was te veel kandidate vir die beskikbare Bedford-lorries en hy wou hulle uitdun. Venter vertel die kandidate toe wat vorentoe met hulle gaan gebeur en maak die pap dik aan. Toe hy vra of iemand wil onttrek, gooi die eerste vyf sowaar handdoek in. PW het die kandidate se gal aanhou werk totdat hul getalle met die beskikbare transportsitplekke ooreengestem het.

Vroeg die volgende oggend het die voertuie na Zoeloeland vertrek. By die ingangshek na Bhangazi/Cape Vidal het die keuring in alle erns begin. Een van die Bedfords moes terug Durban toe en die kandidate wat eerste uitval, sou met dié voertuig terugry. Die kandidate is in spanne van tien verdeel en moes met persoonlike uitrusting, gewere en bakstene (wat met tussenposes vermeerder is) met 'n geweldige pas begin stap. Geen onderlinge gesels of pratery is toegelaat nie, behalwe as planne gemaak moes word om opdragte uit te voer. As die fluitjie blaas, moes almal staak waarmee hulle besig was en by die blaser aantree.

By die derde stop is beslag gelê op alle drink- en eetgoed, vuurmaakgoed, sigarette, tabak, messe, toue, ammunisie (heelwat is by veral die seniors gevind), seep, muskietafweermiddels of enigiets wat die lewe vir die kandidate makliker kon maak.

'n Paar het hulle net daar onttrek. Die sjef het vir hulle koffie en dog biscuits gegee wat hulle ten aanskoue van die res moes eet. Die keuring het nou vir die tweede keer in alle erns afgeskop. Dit was 'n besondere sterk groep soldate wat tot strawwe mededinging gelei het. Die meeste was natuurlike leiers en veral die offisiere was van uitstaande materiaal.

In die tweede week by die Sibaya-meer is alle moontlike (en ook onmoontlike) watertoetse gedoen en dit was vir die instrukteurs 'n wonder dat niemand verdrink het nie.

Hulle het drie dae gehad om die volgende RV-punt te bereik.

Deur die Ndumu-wildreservaat moes die kandidate sorg dat hulle nie deur veldwagters of toeriste opgemerk word nie. Die plaaslike bevolking se statte en krale was wyd oor die gebied versprei en daar was 'n bekommernis dat die kandidate dalk voedsel en drinkwater op dié manier kon kry.

Die hele groep was teen dié tyd uitgehonger en gedehidreer, hul liggame geknak en hul voete sonder velle met rou blase, wat vererger is deur die sand en water waardeur hulle moes stap. Die instrukteurs kon reeds identifiseer wie die keuring sou voltooi. Nog twee het onttrek, soos hulle voorspel het. Hoewel hulle geweet het dat die oorblywendes vyf dae later sou kwalifiseer, is die kursus steeds nie verkort nie.

By Ndumu is Gert Keulder en nog 'n kandidaat deur die Natalse Parkeraad opgemerk. Die instrukteurs het hom met 'n gesamentlike sielkundige aanslag probeer knak, maar hy het rateltaai onder die druk vertoon en alles gevat wat na sy kant toe kom. Die instrukteurs was beïndruk. In hierdie stadium is die eerste werwingsfliek oor die Recce's geskiet. Die kamera was by toe Herman de Wet sy stewels uittrek – sy voete was een groot, rou seer. Niemand kon glo dat enige mens se voete so kon lyk nie en dat hy sonder om 'n woord te praat voluit gewerk het asof sy voete niks makeer het nie. Dit het 'n groot indruk op al die omstanders gemaak.

Die eindpunt van die keuring was glad nie skouspelagtig nie. Buite Ndumu het PW die kursusgangers bymekaargekry en laat sit. Hy het hulle opdrag gegee om op 'n spoedmars te vertrek, maar op sy bevel te wag. Daarna het hulle die kandidate vir 'n uur of wat geïgnoreer. Al die instrukteurs was by toe Venter sonder enige bohaai of omhaal sê dat die keuring verby is. Nie een van die kandidate het hom geglo nie. Eers toe die instrukteurs vir hulle uit water-jerrykanne rum en water in hul blikbekers skink, het die gedagte begin insink. Daar is dié dag tien nuwe operateurs in die eenheid aanvaar.[23]

Kapt Hannes Venter was oortuig dat daar 'n strenger siftings-proses vóór die voorkeuring moes wees sodat daar nie tyd en geld gemors word op kandidate wat dit in elk geval nie sielkundig of fisiek sou slaag nie. Alle kandidate moes ook reeds gekwalifiseerde valskermspringers (statiese lyn) wees. Dit sou 'n nuwe dimensie tot die keuring byvoeg, wat dan met 'n valskermsprong kon begin om die onbekende en onverwagte verder te beklemtoon.

Sielkundige druk was steeds die kern van die keuringskursus. Die meeste kandidate voldoen aan die fisieke vereistes en het tydens valskermopleiding bewys dat hulle fisiek in staat is om moeilike take uit te voer. Kandidate kan ook fisiek verbeter word met gevorderde en meer intensiewe voorbereidingsprogramme. Wat in die kandidaat se kop aangaan, is egter die waterskeiding. Venter en sy span het gemeen dat die Recce-sielkunde, soos hulle dit geïdentifiseer en toegepas het, noodsaaklik was om geskikte operateurs te lewer. Vir die finale keuring wou hulle egter nie siel-kundiges met 'n wetenskaplike inslag gebruik nie. Hierdie sielkun-diges se rol moes beperk word tot vóór die keuring. Venter en sy span het hul eie standaarde en toetse geïdentifiseer wat tydens keuring as norm gebruik kon word.

Die impak van die onbekende en onverwagte het die meeste vrees ingeboesem en werklik 'n kandidaat se geestestoestand ge-toets. Daarom was die impak van die onbekende so 'n belangrike

---

23 In die groep was Gert Keulder, Tom Cumming, Herman de Wet, Dawie Fou-rie, Wentzel Marx en Callie Greyling.

faktor in die Recce-sielkunde. Daar moes soveel as moontlik van hierdie beginsel by die keuring ingewerk word. Hierdie faktor sou ook vir altyd deel van die operateur se lewe wees omdat hy met elke operasie die onbekende sou betree. Weerstand teen die na-gevolge van die onbekende en onverwagte kan slegs opgebou word deur blootstelling en persoonlike ingesteldheid. Hierdie eienskappe moes dus deeglik tydens keuring getoets word. Gedurende latere opleiding en operasies moes daar steeds net soveel aandag hier-aan bestee word. Die kandidaat moet gekondisioneer wees dat daar altyd verskillende oplossings vir verskillende scenario's is.

Die Zoeloelandse keuring het twee groot beperkings na vore laat kom. Daar het altyd dowwerts (bomme wat nie ontplof het nie en steeds lewensgevaarlik is) op die missielbaan agtergebly – die baan moes dus telkens eers veilig verklaar word voordat dit gebruik kon word. Verder was daar te veel van die plaaslike bevol-king in die gebied en dit was net 'n kwessie van tyd voordat 'n insident plaasvind waarin iemand raakgeskiet word.

Op grond van voorstelle ná afloop van die Zoeloelandse keuring is besluit om die volgende keuring in die Fort Doppies-gebied aan te bied. Die suidgrens was die Botswana-kaplyn en die noord-grens die grondpad tussen Rundu en Katima Mulilo wat as die Golden Highway bekend gestaan het. In die ooste was die Kwando-rivier die grens en in die weste die pad na Ou Doppies.

Die kandidate was reeds in Zoeloeland vir hul voorkeurings-fase en is van die Dukuduku-aanloopbaan na die Caprivi gevlieg om in die nag per valskerm op Fort Doppies se spring-omuramba te land.

Tydens die lang en ongemaklike vlug was hulle salig onbewus daarvan dat 5 Recce se eerste groep swart operateurs by Seekoei-

kamp (naby Fort Doppies) besig was om in te oefen vir 'n opera-
sie onder hul bevelvoerder, kapt Charl Naudé. Venter het Charl
uit Suid-Afrika per radio gekontak en hom gevra om die afgooi-
strook (die spring-omuramba) te beman en die sprong van die
grond af te beheer. Sy groep swart operateurs sou almal geka-
moefleerde uniforms dra, met AK47's bewapen wees en in 'n
vreemde Portugese dialek praat – alles om onsekerheid en ver-
warring onder die kandidate te saai nadat hulle geland het. Alles
is so gereël dat Charl self deurentyd op die agtergrond sou bly
sodat die kandidate hom in geen stadium van die "verwelko-
ming" sou sien nie.

PW van Heerden het uit Suid-Afrika gehelp om die reëlings te
tref. Hulle het vir 50 kandidate voorberei en die suksesvolle
Zoeloelandse beplanning en program as riglyn gebruik. Die span
keuringsinstrukteurs het bestaan uit Hannes Venter, Dewald de
Beer, Marius Viljoen (mediese ordonnans), Wynand Kruger, 'n
paar jong operateurs, enkele Boesmans en 'n sjef.

Die statiese basis was op 'n duin naby Ou Doppies, met omu-
rambas noord sowel as suid van die basis. Daar was plek vir 50
skuilings wat die kandidate uit natuurlike materiaal moes bou,
met 'n loopgraaf by elke skuiling. Hulle moes ook 'n afvalgat
naby die kombuis grawe (pikke en grawe is verskaf), sowel as 'n
soort loopgraaflatrine. Langs die kombuis was 'n klein vergader-
punt ingerig – 'n primitiewe weergawe van Fort Doppies se Free-
dom Square. Die instrukteurs se kamp was sowat 100 m van die
basis op die rand van die noordelike omuramba.

Op die rand van die suidelike omuramba is 'n hindernisbaan
gebou waar groot valsmaroelas, kiaat- en appelblaarbome gegroei
het. Toue met verskillende hindernisfunksies is tussen hierdie bome
gespan. Die omuramba het oop terrein gebied en was ideaal vir

taktiese oefeninge soos leopard crawl, bobbejaanloop en "buddy buddy" (vuur-en-beweging).

Op "D-dag" het alles volgens plan verloop met die niksvermoedende kandidate wat geen onraad tydens die vlug vermoed het nie. P-uur (springtyd) was geskeduleer vir 22:00. Charl het gereed gestaan op die afgooistrook waar daar ter wille van die oefening geen afgooistrookligte of -merkers aangeskakel was nie. Die operateurs van 5 Recce het Swapo-uniforms aangehad en is met AK47's langs die betrokke omuramba in die bos ontplooi om die springers in te wag.

Omstreeks 22:00 het die C-130-vliegtuig aangekom. Charl het hom met die radio "ingepraat" en die sprong van die grond af beheer. Hy het die groen springligte in die vliegtuig laat aanskakel en die springers het in twee stringe die skuifelpas begin en die een ná die ander in die nag uitgespring. Omdat daar geen afgooistrookligte op die grond was nie, kon hulle niks tydens die uitspring en daling sien nie. Met enkele uitsonderings het die nagsprong glad verloop en nadat die springers geland het, het hulle die valskerms begin oprol.

Op daardie oomblik het die 5 Recce-operateurs uit die bos op die springers toegeslaan. Charl het hom uit die voete gemaak en op 'n veilige afstand probeer kyk wat in die omuramba gebeur. Die operateurs het die kursusgangers aangerand, op 'n hoop gejaag, hulle hardhandig ontwapen en toe op die grond laat sit. Hulle het hul AK47's heeltyd rondgeswaai en in die gesigte van die verdwaasde groep gedruk. Die sogenaamde "leier" het hulle in gebroke Engels ingelig dat hulle in Angola was en wou weet wat hulle daar soek.

Die afgooistrook was sowat 20 km van die keuringskamp in die bos. Ná hierdie eerste kennismaking het 5 Recce se manne die kursusgangers orent gepluk en met hul geweerlope in die rigting van die keuringskamp gestamp. Die valskerms is op die afgooi- strook agtergelaat – Charl sou later reël dat dit opgetel word. Hy was heeltyd buite sig en die swart operateurs het op hul eie opgetree. Hulle het die groep die hele nag sonder rus laat stap terwyl hulle die kandidate aanhoudend verskreeu en klappe en skoppe uitgedeel het.

Teen eerste lig is daar gestop en het die "terroriste" die kursus- gangers beveel om op 'n hoop te gaan sit. Die uitgeputte manne het probeer slaap inkry terwyl die "terroriste" oor hulle wag- gestaan het. In die daglig kon Charl die bedremmelde groep van- uit 'n skuiling dophou. Hulle was vas oortuig dat die vlieënier 'n navigasiefout begaan het en hulle in 'n vyandige land afgegooi het. Die vrees en onsekerheid was duidelik op hul gesigte sigbaar terwyl die "vyand", wat in 'n onverstaanbare dialek gebabbel het, se AK47's deurentyd op hulle gerig was.

Later is die kursusgangers weer in 'n bondel aangetree en het hulle die res van die dag gestap, terwyl hulle voortdurend gestamp, geklap, rondgeruk en op allerhande hardhandige wyses hanteer is. 5 Recce se swart operateurs het hul rol as "terroriste" uitstekend gespeel. Daar was geen kos of water nie en in die versengende hitte het die groep 'n uiters patetiese indruk geskep.

Laat die aand het hulle die keuringsbasis genader en doodmoeg en dors op die grond neergeval. Hulle was steeds onder die indruk dat hulle "diep in Angola" is, min wetende dat dit eintlik die Caprivi is. Die onsekerheid het aan hulle geknaag omdat hulle nie geweet het watter lot hulle te beurt gaan val nie. Charl het toe vir die eerste keer sy verskyning gemaak. Dit het tot nog groter verwarring gelei – skielik is daar 'n wit man in hul ge- ledere wat hulle boonop in Afrikaans aanspreek! Dit het geleidelik tot die kandidate deurgedring dat die hele operasie deel van die keuringsprogram is. Sommige het in 'n verdwaasde stilswye verval, ander het senuagtig begin giggel.

Teen eerste lig die volgende oggend, nadat 5 Recce se operateurs stil in die nag verdwyn het, het kapt Hannes Venter en sy instrukteurs die groep met hewige oorhoofse vuur aangeval. Die kleingeweervuur het boomtakke en blare op die slapende groep laat neerreën en oral het donderbuise ontplof. Chaos het uitgebreek terwyl die kandidate verwilderd in die bos rondgeskarrel het.

Toe dit lig genoeg was om behoorlik te kan sien, is almal weer bymekaargemaak. Elke kandidaat se uitrusting is deeglik deursoek en enigiets wat hulle kon help, is gekonfiskeer. Elkeen het 'n 60 mm-mortierbomhouer wat met sement gevul is, gekry om saam te dra. Dit was die plaasvervanger vir die bakstene wat hulle in Zoeloeland agtergelaat het.

Al die kandidate moes in gelid aantree en die instrukteurs het hulle die laaste 4 km na die basis toe laat draf. So het die keuring met groot verwarring en chaos afgeskop. Twee springers wat tydens die valskermsprong in die bome geland het, is aan die kursus onttrek. Nog 'n springer wat 'n enkelbesering gehad het, is op grond van mediese redes afgevoer.

By die basis het Venter verduidelik wat met hulle gaan gebeur en die wat twyfel, genooi om hulle te onttrek. 'n Paar kandidate het summier handdoek ingegooi. Die grondreëls, soortgelyk aan dié wat tydens die Zoeloelandse keuring gegeld het, is uitgespel. Hierdie reëls was een van die belangrike takseringsmaatstawwe waaraan hulle moes voldoen.

Almal is skuilplekke toegeken en gewys waar hulle die afvalgat moes grawe, asook die loopgraaflatrines. Ná 'n uur is die fluitjie geblaas. Dit is waarmee hulle regdeur die keuring beheer sou word. Almal het nie vinnig genoeg aangetree nie, en daarom was die eerste gevegsoefeningsessie ekstra hel gewees. Die eerste 24 uur by die basis het gewissel tussen die grawe van die afvalgat en latrines, die individuele bou van 'n skuiling met 'n loopgraaf, oefening en nogmaals oefening, hindernisbane en spoedmarse. Die kandidate is geen ruskans gegun nie en geen slaap is toegelaat nie.

Ná 24 uur het hulle pap gekry en 'n paar gedroogde pruime wat die instrukteurs uit ou rantsoenpakke gehaal het. As die fluitjie aanhoudend met kort tussenposes blaas, het dit ete beteken en moes almal met volle uitrusting op die "vierkant" aantree. As die kos gereed was vir opskep, het die kandidate in enkelgelid ingeval met lepel en dixie ('n aluminium-eetbakkie in twee dele – die kleintjie het in die grote gepas). Elkeen moes op sy rugsak gaan sit en eet. Daarna moes hy sy dixie by die afvalgat gaan skoonmaak – dit was 'n staande instelling, selfs al was sy dixie leeg, skoon en ongebruik.

Daar was chaos met die eerste aantree omdat almal voor in die ry wou wees. Die instrukteurs het nie ingemeng nie, want 'n individu se reaksies het heelwat van sy persoon verklap. Dewald de Beer het almal hindernisbaan toe gejaag en toe weer terug na die opskeptafels met die duidelike opdrag dat "die eerste persoon in die ry beloon gaan word". Weer was daar chaos wat die gemoedere laat opvlam het. 'n Kaptein wat sterk en fiks was, was eerste in die ry. Die eerste keer was hy toevallig ook heel voor in die ry. Die instrukteurs het dit opgelet. Almal het nou genoeg pap gekry, met twee pruime per man. 'n Paar het van die pap in hul uitrusting se sakke probeer stop, maar die meeste het die oortollige pap in die afvalgat gegooi.

Daar was doelbewus geen spesifieke roetine nie en daarom is

niks in volgorde gedoen nie. Die volgende 48 uur het sonder enige
rus verloop. Strykdeur het die instrukteurs die kandidate opgesom
en dit was duidelik dat die kaptein wat altyd eerste by die kos
aantree, ook ander tekortkominge het. Hy was egter baie fiks en
sterk en hulle kon nie 'n definitiewe swakpunt by hom identifi-
seer om hom te knak nie. Hulle het nietemin geweet dat hy nie
operateursmateriaal is nie.

Op dag vier/vyf het Venter en sy instrukteurs besluit dat die
papdieet met vleis aangevul moes word. Hulle gaan jag toe spring-
hase met 'n skietlamp. Dié is opgesny. Die koppe met die stuk tot
net agter die voorpote is afgesny en die vel aangelos. In die opkook-
proses het die lippe opgekrul. Saam met die gapende neusgate het
dit in die potte met die vuilgroen rande 'n aardige gesig gevorm.
Hulle sit toe een van die koppe bo-op die pap in die eerste pot.

Met die blaas van die fluitjie het die kaptein weer eens gesorg
dat hy voor in die ry staan. Toe die sjef die deksel lig, het die spring-
haaskop hom begroet. Dit het gelyk of die kaptein wou opgooi.
Venter het eenkant saam met Dewald gestaan. "Ons het hom,"
het Dewald gesê. Die kaptein het die kop en een lepel pap gekry;
die res van die groep het pap, springhaassous en vleis gekry. Die
kaptein het nie die kop geëet nie. Toe Dewald hom vra hoekom
hy nie eet nie, het hy gesê dat hy die kop bêre om dit later te eet.

Hy het egter die kop in die afvalgat gegooi. Dit was baie dom
en 'n aanduiding dat hy nie meer helder gedink het nie. 'n Dag of
wat later het Dewald (die ewige spoorsnyer) die springhaaskop
uit die gat gaan haal en weer bo-op die pap gesit. Die kop het
nou nog slegter gelyk en was oortrek met miere. Die kaptein was
weer eerste in die ry en toe die sjef die deksel lig en hy die kop
sien, het hy sy dixie op die grond gegooi. "Julle is donders mal!"
het hy hardop gegil. Hy het hierop vir Venter gesê dat hy hom aan

die keuringskursus onttrek. So het die berugte Recce-sielkunde nog 'n kandidaat laat knak wat in elk geval nie sou deug nie.

Ná nog agt dae van baie harde werk het die instrukteurs die kandidate in 'n sirkel sowat 5 km van die kamp af elkeen op sy eie in die bos agtergelaat. Elke individu het 'n 2 ℓ-waterbottel gehad, 'n paar pruime, pap en 'n halwe rantsoenpak. Die opdrag was dat elkeen 'n loopgraaf moes grawe. Hulle moes dan daar wag totdat hulle weer geroep word. Dit was naweek en die instrukteurs is Fort Doppies toe. Ná 48 uur het hulle die gehawende en verwarde kandidate gaan bymekaarmaak. Diegene wat loopgrawe gegrawe het en skuilings probeer bou het, het kos gekry. Dié wat niks gedoen het nie, het slegs water gekry en moes nog 'n loopgraaf by hul skuilings grawe.

In daardie stadium was daar nog 16 van die meer as 50 kandidate wat die finale keuringsfase aangedurf het, oor.

In die volgende driedae-fase is die dae en nagte omgeruil. Gedurende die nag het die kandidate spoedmarse gedoen en die instrukteurs het nuwe hulpmiddels tot die keuring bygevoeg om 'n nóg groter fisieke impak te maak. Dit het bestaan uit Unimogs, voertuigbande, noodwiele en leë 200 ℓ-dromme. Die studente moes die Unimog met toue rondtrek of dit stoot, terwyl die spaarwiele, bande en dromme in die los sand gedra of gerol is.

Die langmarsfase het begin op 'n roete van ongeveer 50 km binne 'n sirkel of 'n vierkant, afhangend van die terrein en plaaslike bevolking. Dit het van die statiese kamp na die Botswanakaplyn gestrek, daarvandaan na die Kwando-rivier, al langs die rivier af tot by die "perdeskoen" ('n poel bekend vir sy varswatermossels), en dan weer terug met 'n tweespoorpad tot by die statiese kamp. Die instrukteurs het opdrag gegee dat die kandidate in drie spanne moes verdeel. Dit het weer eens tot chaos gelei en 'n interessante dinamika is by die groep waargeneem. Nadat hulle die spanne uitgewerk het, het die instrukteurs dit eenvoudig net weer verander en diegene wat duidelik bymekaar wou wees, van mekaar geskei. Elke span het 'n swaar voertuignoodwiel gekry om saam te neem na die Botswana-kaplyn.

Die spanne het erg gesukkel weens die swak samewerking. Om hulle spanwerk te verbeter is daar 'n kompetisie in die dik sand op die kaplyn gehou. Verskillende tipe resies is in spanverband en ook individueel oor kort afstande gehou. As gevolg van die digte sand, hitte en hoë tempo van die oefening was dit besonder uitputtend en nog kandidate het hulle aan die kursus onttrek.

Vir die kandidate het 'n volgende fase nou begin – die sirkel-roetemarse. By die rivier is hulle toegelaat om te swem en die koel water het die groep se batterye herlaai. Nadat twee sirkelroetes voltooi is, het die oorblywende groep by die spring-omuramba bymekaargekom om op hul eie onderhoud aan hul wapens en uitrusting te doen. Hoewel die instrukteurs die klomp kon sien, het hulle die kandidate vir sowat 'n uur geïgnoreer. Daarna het hulle die groep een vir een nader geroep en 'n kort onderhoud met elkeen gevoer. Hierna het hulle die kandidate weer in drie spanne ingedeel en PW van Heerden het hulle oor hul volgende missie ingelig.

Terwyl hy nog besig was om te praat, het Venter onopsigtelik na vore getree en nonchalant aangekondig dat die keuring verby is. Soos in Zoeloeland het elke suksesvolle kandidaat 'n fire bucket (blikbeker) met rum gekry, hierdie keer met water uit die Kwando. Uit die finale 48 kandidate het 10 uiteindelik geslaag.[24] Hulle het

---

24 Dit het operateurs ingesluit soos Bruce McIvor, Amilcar Quieroz, Rocky van Blerk, Greg Ashton, Snoeks Niewoud, Vaalie Valentyn en Trevor Warnick.

vleis gebraai en vir oulaas pap gekry, maar nou met tamatie en uie. Die volgende oggend het hulle tot by die perdeskoen gestap waar hulle seep gekry het om te was. Ná die bad het die instrukteurs hulle op die Unimog gelaai en na Fort Doppies geneem.

Kmdt Jakes Swart en sy leierselement het 'n groot poging aangewend om 1 Recce se operateursgetalle aan te vul. Landwye werwing was hoog op die agenda en daar is wyd gereis deur majj John More, Hennie Blaauw en Johan Verster. Hulle het verskeie eenhede besoek op soek na potensiële kandidate.

Vir die eerste keer in 1 Recce se geskiedenis is 'n baie groot groep kandidate (altesame 300) gewerf, onder wie die energieke sktr Dap Maritz, wat tydens 'n treinrit Kaap toe deur kpl Dave Tippett geïdentifiseer is.

Van die kandidate het op Potchefstroom by 3 Suid-Afrikaanse Infanteriebataljon (3 SAI) bymekaargekom onder bevel van Blaauw en sy groep 1 Recce-instrukteurs. Omdat die kandidate uit verskillende eenhede gekom het, moes hulle 'n drie maande lange opleidingsprogram op Potchefstroom volg. Die doel was om almal op dieselfde standaard van opleiding te bring voordat die valskermspringkursus en die spesialemagte-opleidingsiklus begin het. Die opleidingsprogram is voorafgegaan deur fisieke en sielkundige toetse en 103 kandidate het dit geslaag.

'n Tweede groep, onder wie Dap Maritz, het intussen by die SA Leërkollege se LO-tak (liggaamlike opvoeding) in Pretoria gerapporteer waar hulle fisieke en sielkundige toetse afgelê het. Hierdie groep is by die Leërkollege fiks gemaak vir die valskermspringkursus en die spesialemagte-opleidingsiklus. Voordat die groep op keuring kon gaan, moes hulle eers die statieselyn-valskermspringkursus in Bloemfontein slaag.

Albei groepe het in April 1976 by 1 Valskermbataljon in Bloem-fontein bymekaargekom. Blaauw was die bevelvoerder en 1 Recce se valskerminstrukteurs was Verster, AO2 Yogi Potgieter en sers Vingers Kruger. Die groep moes eers die gewone twee weke lange LO-kursus vir valskermspringers voltooi om tot die valskerm-springkursus toegelaat te word. Net 39 van die aanvanklike 300 kandidate het einde April die valskermspringkursus voltooi.

Hierdie groep het toe met 'n middernagtelike valskermsprong by die Chunky-kamp in Noord-Zoeloeland aangekom om hul Recce-voorkeuringskursus te ondergaan. Ná die landing moes al die spanne op die grond groepeer en dan op 'n kompaspeiling na hulle RV-punt toe stap.

Die span waarin Dap hom bevind, beskik oor 'n luitenant sowel as 'n matroos aan wie hulle die navigasie oorlaat. Dié twee hanteer die kompas en die res van die span volg hulle deur die nag totdat dit begin lig word. By die RV-punt beveilig hulle die area soos hulle geleer is, maar buiten een ander span daag daar niemand anders op nie. So gaan die eerste dag verby asook die tweede dag, met steeds niemand anders in sig nie.

Op die derde dag kom daar 'n Kudu-vliegtuig verbygevlieg en hulle duik vir dekking om nie gesien te word nie. Toe die vliegtuig vir die tweede keer oorkom, vermoed die groep dat dit hul eie mense is wat hulle soek. Hulle herken Dave Tippett in die deur en dié waai met sy arms en beduie iets onverstaanbaars. Dit lyk asof hy hulle wil wegjaag, maar hy vryval uit die vliegtuig en land by hulle.

"Julle is in Mosambiek," sê hy, "almal soek al drie dae lank na julle."

Hy is glad nie beïndruk met die eerste groot navigasiefout waar-mee hulle hul voorkeuring begin het nie. Nou moet hulle dadelik oppak en deur Frelimo-gebied terugloop na die regte RV-punt in Suid-Afrika en vir hul straf drie dae se agterstallige keuring inhaal. Die kursusleier, maj Johan Verster, is erg omgekrap. Die volgende dae en nagte spandeer hulle sonder kos in die Sibaya-meer en trotseer krokodille, seekoeie en veral muskiete wat in plae op hulle toesak. Met dié dat hulle by almal in onguns is, begin hulle mettertyd wonder of dit nie dalk beter sou gewees het om met die terugloop in Frelimo se hande te val nie.

Met opgeswelde koppe en oë wat net skrefies is van al die muskietbyte trap hulle op kophoogte onafgebroke water in die Sibaya-meer. Hulle hardloop op en af teen die duine, word in die see ingejaag en rol in die sand met hulle uitrusting. Sodra hulle op droë grond kom, doen hulle skietoefeninge, hinderlaagprosedures en oefen aanvalswerk. Dan weer terug in die meer in waar hulle met elke asemteug muskiete insluk en probeer uithoes.

Een van die kandidate met watervrees se "kop haak heeltemal uit" en hy begin op Verster skreeu en vloek. Hy gooi sy rugsak met die radio op die grond, trek los met sy R1-geweer en skiet alles wat hy voor hom sien. Daarna stap hy net weg, weg uit die kursus uit.

So val die kandidate die een ná die ander uit. Dap word voor stok gekry toe hy betrap word dat hy een van hulle probeer moed inpraat om nie tou op te gooi nie. Nou, ná ses weke se ontbering met bykans geen slaap in die Chunky-kamp nie, het die verhongerde groep se getalle aansienlik gekrimp. Die einde van die ses weke voorkeuring het egter aangebreek en die groep word lyfseer, uitgeput en verswak tot die finale keuringsfase toegelaat.

Die finale keuringsfase sou nog 'n verdere ses weke duur en mettertyd sou die kandidate weens die volgehoue druk "afskakel" en het net een doel gehad – om bloot die een voet voor die ander te sit. Dap leun een dag met sy "rugsak en kleinpakkies" teen 'n boom toe 'n instrukteur hom daarop attent maak dat hy bo-op 'n slang sit. Hy is heeltemal te moeg om te skrik. Daar was inderdaad 'n massiewe gaboenadder onder hom wat deur sy oopgesperde bek geblaas het. Vir die kursusgangers is dit kos en hulle maak die slang dood en braai hom dadelik. Hulle is so honger dat hulle die hele slang (behalwe die kop) opeet, maar die volgende dag tree maagwerkings by almal in, met die gevolg dat hulle liggame nog verder verswak.

Tydens die oefeninge waar hulle deur die moerasse moet loop, word hul lywe oortrek met bloedsuiers. Dit is baie moeilik om hierdie suigende wurms af te kry en hulle vind later uit dat 'n stok met 'n brandende punt die beste werk, maar dat jy ook dan gate in jouself brand. Die aftrek van die bloedsuiers het bebloede lywe tot gevolg en saans sit hulle in die rook om die muskiete weg te hou.

By al die oefeninge is spoed en tyd 'n faktor en daar word geen toegewings gemaak nie. Diegene wat nie die afsnypunt betyds haal nie, word dadelik van die kursus verwyder. Boonop knaag die honger deurentyd want hulle word nie eintlik van kos voorsien nie. Tussendeur is daar nagaanpunte waar daar gedurig fout gevind word en hulle aan verdere straf-PT onderwerp word.

Die instrukteurs stel vir die kandidate 'n goed beplande hinderlaag by 'n watergat op. Toe die groep kom water skep, brand hulle met lewendige ammunisie op hulle los. Oral om hulle spat water en van die waterbottels bly in die slag met koeëlgate deur. Een van die kandidate klim in 'n boom in 'n poging om weg te kom. Onder aansporing van lt Corrie Meerholtz skiet die instrukteurs egter die takke en boombas om hom teen so 'n hewige tempo af dat hy weens al die vlieënde houtsplinters uit die boom val.

In die laaste week van die keuring strompel hulle net voort. Hulle het nou alle begrip van tyd verloor. Party kandidate se voete was so stukkend dat hulle dit nie kon waag om hul stewels uit te trek nie omdat die velle en bloed saamgekom het. Dag vir dag strompel die manne asof in 'n waas voort van die een RV na die volgende RV, hul gesigte en lywe opgeswel en die oë diep in die kaste. Alles om hulle het sin verloor behalwe die wil om aan te gaan en die keuring te voltooi.

En op 'n dag, toe hulle dit die minste verwag, staan daar skielik 'n netjies geklede man voor hulle in die voetpad. Dit was niemand anders nie as genlmaj Fritz Loots, bevelvoerende generaal spesiale-magte. Dit het die einde van die keuringskursus beteken. Tot Dap se verbasing herken die generaal hom sowaar sedert daardie dag toe hy in die Leërhoofkwartier se kantoor gewerf is.

Van die aanvanklike 300 kandidate slaag slegs 25 manne die keuring. Vir dié groep lê daar egter nog 'n lang pad voor om te kwalifiseer as gevegsoperateurs. Die keuringskursus het hulle bloot toegang gegee tot die uitmergelende spesialemagte-siklus wat mediese, sein-, vernielingswerk-, kleinboot-, klandestiene lug-, bos-kuns-, spoorsny- en oorlewingskursusse ingesluit het, asook die kleintaktiekkursus.

In die jare wat volg, sou maj Malcolm Kinghorn 'n groot intellek-tuele bydrae tot die spesialemagte lewer. Vanweë sy kontakte in die Israeliese weermag sou hy gaandeweg al hoe meer deur 'n Israeliese bril na opleiding en keuring begin kyk. Dit het behels dat toetsing oor 'n heelwat korter periode kon geskied terwyl dieselfde kaliber soldaat steeds gelewer word.

Keuring en opleiding was vir Kinghorn twee entiteite wat nie van mekaar geskei kon word nie – dit is 'n gesamentlike proses waarin dit gaan om die stryd tussen getalle en gehalte.[25] Die kwessie van voorbereiding vir die keuring kom ook ter sprake. As 'n kandidaat vars van die skoolbanke af is, kan dit maklik gebeur dat hy nie keuring sal slaag nie, omdat hy nog net nie gereed was daarvoor nie. Dit was in die keuringsfase nog net te vroeg om sy talente ten volle te ontsluit. Keuring gee toegang tot die spesialemagte en operateurstatus word verkry met die afhandeling van die aanvanklike opleidingsiklus.

Mettertyd het hy daarop gefokus om baie navorsing te doen oor die sielkundige aspekte van keuring. Fisieke aspekte kon met opleiding en oefening verbeter word; hierteenoor is sielkundige aspekte blywend van aard. Die meeste operateurs (soos ook marathonatlete) verstaan hoe om op sielkundige vlak aan te hou lank nadat die fisieke tenk leeggetap is.

Kinghorn het baie tyd spandeer om te bepaal hoe 'n spesialemagte-operateur se profiel moet lyk. Die totstandkoming van die Special Forces Initial Training Cycle (aanvanklike opleidingsiklus) by die spesialemagte was sy gedagte wat hy op eie inisiatief van die grond af gekry het.

Toe kpl Lucky Tshauambea in Augustus/September 1987 sy Reccekeuring aanpak, was die nuwe keuringstruktuur reeds volledig in plek. Recce-offisiere het geteikende SAW-basisse besoek om vas te stel of daar individue is wat belangstel om by die spesialemagte aan te sluit.

---

25 Die vroeë keuringskursus wat Kinghorn in Oudtshoorn aangebied het, het kandidate soos Tuffy Joubert, Chris Hillebrand, André Diedericks, Piet en Andries Blaauw ('n tweeling), Patrick Vosloo, Dryer, Oosthuizen, Koos de Wet, Oppies Opperman en Daan van Zyl ingesluit.

Hulle moes dan eers streng mediese toetse ondergaan – die minimum klassifisering was G1K1, wat beteken het hulle was in alle opsigte fiks en gesond. Daarna moes hulle psigologiese toetse doen om die kandidaat se ingesteldheid, volwassenheid, begrips-vermoë en algemene psigologiese stabiliteit te bepaal. Hierna is hulle aan fiksheidstoetse onderwerp wat 'n hoër standaard vereis het as normale infanterietoetse.

Die werwingspoging het 700 kandidate opgelewer uit uiteen-lopende agtergronde: leër, vloot en lugmag. Ná die aanvanklike toetse is 105 kandidate geïdentifiseer om tot die volgende fase deur te dring.

Hulle is hierop na Dukuduku, 'n klein, onopsigtelike basis naby St Lucia in Noord-Zoeloeland. Die kursus het onder meer behels dat al die kandidate vertroud moet raak met infanteriewapens en die aanwending daarvan. Dit was veral van belang vir die vloot-en lugmag-kandidate wat nie veel kennis van dié wapens gehad het nie.

Die vier weke lange opleiding in Dukuduku het hulle fisiek voor-berei vir die finale keuring. "Many were called, few were chosen," het die kursusleier, maj Tallies Taljaard, die kandidate elke oggend herinner. Hy het hulle daarop gewys dat hulle inderdaad daardie "few" was.

Met die aanvang van die finale keuring is die kandidate ingelig dat hulle alle take binne die vasgestelde tyd sou moes voltooi. Hulle sou geen kos kry nie en ook nie toegelaat word om te slaap nie. 'n Kandidaat kon hom egter op enige gegewe tydstip onttrek indien hy nie met die keuring wou voortgaan nie.

Die finale keuringsfase het onafgebroke oor drie dae gestrek. Uit die 101 kandidate het 18 hierdie fase geslaag en is tot die ver-dere opleiding toegelaat sodat hulle as spesialemagte-operateurs kon kwalifiseer. Twaalf was swart en ses wit.[26] Al die swart kandidate, onder wie Tshauambea, was van 5 Verkenningsregiment in Phalaborwa. Hulle was 'n hegte groep wat goed oor die weg gekom en mekaar deurentyd ondersteun het.

Tshauambea is oortuig dat die keuringsproses en daaropvolgende spesialemagte-opleiding wat hy ondergaan het, hom gevorm het in die persoon wat hy vandag is: "I can go anywhere anytime under any circumstances and will be able to withstand challenges. In the world I am involved today, there are challenges that one comes across all the time, but the Special Forces mentality carried me through it . . . I am who I am because of Special Forces."

Maj Kobus Human het die onwikkeling van die operateursprofiel, wat deur maj Malcolm Kinghorn begin is, in Januarie 1984 oorgeneem. Die nuwe keuringsproses was in dié stadium reeds volledig deur die spesialemagte-HK goedgekeur en in volle swang. Bogemiddelde intelligensie was 'n voorvereiste vir aanvaarding as 'n spesialemagte-operateur. Hierbenewens moes die persoon ook geen gebreke of swakhede in sy fisieke mondering hê nie. As verdere toevoeging was 'n uitsonderlike deursettingsvermoë ononderhandelbaar – die kandidaat moes in staat wees om ná lang, fisieke blootstelling steeds nugter en rasioneel op te tree en leiding te neem in enige denkbare situasie waarin hy gedompel is.

Tydens die keuringsperiode, wat aaneenlopend oor 72 uur gestrek het, is leierskapeienskappe getoets deur onderwerping aan apparate soos die ysterkruis (spoorstawe), die seekat (ysterboeie),

---

26 Die ses was Rudi Schramm, John W Voster en Hennie van der Merwe van 1 Valskermbataljon in Bloemfontein, Kenny Robb en Quinn Loubscher van die bataljon se padvindersgroep en Pieter G Haasbroek van 5 SAI, wat later in 'n valskermongeluk by Langebaan dood is.

asook die drom water wat hulle moes saamdra. Kandidate moes
'n draagbaar prakseer uit twee pale met 'n grondseiltjie tussenin
waarop hulle 'n lid met sy volle uitrusting (geweer, sementblok
en waterbottels) moes saamdra. Die halfgevulde drom water is op
dieselfde wyse gedra en het aan toue tussen die twee pale gehang.

Selfs Lego-blokkies is gebruik – die kandidate moes ná 24 uur
sonder slaap of kos 'n soortgelyke produk met die blokkies bou
as die model wat aan hulle voorgehou is.

Tydens al die oefeninge het die instrukteurs gelet op wie leiding
binne die groep kon neem, wie selfdissipline verloor het deur kwaad
te word en watter kandidate moed opgegee het omdat die taak
onmoontlik gelyk het. Die einddoel van die oefeninge was om
spesifieke persone te identifiseer wat ná 'n lang periode sonder
kos en slaap, steeds logies en beredeneerd kon funksioneer en der-
halwe geskik was om as Recce-operateurs opgelei te word.

Die sielkundiges en instrukteurs het onder geen omstandighede
met die kandidate gepraat of kommentaar gelewer nie. Die evalu-
eringspanne het "gesigloos" saam met die spanne gestap en heel-
tyd aantekeninge gemaak – hul taak is aansienlik vergemaklik
deurdat elke student 'n nommer gedra het. Ná afloop van elke
oefening het hulle eers vergader om evalueringsnotas te vergelyk
en 'n vollediger profiel van elke kandidaat saam te stel.

Die ysterkruis (120 kg) is só ontwikkel dat dit op geen ander
wyse as in die arms gedra kon word nie, of indien die kandidate
slim was, agterop hulle rugsakke. Hulle moes heeltyd in pas bly,
andersins het hulle oor mekaar geval, wat groot chaos in die
groep ontketen het. Die oormekaarvallery het die kandidate se
humeure getoets, en ook gewys wie leiding en beheer in die span
kon neem. Bykomend hiertoe is die seekat as 'n soortgelyke kon-
sep geskep. In die plek van die ysterkruis se spoorstawe het dit

vier staalseeboeie (ysterballe) gehad, wat dit nóg ongemakliker gemaak het om te dra as gevolg van die gladde, ronde vorm.

Om uitdagings ten opsigte van kreatiewe denke aan die kandidate te stel, is die lettera-baan gebruik. Dit kon 'n diep sloot behels wat die kandidate met hulpmiddels moes oorsteek, bv. 'n paal wat doelbewus te kort was om die oorkantse wal te bereik. Die kandidate word dan geforseer om te improviseer en planne te beraam om die oorkant te bereik. Omdat die bodem van die sloot vol "landmyne" was, kon hulle nie daarop trap nie.

Meer as een persoon was oor die jare by die ontwikkelingsproses van die nuwe, korter keuring betrokke. Veral maj Malcolm Kinghorn het met sy navorsing 'n integrale rol in die totstandkoming en ontwikkeling daarvan gespeel. Ná maj Kobus Human het ltkol Duncan Rykhardt die bevel van die spesialemagte se opleidingsvleuel in Desember 1986 oorgeneem.

Keuring sowel as die doelgerigte opleiding wat daarna gevolg het, was op so 'n hoë peil dat Suid-Afrika se spesialemagte deur baie kenners as van die doeltreffendste ter wêreld gereken is. Die streng keuringsproses het veroorsaak dat slegs 20% van die kandidate tot die eenheid toegelaat is. Net die elite het Recces geword. Die strawwe keuring, gevolg deur die senutergende operasies waar die manne sy aan sy geveg het, het 'n hegte broederskap tussen hulle laat ontstaan, wat nooit verbreek kan word nie.

10
Spesialisgroepe

Die eerste groep in die spesialemagte (die oorspronklike Dirty Dozen) het operasioneel begin optree na gelang van die behoefte in die breë politiek. Dar es Salaam was 'n seewaartse operasie wat opgevolg is deur die opleiding van die Barotse-weerstands-beweging in Zambië – twee totaal uiteenlopende operasies.

Dit is van 'n baie klein groepie manne verwag om 'n groot verskeidenheid take uit te voer, waaronder sabotasie, verkenning, strooptogte en opleiding. Hulle moes met valskerms kon spring, vryval- en hoëhoogte-spronge uitvoer, duik- en kleinbootwerk (met Klepper-kajakke en rubberbote) doen en verkenningswem, vernielingswerk en vele ander nie-verwante opdragte uitvoer. 1 Recce was primêr 'n lugwaartse eenheid en deur in al hierdie hoedanighede aangewend te word, was daar nie regtig veel sprake van spesialisasie nie.

In die middel 1970's was die Recce-spanne oor 'n wye front in Angola ontplooi om aanvalle te doen, hinderlae te lê, myne te plant, sabotasietake en grypoperasies uit te voer en opleiding aan te bied. Die manne is maande lank in afgeleë gebiede in Afrika ontplooi sonder dat die een span van die ander se doen en late bewus was. Sekerheid het baie vroeg 'n lewenswyse geword wat die hoeksteen sou vorm van alle latere Recce-ontplooiings.

Ondanks die aanvanklike amper "bomenslike" keurings het die Recce-getalle tog geleidelik gegroei en het kmdt Jakes Swart die moontlikheid gesien om sy eenheid in spesialisgroepe te organiseer. Dit was 'n groot taak om almal gelyktydig by die eenheid te kry om sy planne deur te voer. Na gelang van die spesialisasiebehoeftes wat hy geïdentifiseer het, kon Swart die 1 Recce-eenheid uiteindelik in drie groepe verdeel, elk met sy eie aanwending.

Die eerste spesialisopleiding was seewaarts gerig en so het Charlie-groep in Maart 1976 sy beslag op Salisbury-eiland op die Bluff gekry. Malcolm Kinghorn (toe nog 'n majoor) was die bevelvoerder met ssers Chillie du Plessis die groep-sersantmajoor/spanleier en sers HAP Ferreira die ondersteuningspanleier. Chillie en sers Boats Botes was elk in bevel van 'n sesmanspan. Kinghorn het heelwat spesialiskonsepte gedurende sy besoeke by die Israeliese spesialemagte gekry.

'n Boot van sowat 10 m is in Durban afgelewer met die doel om die duik- en kleinbootopleiding te ondersteun. Kinghorn het tot die gevolgtrekking gekom dat die vloot se beklemtoning van opruimingsduik nie geskik was vir 1 Recce se behoeftes nie. Op sy aanbeveling het genl Loots goedkeuring verleen dat 1 Recce sy eie duikkursus aanbied. Nou kon Kinghorn op aanvalsduiktegnieke fokus.

Bravo-groep was die volgende spesialisgroep wat Swart op die been gekry het. Hierdie groep se fokus was op lugwaartse operasies, wat tegnieke soos statieselyn, vryval, High Altitude Low Opening (HALO) en High Altitude High Opening (HAHO) ingesluit het. Om hul lugwaartse vermoëns te slyp en te ontwikkel, het die groep aktief aan valskermsport deelgeneem. Kapt Hannes

Venter is aangestel as die groepbevelvoerder van Bravo-groep met AO2 Koos Moorcroft as sy groep-sersantmajoor. Buiten valskermoperasies het Bravo-groep in Sabre-operasies en verkenning gespesialiseer. Met die hulp van die tegniese personeel is die Land Rovers wat die Recces ná Operasie Savannah uit Angola na Fort Doppies gebring het in Sabre-gevegsvoertuie omgeskep.

Bravo-groep het ook 'n groot rol gespeel in die ontwikkeling van 1 VK se verkenningsoperasies en valskermvermoëns. In die vroeë jare was daar geen handleidings of doelwitprogramme beskikbaar nie en Venter en sy groep het baanbrekerswerk in dié opsig gedoen.

Alpha-groep is hierna gestig met kapt Charl Naudé as bevelvoerder en AO2 PW van Heerden as sy groep-sersantmajoor. Charl is later deur maj Johan Verster vervang en het sy 2IB geword. PW is mettertyd deur AO2 Kenaas Conradie vervang toe hy (PW) meer by opleiding betrokke geraak het. Alpha-groep het veral in die Rhodesiese Selous Scouts se implementering van pseudo-operasies belang gestel. Met pseudo-werk neem die operateurs die gedaante van die vyand aan. Vir dié doel is swart lede gewerf om saam in pseudo-operasies ontplooi te word.

Swart het sewe operateurs[27] in groot geheimhouding na die Selous Scouts gestuur om met pseudo-werk vertroud te raak. Die groep het opleiding ondergaan in die Wafa-Wafa-basis langs die Kariba-dam. Die sogenaamde donkerfase het die kern van die opleiding uitgemaak. Gedurende dié fase neem die operateurs die vyand se lewenswyse oor, trek soos hulle aan, volg hul eetgewoontes en sing hul liedjies saans om die vuur.

---

27 Maj Johan Verster, kapt Charl Naudé, lt Connie van Wyk, AO2 PW van Heerden, sers Frans van Dyk en kpls Sakkie Seegers en Jakes Jacobs.

Benewens hierdie drie spesialisgroepe het Swart in 1977 besluit om 'n VK-skool te stig, wat die opleiding meer vaartbelyn moes maak en geskrewe handleidings beskikbaar stel. Hy het maj John More gevra om die VK-skool tot stand te bring. Hierdie poging van More en sy tikster was die voorloper van die opleidingsvleuel wat later onder Kinghorn se bevel uitgebou is.

Swart stig ook die VK-basiseenheid in 1977 wat verantwoordelik was vir administrasie en logistiek. Maj Sarel Pool word aangestel as die bevelvoerder en AO2 Yogi Potgieter as die sersantmajoor. Die 1 VK-basiseenheid het die fondament gelê vir uiters professionele personeel-, finansiële en logistieke funksies.

1 Recce het van krag tot krag gegaan. Baanbrekerswerk is gedoen met die ontwikkeling en aanbieding van gevorderde kursusse.

Die eerste skuilskutkursus vind in 1976 plaas met lt Connie van Wyk, 'n wapentuigkundige, as kursusleier[28]. Gespesialiseerde uitrusting was skaars en hulle is met R1-gewere met teleskope toegerus.

In die jare wat volg, is skuilskutterskap tot 'n fyn kuns ontwikkel. Ondanks die algehele wapenverbod teen Suid-Afrika slaag Krygkor tog daarin om wapens en gevorderde optiese toerusting soos teleskope in die hande te kry. In die 1980's tydens die Ewald Olckers- en André Bestbier-era is selfs die heel nuutste toerusting aan die operateurs beskikbaar gestel.

Moorcroft was een van dié wat 'n leidende rol gespeel het in die ontwikkeling van 1 VK se valskermvermoëns. Hy het 'n besondere passie vir valskermspring gehad en dit inderdaad "geleef, geëet

---

28 Die eerste studente was ssers Dewald de Beer, serss Anton Retief en Frans van Dyk en kpls Daan van Zyl, Johnny Ackhurst en Jakes Jacobs.

en gedrink". Dit het jonger operateurs[29] sodanig geprikkel dat hulle spoedig saam met Moorcroft 'n formidabele vryvalspan gevorm het. Hulle het die weermag se valskermkampioenskaps-byeenkomste jare lank oorheers. In die proses het hulle heelwat ervaring opgedoen in valskermwerk, wat nuttig was tydens latere operasionele vryvalinfiltrasies.

Die eerste aanvalsduikkursus is op die Bluff en by Salisbury-eiland se vlootbasis aangebied. Kinghorn, toe bevelvoerder van Charlie-groep, was in beheer. Chillie en Boats was sy instrukteurs saam met kpls Gavin Christie en Leon Smit. Agt Recces[30] het op hierdie vroeë duikkursus as aanvalsduikers gekwalifiseer. King-horn het hul duikkentekens onderwater in die swembad op die Bluff uitgedeel.

Die eerste tweeman-verkenningsoperasie was reeds in 1972 toe sers Dewald de Beer en die Boesman-spoorsnyer Kapembe 'n Swapo-infiltrasieroete in Suid-Angola en Suidwes-Zambië verken het. Daarna het nog verskeie ander verkenningsoperasies plaas-gevind. In hierdie vroeë stadium was daar nog nie formele klein-span-verkenningsopleiding nie en die manne het op hul eie ervaring en boskuns staatgemaak.

Daar kan met reg gesê word dat maj Chris Schulenburg die vader was van kleinspan-verkenningsoperasies en dat hy die standaard gestel het wat latere operateurs sou navolg. Schulenburg, 'n gebore Suid-Afrikaner, het die Grand Cross of Valour, die hoogste Rho-desiese dekorasie vir dapperheid, ontvang. Hy het in kleinspan-verkenningsoperasies begin spesialiseer terwyl hy in die Rhodesiese

---

29 Soos Dave Tippett, Wannies Wannenburg, Anton Retief, Johan Burr-Dixon, Frans van Dyk en Jimmy Oberholzer.

30 Sers Fred Wilke asook kpls Henk Terblanche, Neil Robinson, Johan Klooster-siel, Kevin Beck, Alex Deacon, Joe de Villiers en Leon Burger.

SAS diens gedoen het. Daarna het hy by die Selous Scouts aangesluit en die konsep van kleinspan-verkenningsoperasies vervolmaak.

Opleiding in vernielingswerk was van die begin af in ervare hande omdat ssers Kenaas Conradie reeds 'n kundige in die aanwending van springstof was toe hy aangesluit het. In samewerking met dr Vernon Joynt, een van die beste springstofspesialiste ter wêreld, is 'n gevorderde- sowel as 'n tuisgemaakte vernielingskursus ontwikkel. Kenaas het hierdie besonder geslaagde kursusse[31] aangebied, bygestaan deur Joynt. Joynt het ook spesifieke springstowwe vir die Recces ontwikkel en dikwels gehelp met die berekening van die springstofladings wat vir 'n spesifieke taak nodig was.

Bergklim en touwerk het mettertyd al hoe belangriker geword en sers Dave Tippett het 'n groot rol in die ontwikkeling hiervan gespeel. Maj Peter Schofield, voormalige leier van Brittanje se Red Devils ('n vryval-, vertoon- en kompetisiespan), het 1 Recce se keuringskursus voltooi en ná aansluiting gehelp om die sogenaamde H-raam te ontwerp. Dié raam is in 'n Puma-helikopter geïnstalleer om touneerlatingswerk te doen – in Recce-taal bekend as rappelling[32] en fast roping[33]. Schofield het 'n groot rol gespeel in die verdere ontwikkeling van touwerk en was verantwoordelik

---

31 Kapt Jack Dippenaar en kpls Marius Viljoen, Sakkie Seegers en Bass Basson was onder die eerste lede wat die gevorderde vernielingskursus gedoen het.

32 Die beheerde touneerlating van operateurs vanaf geboue, kranse en uit helikopters m.b.v. die sogenaamde "figuur 8"-toestel – die spesiaal ontwerpte kernmanteltou word daardeur gevoer om die dalingspoed te beheer.

33 Dit behels die vinnige neerlating van operateurs en hul gevegsuitrusting vanuit 'n helikopter met 'n spesiaal ontwerpte sagte tou. Die operateur beheer sy dalingspoed met sy hande en dra asbeshandskoene om hulle teen wrywing en brand te beskerm.

vir die bestuur van 1 Recce se afdeling navorsing en ontwikkeling. Later jare sou die uiters ervare en geharde operateur ssers Paul (Americo) Dobe 1 Recce se hoofbergklim- en touwerkinstrukteur word.

Intussen het maj John More en 'n paar ander[34] in die vroeë 1970's 'n klandestiene lugoperasiekursus by die Franse spesialemagte deurloop. By sy terugkeer kry More opdrag om 1 Recce se klandestiene lugvermoë te ontwikkel.

Terselfdertyd het Jan Breytenbach, Koos Moorcroft, ltkdr Paul Jonker, bevelvoerder van die vlootduikskool by Simonstad, en Willie Dewey, instrukteur by die vlootduikskool, die Franse spesialemagte se aanvalsduikkursus gedoen.

Die eerste klandestiene lugoperasiekursus is in 1975 in Durban en die Ladysmith-omgewing aangebied met More as kursusleier. Bykans al die vryvallers in 1 Recce neem deel. Gedurende die 1980's het kapt Frans van Dyk en AO2 Jimmy Oberholzer klandestiene lugoperasies verder ontwikkel met die gebruik van gevorderde tegnieke, valskerms en toerusting.

1 VK se operateurs het ook mediese opleiding ontvang, aanvanklik by Yogi Potgieter. Twee dokters wat telkens vir twee jaar by die Recces aangesluit het, het later die opleiding oorgeneem. Operateurs, veral dié wat in medies gespesialiseer het, het naweke in die ongevalle-afdeling van Durban se Addington-Hospitaal diens gedoen. Dit het die Recces die geleentheid gebied om onder meer wonde skoon te maak, are af te bind, steke in te sit en binneaarse voeding toe te dien – ervaring wat hulle dikwels gehelp het om hul makkers se lewe onder operasionele omstandighede te red.

---

34 Saam met hom op die kursus was Dan Lamprecht, Trevor Floyd, Kenaas Conradie, Fires van Vuuren en Yogi Potgieter.

Seinopleiding was ook van kardinale belang. Die Recces het lang tye agter vyandelike linies deurgebring en kommunikasie het oor baie lang afstande plaasgevind. Radiosekerheid was uiters belangrik. Die ontplooiing van Oos-Duitsers in Angola en Mosambiek het 'n groot bedreiging vir radiosekerheid ingehou. Hulle was meesters in die kuns van meeluistering en sein- en posisie-opsporing. Maar die Recces se seinvermoëns het konstant ontwikkel en veral gedurende die 1980's is uiters gevorderde seintoerusting gebruik. Die Oos-Duitsers kon nooit hul seinberigte onderskep en ontsyfer of hul posisies vasstel nie.

Recce-spanne het altyd bestaan uit verskeie spesialiste. So sou 'n vyfmanspan bestaan uit die spanleier, 'n springstofspesialis, seinspesialis, mediese spesialis en 'n swaarwapenspesialis. Die spanleier was ook 'n spesialis. Spanlede het nie net kruisopleiding gedoen in springstof, sein, medies en swaarwapens nie, maar het ook 'n tweede spesialisrigting gehad. So kon die seinspesialis bv. ook 'n swaarwapenspesialis wees.

In Desember 1976 word 5 Recce amptelik in Durban gestig onder leiding van maj Johan Verster. In Januarie 1979 beweeg dié eenheid na Dukuduku naby St Lucia in Zoeloeland waar 'n basis vir hulle gebou is. Die moedereenheid, 1 Recce, staan sewe operateurs aan die nuwe eenheid af. 5 Recce se oogmerk is om veral swart operateurs te werf om in pseudo-operasies te gebruik.

Charlie-groep, vanaf 1976 1 VK se seewaartse groep, word in Julie 1978 ontbind[35] om Langebaan toe te verhuis, waar 4 Recce as 'n seewaartse eenheid gestig word. Kinghorn, wat in Januarie

---

35 Hiermee verloor 1 VK operateurs soos lte Gert Keulder en Dawid Fourie, serss Kriek Kruger en JC Greyling en 'n hele paar ander.

1979 tot tydelike kommandant bevorder is, is die bevelvoerder met Chillie du Plessis as sy RSM. Chillie word kort ná die verhuising deur AO1 Tilly Smit, 'n ervare valskermsoldaat, as RSM vervang. Smit het die heel eerste SAS-keuringskursus saam met Jan Breytenbach geslaag.

Vanweë die stigting van 5 Recce en 4 Recce moes Swart 1 Recce se struktuur herorganiseer. Maj Hennie Blaauw word nou as Alpha-groep se bevelvoerder aangestel met ssers Jimmy Oberholzer as die groep-sersantmajoor. Bravo-groep se bevelvoerder is kapt Hannes Venter met AO2 Koos Moorcroft as die groep-sersantmajoor. Charlie-groep sou eers weer in die 1980's in die André Bestbier-era geaktiveer word.

Kapt Charl Naudé en ssers Frans van Dyk het die eerste groep swart soldate opgelei in statieselyn-valskermspring. Dit was nie net die eerste kursus vir swart springers in die Recces (1 VK) nie, maar ook in die ganse SAW. Naudé en lt Connie van Wyk het 26 lede gewerf by die nuutgestigte 32 Bataljon, wat in die Rundu-omgewing gestasioneer was. Baie was oud-FNLA-lede van Taak-mag Zulu, wat tydens Operasie Savannah onder bevel van kmdt Jan Breytenbach was.

Die gekeurde lede is in groot geheimhouding gedurende die nag per pad van Rundu na Fort Doppies gebring. Daar is hulle in Seekoeikamp gehuisves waar hul spesialemagte-opleidingsiklus begin het. Om sekerheidsredes was Seekoeikamp vir die duur van die opleiding twaalf maande lank buite perke vir enigiemand anders.

Swart en Verster besluit dat hul valskermopleiding om seker-heidsredes ook in Seekoeikamp moet plaasvind. Dit noop Charl en Frans, albei gekwalifiseerde valskermspringinstrukteurs, om baie primitiewe maar tog doeltreffende opleidingsgeriewe in die

bos te skep. Die afgooistrook was 'n groot omuramba in Seekoei-
kamp se omgewing.

Die kursus het aan al die normale standaarde voldoen. Ná so-
wat drie weke het al 26 kandidate as valskermspringers gekwali-
fiseer. Die kursus is as 'n groot mylpaal in die geskiedenis van die
spesialemagte-opleiding beskou.

In 1977 ontmoet Koos Moorcroft 'n Amerikaner, John Urley, by
die Selous Scouts en hoor hoe hulle versnelde vryvalkursusse
doen. Met dié metode doen 'n vryvalstudent ná sowat 'n week se
grondopleiding sy eerste vryvalsprong op 'n hoogte van tussen
3 048 m en 3 657 m – 'n harnassprong saam met sy instrukteur.
Gedurende die vryval voer die student bepaalde vryvalprosedu-
res uit terwyl die instrukteur aan sy valskermharnas vashou. So-
wat 1 066 m bo die grond gee die instrukteur die teken en die
student ontplooi sy valskerm deur die trekkoord te trek. Die in-
strukteur laat los dan en maak sy eie valskerm oop.

Die Selous Scouts het egter op eie bodem 'n probleem gehad met
kleinspanontplooiings per valskerm. Van hul pseudo-operateurs
kon nie altyd die springkursus slaag wat by die lugvoorsienings-
basis in Salisbury aangebied is nie. Die Rhodesiese lugmag was
baie sterk op die Britse lees geskoei. Die valskerminstrukteurs
wou dus kampioene oplei, terwyl hulle nie regtig 'n benul gehad
het van 'n valskermsoldaat se rol op die grond nie.

Suid-Afrika het 'n soortgelyke probleem gehad. Die instruk-
teurs van 1 Valskermbataljon was uitstekend met valskerm-
opleiding, maar sommige het nie die rol en take van die val-
skermsoldaat op die grond verstaan nie. In albei lande was daar
ook 'n probleem met die regte gesindheid en bereidwilligheid om
swart springers op te lei, veral in Suid-Afrika. Dus het baie swart

operateurs nie as valskermspringers gekwalifiseer nie en het baie goeie potensiaal in die proses verlore gegaan. 'n Bykomende probleem vir die Selous Scouts sowel as 1 Recce was die kwessie van sekerheid.

Ltkol Ron Reid-Daly, bevelvoerder van die Selous Scouts, het die situasie so frustrerend gevind dat hy genl Fritz Loots gekontak het. Kan 1 Recce se valskerminstrukteurs nie sy operateurs in 'n plek van geheimhouding oplei nie? Onder leiding van Koos Moorcroft het 1 Recce se instrukteurs[36] toe 'n bos-hanger (opleidingsfasiliteit vir valskermspringers) by Dukuduku in Zoeloeland opgerig.

'n Groep van sowat 70 Selous Scouts het in groot geheimhouding per vliegtuig by Dukuduku geland en is onopsigtelik in 'n basis in die bos gehuisves. Almal het uiteindelik as valskermspringers gekwalifiseer. Dit het die bande en samewerking tussen die Selous Scouts en die Recces versterk en goeie vriendskappe is gesmee.

Om as valskermspringinstrukteurs te kwalifiseer, is 1 Recce se springers na 1 Valskermbataljon in Bloemfontein gestuur. Alle ander valskermopleiding of heropleiding het die Recces self gedoen.

Valskermspring was vir die Recces slegs 'n metode van vervoer. Gevolglik is daar altyd tydens heropleiding gefokus om spronge met volle gevegsuitrusting uit te voer. Dit was ook van groot belang om so veel as moontlik nagspronge te oefen omdat ontplooiings gewoonlik in die nag sou geskied. Die klem het dus nie

---

36 Charl Naudé, Connie van Wyk en Frans van Dyk was deel van die oprigtingspan. Onder die instrukteurs was AO2 Ouboet Kruger (Vingers se broer) en serss Jimmy Oberholzer, Dave Tippett, Wynand Kruger, Jakes Jacobs en Anton Retief.

op die valskermsprong self geval nie, maar eerder op die operasie en die aksies wat ná die landing uitgevoer sou moes word.

In Februarie 1977 is besluit om met hoëhoogte-vryval by 1 Recce te begin. Twee instrukteurs van die Amerikaanse spesialemagte is deur genl Loots gekontrakteer om die eerste HALO-en-HAHO-kursus aan te bied. Om sekerheidsredes is besluit dat die kursus tog wel by 1 Valskermbataljon in Bloemfontein moes plaasvind. Die Recce-operateurs[37] sou tydens die kursus die valskermbataljon se uniforms, barette en kentekens dra. Die Amerikaners het egter baie gou agtergekom dat daar 'n ander gees en kameraderie onder die Recce-manne heers as in die res van die valskermbataljon.[38]

Kmdt Sybie van der Spuy, 'n opgeleide ingenieur en bevelvoerder van 2 Recce, het 'n suurstofkonsole geprakseer. Die tuisgemaakte apparaat het die Amerikaners ietwat onkant betrap. Ongeag die gebrekkige toerusting het die kursus baie goed verloop. Vele hoë-hoogte-kursusse het daarna gevolg met geskikte toerusting. Daar kon nie baie hoog gespring word nie omdat die Recces binne die lugmag se regulasies moes bly. Tydens die eerste kursus het hulle op 'n hoogte van 5 181 m bo die grond gespring.

Ná afloop van die kursus is geskikte Amerikaanse hoëhoogte-toerusting aangekoop. Die hoogste sprong wat ooit in Suid-Afrika uitgevoer is, is toe op die Makatini-vlakte (na aan seevlak) in Noord-Zoeloeland gedoen. Dit was op 10 668 m bo grondvlak en die temperatuur op springhoogte was -54 grade Celsius.

---

37 Die Recces op die eerste kursus was AO2 FC (Frans) van Zyl, sers Anton Retief, sers Jimmy Oberholzer, AO2 Koos Moorcroft, AO2 Harry Botha (2VK), sers Dave Tippett, kmdt Sybie van der Spuy (2VK) en sers Frans van Dyk.

38 'n Paar lede van 1 Valskermbataljon, onder wie serss Hollies Holtzhauzen, Henri Hauptfleich en Boats Botes, is ook tot die kursus toegelaat.

Tydens hierdie kursusse en heropleiding is daar veral op HAHO gefokus. Met HAHO het die springers onmiddellik (2 tot 3 sekondes) ná uitspring hul valskerms ontplooi. Hulle het dan in die lug gegroepeer en die spanleier na die landingstrook gevolg.

In 1978 het kmdt Jakes Swart vir Moorcroft toestemming gegee om 'n kursus in versnelde vryval aan te bied. Sy instrukteurs was Jimmy Oberholzer, Dave Tippett en Anton Retief.

Die eerste versnelde vryvalsprong het buite Pietermaritzburg op 'n hoogte van 3 810 m bo die grond plaasgevind. Parallel met die versnelde vryvalkursus het 1 Valskermbataljon 'n standaardvryvalkursus vir agt lede van 1 Recce in Durban aangebied. Dit was gou duidelik dat Moorcroft se studente op die versnelde vryvalkursus baie vinniger gevorder het as diegene op die standaardvryvalkursus.

Die Recce-span is reeds in 1976 gekies om aan die Wêreld-vryvalkampioenskapsbyeenkoms op Oudtshoorn deel te neem. Vir die volgende 7 tot 8 jaar het 1 Recce se vryvalspan[39] die SAW se kampioenskapsbyeenkomste gedomineer.

Tydens die nasionale vryvalkampioenskapsbyeenkoms in die laat 1970's by Wonderboom, Pretoria was die Springbokspan en 1 Recce aan die einde van die kompetisie gelykop. Die beoordelaars het besluit dat 'n beslissende sprong die volgende oggend moes plaasvind om die wenner te bepaal. Die Springbokspan het net-net daarin geslaag om die Recce-span te klop.

Maj Peter Schofield het valskermidees van die Britse Red Devil-vryvalspan na 1 Recce saamgebring. Heelparty jonger operateurs

---

39 Koos Moorcroft, Jimmy Oberholzer, Dave Tippett, Frans van Dyk, Anton Retief en Johan Burr-Dixon.

het met sy bystand as vryvalinstrukteurs gekwalifiseer en hul teen-woordigheid het nuwe energie in die eenheid gegenereer. Hierdie nuwe generasie vryvallers[40] het met groot entoesiasme hul eie vryvalspanne begin vorm en die ouer manne gereeld uitgedaag. Tydens stedelike oefeninge het hulle met groot akkuraatheid op geboue se dakke geland en van etlike verdiepings hoog die geboue binnegedring. Saam met Jimmy Oberholzer en Frans van Dyk het die jonger manne vryval in die eenheid tot nuwe hoogtes gevoer.[41]

40 Roy Vermaak, Justin Vermaak, Kolle Olivier, Rieme de Jager, Spik Botha, Shaun Mullin en James Teitge.
41 Lte Gert Keulder, Tom Cumming, Douw Steyn, Bam de Wet, Dawid Fourie, Koos Verwey en Dennis Davey (seiner) het vinnig hul merk in die eenheid gemaak. Kpls André Diedericks en Daan van Zyl het die Leëroffisierskursus voltooi en as luitenante na 1 Recce teruggekeer.

11
Portugese vegters

Danny Roxo sluip al nader aan die brug oor die Nhia-rivier, on-wetend dat die verskuilde Fapla-troepe elke beweging van hom dophou. Hy het juis sy manskappe en die twee Eland-pantser-karre agtergelaat omdat hy op sy eie minder opsigtelik sou wees. Dit is 'n week voor die slag van Brug 14, een van Operasie Savan-nah se bekendstes. Jan Breytenbach het Danny opdrag gegee om te gaan kyk of die brug nog staan en te bepaal waar Fapla inge-grawe was. Die Suid-Afrikaners was onbewus dat Fapla toe reeds die twee koppies by die brug, Top Hat en Hippo Hill, beset het.

Dit is reënseisoen in Angola en voor Danny vloei die Nhia-rivier sterk. Die brug lê in die water – Fapla het dit opgeblaas. Toe hy opkyk, gewaar hy drie Kubane aan die oorkant van die rivier wat 'n 14.5 mm-lugafweerkanon beman. Voordat hulle in aksie kan kom, skiet hy twee dood. Toe bars die hel los. Daar word met alle soorte wapens op hom losgebrand. Mortierbomme ontplof en koeëls vlieg om hom. Danny spring om en hardloop swenk-swenk terug om die koeëls te ontduik. Steeds onbewus van die sterk Fapla-groep hardloop hy feitlik reg in hul hinderlaag vas. In die kort maar hewige geveg skiet hy nege Fapla's dood.

Later vertel hy in sy gebroke Engels aan Breytenbach: "Coronel, I run and I go tat, tat, tat, tat ... I run and I go tat, tat, tat, tat ... I run and I go tat, tat, tat, tat ... and suddenly the shooting, it stops. No more Fapla!"[42]

Sers Daniel Roxo het dié dag eiehandig elf van die vyand doodgeskiet. Agterna is die HC vir dapperheid aan hom toegeken. Danny, 'n Portugees wat voorheen in Mosambiek teen Frelimo geveg het, was die eerste nie-Suid-Afrikaner aan wie die medalje toegeken is.

Lede van die Portugese gemeenskap se aktiewe deelname in die SAW, en ook die spesialemagte, het nie deurgaans erkenning gekry nie.[43] Nietemin het dié manne 'n besonderse bydrae tydens die Bosoorlog gelewer. 1 Recce het oor uitmuntende Portugese operateurs beskik in Danny Roxo, Silva Soeiro, Marão da Costa, Tony Vierra, Amilcar Queiroz, Robbie Ribeiro, Paul Dobe (Americo), Neves Matias en andere.

Danny Roxo het vanweë sy individuele betrokkenheid by die Mosambiekse oorlog ikoniese status verwerf voordat hy 'n lid van 1 VK geword het. Hy het as 'n burgerlike aan dié oorlog deelgeneem en vanweë sy klandestiene optrede 'n fabelagtige statuur geniet. Na aanleiding van boslegendes is daar in persberigte na hom as "Die Wit Duiwel van Niassa" of "Die Skim van die Oerwoud" verwys. Danny het in die noorde van Mosambiek oorleef deur te put uit sy jagervaring in Niassa – hy was tien jaar lank 'n grootwildjagter. Nou het hy met sy span spoor-

---

42 Jan Breytenbach: *The Buffalo Soldiers*, p. 117
43 Hierdie kwessie word onder andere deur Stephen Dunkley behandel in sy publikasie oor Daniel Roxo.

snyers op Frelimo-kaders jag gemaak. Daar is reeds in 1967 al 'n losprys op sy kop geplaas wat nooit opgeëis is nie.

Terwyl hy sensusopnames doen, sou Danny in opdrag van die Mosambiekse goewerneur in die omgewing van die Niassa-meer inligting inwin oor Frelimo se getalsterkte en strategieë. Hy het die gebied soos die palm van sy hand geken, was boonop met 'n plaaslike swart vrou getroud en kon die plaaslike taal praat. Dit het hom toegang gegee tot mense en strukture wat buite bereik van ander "ondergrondse" operateurs was.

Danny het sy jagspan in 'n klein "private weermag" omgeskep en pseudo-operasies teen Frelimo geloods. So het hulle bystand aan die Portugese weermag verleen, maar was nooit onder beheer van die Mosambiekse weermag nie.

Teen 1968 het hy 35 manne onder hom gehad, onder wie 'n aantal voormalige Frelimo-lede wat "gedraai" het en nou saam met hom teen hul eertydse kamerade geveg het. Die Portugese offisiere het jaloers begin raak op Danny se sukses en groeiende roem.

In Suid-Afrika is besef dat die oorlog in Mosambiek nie gewen kon word nie en dat Frelimo vroeër of later dié land sou oorneem. 'n Hoë SAW-offisier het Danny in Lorenço Marques opgesoek om hom vir die SAW te werf. Hy sou goed binne MI aangewend kon word en sy waarde het veral daarin gelê dat hy in hierdie vroeë dae al pseudo-werk in Mosambiek verrig het.

Einde Junie 1974 het 162 Portugese soldate sonder veel veglus aan Frelimo oorgegee. Geen opvolgoperasies is geloods om hulle te ontset nie. Roxo het hierop besluit om Mosambiek te verlaat. Hoewel die Rhodesiërs ook in sy dienste belang gestel het, het hy besluit om sy gesin na Portugal te stuur en na Suid-Afrika te kom om aan die Bosoorlog deel te neem.

Ander Portugese lede is in dieselfde tyd gewerf en het saam met Danny geskiktheids-, fiksheids- en mediese toetse in Pretoria ondergaan. Hulle is toe buite sig van die openbare oog na die Reccebasis, Fort Doppies, verskuif.

MI het veelvuldige moontlikhede in Danny raakgesien. Hy kon byvoorbeeld onder dekking inligting in Mosambiek en Malawi versamel om Suid-Afrika op hoogte te hou van wat daar gebeur. Omdat Mosambiek in elk geval in Frelimo se hande sou val, is daar egter besluit om eerder op die SWA-grens te fokus. Danny was nie geoormerk om 'n gewone voetsoldaat te word nie en genl Fritz Loots, bevelvoerende generaal spesialemagte, het besluit hy moet by 1 VK aansluit.

Danny, Robbie, Silva en Marão het in Oktober 1974 in Fort Doppies aangekom, pas nadat Ou Doppies afgebrand het. Hulle moes 'n oorbruggingskursus doen en is onder ssers Dewald de Beer se toesig blootgestel aan vernielingswerk, spesiale wapens, boskuns, medies, spoorsny en kleintaktiek.

Van die groep Portugese is net Marão da Costa uiteindelik Durban toe. Marão was ook die enigste een wat die 1 Reccekeuring gedoen het en die spesialemagte-opleidingsiklus voltooi het om as 'n operateur by 1 VK te kwalifiseer. Hy is later met 'n Suid-Afrikaanse vrou getroud en het op die Bluff in Durban gewoon. Ná etlike jare se operasionele diens in 1 Recce, het Marão da Costa in 1980 tydens 'n vuurgeveg in Angola gesterf.

Terwyl die groep Portugese in 1974-'75 in Fort Doppies met gevegsopleiding besig was, het hulle opdrag gekry om in Suid-Angola by kmdt Jan Breytenbach se Bravo-groep (Taakmag Zulu) aan te sluit. Silva Soeiro, Marão da Costa, Robbie Ribeiro, Danny Roxo en Klein-Robbie Ribeiro het deel geword van Breytenbach se opleidingspan, ook bekend as die tweede Dirty Dozen.

Hulle is op 14 Oktober 1975 tydens Operasie Savannah vanaf die Angolese dorpie Calai operasioneel ontplooi.

Dit was tydens hierdie ontplooiing en in die aanloop tot die slag van Brug 14 dat Danny eiehandig elf vyandelike soldate doodgeskiet het.

Bravo-groep is vroeg in Desember 1975 onttrek. Breytenbach het sy manne suidwaarts gebring en hulle toegelaat om op verlof te gaan. Hulle moes teen middel Januarie 1976 weer vir diens aanmeld. Operasie Savannah was einde Februarie 1976 verby. Net enkele FNLA-groepe (van Bravo se manne) was oor om Fapla uit Angola se suidelike Cuando Cubango-provinsie te hou.

Ná die troepe se terugkeer breek daar in die laaste deel van Augustus 1976 'n donker week vir die spesialemagte aan.[44] Die leierskapstruktuur het nou anders gelyk en Breytenbach kon nie meer op sy ou staatmakers reken nie. Boonop is 'n groentjie-offisier van die valskermbataljon aan hom toegedeel wat heeltemal uit sy diepte was in 'n oorlogsituasie.

Om lokvalle te vermy, word die nuwe majoor aangeraai om eerder die konvooie van die hoofpaaie af weg te hou. Hy slaan dié advies egter in die wind en laat die konvooi van ses voertuie voor hom uitry terwyl hy op 'n veilige afstand volg.

Klein-Robbie Ribeiro (Robbie se jonger broer) bestuur die voorste voertuig. Sowat 15 km buite Luengue ry hulle vroeg die oggend in 'n goed opgestelde Fapla-hinderlaag vas. Klein-Robbie se Unimog, met 'n vrag van twee ton springstof agterop, word deur 'n RPG7-vuurpyl getref en word uitmekaar geruk. Die ont-

---

44 Jan Breytenbach: *They live by the sword*, pp. 103-106

ploffing was so kragtig dat die skokgolf en reusevlam ook die twee voertuie direk agter hom vernietig. Die hele hinderlaagarea word platgevee en van Klein-Robbie bly daar niks oor nie. Breytenbach meen dat selfs die Fapla-soldate wat die hinderlaag opgestel het en waarskynlik 'n paar meter van die pad hul vuurstellings ingeneem het, deur die ontploffing van die aardbol gevee is. Die effek van die ontploffing is vandag nog sigbaar in die skade aan die omgewing.

Toe hy die ontploffing vorentoe hoor, vlug die nuwe majoor suid deur die bos en laat die gewondes en ander oorlewendes leierloos agter. Danny Roxo neem toe op eie inisiatief die leierskapsrol oor en kry dit reg om met Silva se hulp die meeste oorlewende soldate bymekaar te kry. Dae later kom hy met die groep by die Okavango-rivier aan waar Breytenbach toe eerstehands verneem van die nuwe majoor se gebrek aan gevegsleierskap.

Van die gewondes wat agtergebly het, het in die bos rondgedwaal terwyl Fapla-patrollies jag op hulle maak. Breytenbach beveel toe die majoor om met sy kompanie terug te keer na die gevegsone en al die oorblywende gewondes op te spoor en na die basis te bring. As bykomende taak moet hy ook die brug by Dirico vernietig.

Die majoor vertrek die volgende dag met sy gelapte kompanie, maar pleks van in 'n behoorlike gevegsformasie te ry, rek hy die konvooi oor etlike kilometer uit. Hy stuur vir Danny, Silva en Robbie vooruit in 'n WOLF ('n mynbestande voertuig) om die brug by Dirico op te blaas. Die res van die kompanie volg in die uitgerekte konvooi met die leierselement heel agter.

Naby Macunde, op die noordelike wal van die Okavango-rivier, trap die WOLF 'n tenkmyn af wat met ekstra plofladings versterk was. Die kragtige ontploffing slinger die voertuig die lug in. Dit

draai sywaarts en val met 'n oorverdowende slag op van die sol-
date wat uitgeval het. Robbie Ribeiro en 'n paar ander land 'n ent
weg van die wrak. Terwyl sporadies op hulle geskiet word, vuur
hulle terug en slaag daarin om die vyandelike vuur te onderdruk.

Dit was 23 Augustus 1976.

Toe die stof gaan lê, kry hulle Silva waar hy langs die wrak lê, sy
skedel vergruis. Hy lewe nog, maar is bewusteloos. Danny Roxo
is tot by sy middellyf onder die wrak vasgepen. Ook hy is ster-
wend weens ernstige inwendige beserings, maar is nog by sy volle
positiewe. Desperaat probeer hulle die wrak oplig, maar dis 'n
onbegonne taak, dit is veels te swaar.

Hulle sleep Silva in die skadu in en Robbie gee opdrag dat die
onbeseerdes oor die gewondes moet waak. Omdat die radio be-
skadig was, kon hy nie die kompanie kontak vir hulp nie. Hy
hardloop terug met die pad in die rigting van die aankomende
kompanie. Hy vertel die majoor wat gebeur het, maar dié beveel
die konvooi om om te draai en na Woodpecker, hul tuisbasis, te
gaan om daar hulp te kry. Daarmee word Danny en die ander
agtergelaat in 'n hopelose situasie onder die bloedige son terwyl
'n vlieëplaag hulle boonop teister.

Eie aan Danny vra hy 'n sigaret. Vasgepen onder die wrak rook
hy dit kalm sonder enige pynkreet of weeklaag. Daarna blaas hy
stilswyend sy laaste asem uit. So is Danny Roxo dood – 'n man
wat 'n legende in die Portugese veiligheidsmagte was en gou die-
selfde status in die Suid-Afrikaanse spesialemagte geniet het. Saam
met Danny het ses manne dié dag in die ontploffing gesterf.

Intussen daag 'n vyandige Russiese Antonov-vliegtuig op en
sirkel bo die toneel van die ontploffing. Die bemanning rol bom-
me uit in 'n poging om die beskadigde voertuig te tref. Dit het
oral oor die terrein ontplof, maar nie een het naby die WOLF

geval nie. Dit het wel meegebring dat die vlieënier van die helikopter wat Danny, Silva en die res moes uitlig, geweier het om oor die rivier te vlieg en by die kontakpunt te land. Ná die Antonov se vertrek land hy 'n hele ent suid van die rivier.

Die beseerdes is toe met 'n makorro oor die rivier gebring op 'n roete van etlike kilometers deur moeras en riete. Aan die oorkant is hulle met 'n Land Rover oor 'n stamperige, geploegde stuk grond tot by die helikopter geneem. Vir die dodelik beseerde Silva was die uitmergelende rit te veel. Hy is na 'n nabygeleë sendinghospitaal geneem, maar het aan sy wonde beswyk.

Sy makkers was so kwaad vir die vlieënier omdat hy nie by die kontaktoneel wou land nie, dat hulle hom met 'n leë helikopter teruggestuur het Rundu toe. Hulle het verkies om die oorblywende gewondes, asook Danny en Silva se oorskot, per pad na Woodpecker terug te bring.

Silva Soeiro het 'n roemryke loopbaan as soldaat in die spesialemagte en Taakmag Zulu gehad. Vir sy dapper optrede in verskeie kontaksituasies in die kort tyd wat hy aan die Grensoorlog deelgeneem het, is hy vir die HC aanbeveel. Tot kmdt Jan Breytenbach, sy bevelvoerder, se groot ontsteltenis is dit nie goedgekeur nie. Sulke besluite is nooit bespreek of openbaar gemaak nie.

Op 25 Augustus 1976 kry Robbie Ribeiro toestemming om huis toe te gaan om sy moeder in kennis te stel van haar jongste seun, Klein-Robbie, se dood. Hy moet terselfdertyd 'n aantal gewondes van die mynvoorval twee dae tevore na die hospitaal op Rundu vervoer. Die grondpad tussen Bagani en Rundu (deel van die Golden Highway) was bekend vir sy stof. Robbie sien vaagweg in 'n stofwolk 'n konvooi van 10 ton-trokke wat van voor af kom. Hy hou op die linkerskouer, maar die bestuurder van die tweede voertuig van voor wil uit die stof kom en steek die konvooi verby. Sy massiewe voertuig bots reg van voor teen Robbie se Land Rover. Almal in die kleiner voertuig is op slag dood.

So het Robbie Ribeiro die vierde Portugeessprekende soldaat geword om binne die bestek van een noodlottige week in die operasionele gebied te sterf. Hy sou onthou word vir sy fiksheid en taaiheid, klein en skraal van postuur, maar deur en deur 'n spesialemagte-soldaat. Die laaste week van Augustus 1976 (bekend as Swart Augustus) was 'n baie neerdrukkende week vir 1 VK met die ontydige verlies van vier waardevolle lede.

Op alle fronte was dinge aan die woel en die verlies van die Portugese soldate was nie die laaste prys wat 1 VK in Swart Augustus sou betaal nie. Verder noord het Operasie Curry intussen afgeskop wat op sy beurt sy eie pond vleis van die Recces sou eis.

Kort ná Swart Augustus se gebeure kry maj John More in Durban opdrag van genl Fritz Loots om in Pretoria te rapporteer. More was 1 VK se waarnemende bevelvoerder terwyl kmdt Jakes Swart op sy stafkursus was.

Loots sê hy moet 'n begrafnis vir die twee gesneuwelde operateurs reël. Danny Roxo en Silva Soeiro was in 1 Militêre Hospitaal (1 Mil) se lykhuis. More se uitdruklike opdrag is om 'n respekvolle begrafnis vir die twee hoog aangeskrewe lede van die spesialemagte te reël. In daardie stadium was al hul mede-Recces in Fort Doppies en sou dit nie kon bywoon nie.

More deel die Roomse priester op Voortrekkerhoogte mee dat twee van hul manne begrawe moet word – en dat die hele aangeleentheid baie klandestien is. Omdat hulle nie Suid-Afrikaanse burgers was nie, was die Portugeessprekende spesialemagte-soldate hoofsaaklik tot Fort Doppies en die operasionele gebied beperk. Met enkele uitsonderings kon hulle selfs nie eens na die Bluff in Durban kom nie. Toe die priester hul name vra, gee More dus twee vals name.

Hy bel kol Hannes Botha by Logistiek Kommandement Noord-Transvaal en, sonder om onnodig uit te brei, vra hy twee grafte vir die begrafnis. Botha wil die versoek eers nie so informeel han-teer nie, maar gee mettertyd toe nadat More sterk daarop aange-dring het.

Hierop ry More met 'n ongemerkte Land Rover na 'n begrafnis-ondernemer om twee doodskiste te koop. Hy doen hom as 'n boer voor en vertel dat twee van sy werkers op die plaas ver-ongeluk het en dat hy hulle wil begrawe. Om geen spoor na te laat nie, betaal hy kontant (Loots het die geld verskaf).

Daarna tref hy by die Diensvakskool reëlings vir 'n erewag asook 'n erewag-sersantmajoor – die erewag bestaan uit ses troepe en hul sersantmajoor. Die begrafnis was vir 14:00 die Vrydag-middag geskeduleer. Danny se lyk word eerste in sy kis geplaas en daarna Silva s'n in sý kis. Danny het nog sy kruis om sy nek gehad en Silva se arm was in gips (wat ná die mynvoorval by 'n sendingshospitaal aangesit is). Met die twee kiste agter op die Land Rover, vertrek More na die Rooms-Katolieke kerk in Voor-trekkerhoogte vir die roudiens.

Dit word deur die Roomse priester gelei en bygewoon deur genl SA Engelbrecht, voormalige Hoof van die Leër, Loots en More, asook Sarah Thiart, Loots se sekretaresse, die erewag-sersant-majoor en sy ses troepe, en 'n Portugese vrou wat as vertaler vir MI gewerk het en die oorledenes geken het.

Toe hulle ná die diens by die begraafplaas kom, vind More tot sy ontsteltenis dat daar net een graf is. Tot sy verdere ontsteltenis ontdek hy dat daar nie 'n raamwerk met bande aan is om die kis te laat sak nie. Hy stuur inderhaas die sersantmajoor om vier tokkeltoue[45] by die Diensvakskool te gaan haal. Hy besluit inderhaas om die twee oorlogskamerade in dieselfde graf te begrawe. Hulle laat sak die eerste kis met tokkeltoue in die graf en plaas daarna die tweede een bo-op. Nadat die priester 'n laaste gebed gedoen het, gooi die ses troepe die graf toe en die begrafnisgangers gaan uiteen.

Terug in Durban ontvang More sommer die volgende dag al 'n telefoonoproep van 'n omgekrapte kol Hannes Botha. Hy wil weet waarom daar vir twee grafte gevra is terwyl hulle net een gebruik het. Eers toe vind More uit dat wanneer daar twee grafte langs mekaar is, dit die gebruik is om 'n groot plank oor een van die grafte te plaas met kunsmatige gras bo-oor. Wanneer die verrigting by die eerste graf afgehandel is, word die plank van die tweede graf afgelig en word die hele prosedure herhaal.

Die koeël was egter deur die kerk met albei soldate in dieselfde graf begrawe. Sowat drie maande later kontak genl Loots, wat intussen uitgevind het wat gebeur het, John More. Die lyke gaan opgegrawe word omdat daar sprake is dat hul oorskot na Portugal verskeep moet word. Loots wil nou dringend weet wie bo en wie onder lê. Al hulp wat More kon aanbied, was dat Danny met sy silwer kruis begrawe is en dat Silva se arm in gips was.

Die opgrawing het egter nooit plaasgevind nie. By die twee

---

45 'n Tokkeltou was deel van 'n soldaat se standaarduitrusting. Dit is sowat 1,8 m lank en 15 mm dik, met 'n harde plastiekpunt aan die een kant en 'n oog aan die ander punt. Toue kon dus aanmekaar gelas word en het vele gebruike gehad soos hindernisoorsteking, om ligte voertuie te sleep en toulere te bou tydens operasies en oefeninge.

ongemerkte grafte is wel later 'n gedenksteen[46] opgerig, wat deur genl Loots onthul is. Robbie Ribeiro, wat nie saam met Danny en Silva begrawe is nie, se naam verskyn ook op die steen. Op 30 Augustus 2006, dertig jaar ná die Portugese soldate se dood, het genl Jakes Swart 'n plegtige rede gehou ter ere van die gevalle spesialemagte-soldate.

Mettertyd sou verskeie Portugese lede, onder wie operateurs soos Paul Dobe (Americo), Neves Matias en Tony Vierra, hulle binne die spesialemagte onderskei. Almal sou die Recce-keuringskursus slaag en die opleidingsiklus voltooi, waarna hulle in spesiale operasies aangewend is. Hulle het verskillende spesialisasierig-tings gehad en sommige sou veral in kleinspanoperasies uitblink, wat besondere karakter en deursettingsvermoë geverg het.

---

46 Paul Els, Stephen Dunkley en Manuel Ferreira het die inisiatief hiervoor ge-neem.

12

Eerstelig-aanval op Shatotwa-basis

Operasie Curry[47]

1 VK was in die middel 1970's in 'n ontwikkelingsfase en operasionele blootstelling was broodnodig. Daar is dus hard gewerk aan operasionele gereedheid en om geleenthede te identifiseer waartydens die operateurs sowel as hul uitrusting, prosedures en kommunikasiestelsels getoets kon word. Dit was ook van kardinale belang dat die nuwe operateurs hul vuurdoop moes kry.

Ná afloop van Operasie Savannah was daar nie veel noemenswaardige operasies nie. Die sektorbevelstruktuur in Suidwes-Afrika (SWA) het wel gereeld ondersteuning gevra, maar dit was hoofsaaklik in die vorm van verkenningsoperasies. Die bevelvoerende generaal spesialemagte was egter nie ten gunste daarvan dat die spesialemagte gebruik word om die verskillende sektore se verkenningswerk te doen nie. Dit het aanvanklik wrywing in die hoër strukture veroorsaak, maar dis mettertyd uitgestryk met toegeeflikheid aan albei kante.

---

47 Die operasiekoördineerder was maj John More en hy beman die Tak HK op Fort Doppies. Kapt Hannes Venter was die operasiebevelvoerder en kapt Charl Naudé die 2IB (hy was ook bevelvoerder van die verkenningspan). Lt Connie van Wyk was in bevel van die kleiner aanval op Kaunga Mashe-basis.

Binne Recce-geledere is steeds op heropleiding gefokus om die lede deurentyd skerp en paraat te hou. Die operateurs het nie van heropleiding gehou nie en wou eerder tydens gevegsituasies geslyp word. Daar is nietemin probeer om elke opleidingsiklus af te sluit met 'n operasionele ontplooiing direk ná afloop van die laaste kursus, kleintaktiek.

Die strategie was om in die afwesigheid van militêre operasies verkenningspatrollies in Suidwes-Zambië te ontplooi – 'n gebied wat die Recces "Lekkerhoekie" genoem het. Hierdie hoekie is net noord van die Singalamwe-basis in die Oos-Caprivi waar die Kwando-rivier die Zambië-Caprivi-kaplyn kruis. Die Recces het dit Lekkerhoekie genoem omdat dit was waar die nuwe operateurs, pas ná hul kleintaktiekkursus, vir die eerste keer blootstelling aan 'n oorgrensoperasie gekry het. Dit was laeintensiteitoperasies, bv. die myn van paaie wat deur Swapo gebruik is of om hinderlae te lê. Van hierdie operasies het ook vuurgevegte opgelewer wat vir die nuwe operateurs die ideale bekendstelling aan die oorlog was.

Dit was ook die gebruik om ervare operateurs wat gereed was om hul eie spanne te kry, saam met die nuwe operateurs in Lekkerhoekie te ontplooi. Die nuwe spanleier kon op dié manier ondervinding opdoen. Soms sou een of twee ervare operateurs saamgaan om bystand te verleen in noodgevalle en om die nuwe spanleier te evalueer en te ondersteun. Lekkerhoekie het dus die ideale oorgrensopleidingsterrein vir die Recces gebied. In baie gevalle kon hulle nie dadelik magtiging kry om in Lekkerhoekie te ontplooi nie – dus was die ontplooiings nooit baie diep nie en het as vlak oorgrensoperasies bekend gestaan.

Die Recces het deur die bemiddeling van kmdt Eddie Webb, bevelvoerder van sektor 20 op Katima Mulilo, magtiging van genlmaj Constand Viljoen, direkteur-generaal operasies, gekry om in dié gebied te werk. Die spesialemagte-operasies is nou vanaf die hoogste vlak beheer, wat ook die ontwikkelingsproses van die spesialemagte-HK versnel het. 'n Hele paar oorgrensverkennings-operasies is op dié manier goedgekeur.

Die Recces het nou ook begin saamwerk met die hoof van staf inligting se afdeling spesiale take. Verder was die gesamentlike ontplooiings met Unita 'n baie belangrike verwikkeling in die Recces se operasionele aanwending. Dit het daartoe gelei dat Fort Foot (nuwe Recce- operasionele basis in die Wes-Caprivi) later as 'n fasiliteit vir 1 VR ontwikkel sou word.

Met die bou van Fort Foot het Hannes Venter die bevel gevoer. RSM Pep van Zyl en 'n paar operateurs – onder wie sers André Cloete en kpl Kolle Olivier – het aan die werk gespring en die basis in samewerking met 5 Militêre Werke van die Geniekorps opgerig. Fort Foot was baie klein en kon net sowat 21 operateurs huisves. Dit het bestaan uit 'n operasiekamer, seinkamer, kombuis, stoor, storte, toilette, drie slaapvertrekke, 'n grasdakkroeg en 'n braaiarea.

Hierdie kleinerige basis was afgekamp met 'n sinkmuur van sowat 2,2 m hoog en die ingangshek was permanent gesluit. Daar het 'n streng reël gegeld dat niemand anders as die spesialemagte in die basis toegelaat is nie. Die terrein was vierkantig met groen gras en mooi skadubome, wat dit 'n baie aangename kamp ge-maak het.

Fort Foot het sy naam gekry na aanleiding van die honderde kilometers wat 1 Recce te voet tydens operasies in Angola saam met Unita afgelê het.

Ondersoeke om Rhodesië in die oorlog te ondersteun het ter-selfdertyd momentum begin kry. Hannes Venter en AO2 Yogi

Potgieter het die SAS, Selous Scouts en RLI besoek en saam met hulle aan kort ontplooiings deelgeneem om taktiek, prosedures en samewerking eerstehands te ervaar. Ná afloop van hierdie besoek was Venter oortuig dat die Suid-Afrikaners militêrgewys op dieselfde vlak as die Rhodesiërs was. Dit was in hierdie stadium egter noodsaaklik dat die Recces so gou doenlik 'n behoorlike spesiale operasie uitvoer om hul gevegsgereedheid bo alle twyfel te bewys.

Die aanval op die Shatotwa-basisse sou dus 'n baie groot rol speel in die toetsing en vestiging van die bevel-en-beheer-affiliasies, gevegsdrills en prosedures, asook ten opsigte van samewerking met die inligtingsgemeenskap, Suid-Afrikaanse Lugmag (SALM) en ander instansies wat by die aanval betrokke sou wees.

Kapt Hannes Venter, bevelvoerder van Bravo-groep 1 VK, het 'n goeie verhouding met sektor 20-HK op Katima Mulilo gehandhaaf – hoofsaaklik vir toegang tot Lekkerhoekie. Hy wou ook die lugmag se opleidingsteun en logistieke ondersteuning vir Fort Doppies verseker. Kmdt Eddie Webb het Venter se versoek toegestaan dat die Recces se inligtingsoffisier met lt Coen Vlietstra van sektor 20 se inligtingspersoneel saamwerk.

Een aspek wat dadelik geïdentifiseer is, was meer en beter vertolking van lugfoto's. Goed beplande verkenningsvlugte is onderneem om lugfoto's van probleemgebiede te neem. Die vertolking van die foto's was steeds problematies omdat die vertolkers min ervaring gehad het en ook nie gekoördineerd gewerk het nie. Verslae wat afsonderlik in Katima Mulilo, Rundu en Pretoria opgestel is, het dié leemte duidelik uitgewys.

Die Recces het besluit om voortaan net op hul eie vertolking van lugfoto's staat te maak. Hulle het toe die dienste bekom van kundiges soos AO1 Peet Coetzee. Gedurende 1979 het genlmaj Loots gereël dat Peet vanaf die gesamentlike lugverkenning-en-inligtingsentrum (GLVIS) as lugfotovertolker na 1 Recce afgedeel word. Peet was bykans vier jaar by 1 Recce waarna hy terug-verplaas is na die Lugmagkollege as instrukteur in lugfotovertol-king. Hy is later weer na die spesialemagte-HK terug waar hy jare lank as lugfotovertolker diens gedoen het. Hy het 'n groot bydrae gelewer tot teikenopsporing, ontwikkeling van teiken-dossiere saam met inligtingstaf sowel as die bou van teiken-skaalmodelle.

Intussen was daar allerhande gerugte oor Shatotwa in omloop. Inligtingsbronne het gedui op 'n sterk opbou van Swapo-magte by twee groot basisse in Suidwes-Zambië, ongeveer 120 km noord van die kaplyn. Goed opgeleide Swapo's het voorbereidings getref om die Caprivi te infiltreer asook die Kavango via Suid-Angola. Hoewel die veiligheidspolisie en die sektor se inligtingspersoneel die bestaan van 'n groot Swapo-basis bevestig het, kon hulle nie die presiese ligging daarvan bepaal nie.

Gedurende Julie 1976 kry Venter 'n sein in Fort Doppies dat hy die sektorbevelvoerder op Katima Mulilo moet besoek. Die Swapo-basisse by Shatotwa is via die lugfoto's opgespoor en die inligtingspersoneel het 'n voorligtingsessie daaroor aangebied. Hoewel daar leemtes in die aanbieding was, het Venter dadelik besef dat dit by uitstek die teiken is waarheen die Recces graag sou wou ontplooi. Amper al die Recces was in elk geval reeds in Fort Doppies saamgetrek en met die teiken "reg op hul voor-stoep" kon hulle 'n goed georkestreerde aanval op die Swapo-basisse loods.

Die sektor het egter nie 'n oorgrensmandaat gehad nie en ook nie oor die oorgrensvermoë beskik om so 'n taak uit te voer nie.

Dit sou maande duur om politieke goedkeuring te kry en 'n aan-valsmag op die been te bring en voor te berei. Die politieke kli-maat het dit boonop onmoontlik gemaak om 'n klassieke lug-aanval op vreemde grondgebied uit te voer.

Venter het aan Webb voorgestel dat die Recces die strooptog uitvoer met maksimum "koptelling" (lewensverlies), ontwrigting en sielkundige effek aan die kant van Swapo en skade aan infra-struktuur. Hulle het ooreengekom dat Webb die saak met genlmaj Viljoen moes opneem. Venter sou dit terselfdertyd met kmdt Jakes Swart en genlmaj Frits Loots bespreek. Ná hierdie bespreking is Shatotwa as 'n operasie geregistreer en is die kodenaam Curry daaraan toegeken.

Venter wou glad nie dat die sektor op enige wyse by die aanval betrokke moes wees nie – hy wou dat dit uitsluitlik deur Recces uitgevoer word. Dit het hy bewerkstellig deur aan Webb te ver-duidelik dat daar van Fort Doppies af gewerk sal moet word om geheimhouding te verseker. Dit het beteken dat geen ander per-sone by die operasie betrokke kon wees nie. Tot sy verligting het Webb dit so aanvaar.

Alles was nou in plek met bykans al 1 Recce se operateurs besig met heropleiding in Fort Doppies onder bevel van Venter en Charl Naudé. Op die tuisfront in Durban was maj Malcolm Kinghorn op klein skaal besig om Charlie-groep se seewaartse vermoëns te ontwikkel. Lt Connie van Wyk was ook in Fort Doppies gedu-rende hierdie opleiding.

Sonder dat die operateurs iets van sy voorgenome planne agter-gekom het, het Venter die heropleidingsprogram onmiddellik aangepas om die fokus na basisaanvalle te skuif.

Nadat die lugfoto's deeglik ontleed is, het al hoe meer bruikbare inligting na vore gekom, onder meer die akkurate ligging van die Swapo-basisse. Daar was nietemin steeds onduidelikhede wat die ontleders nie kon opklaar nie. Een hiervan was die grootte en grense van die basisse. Hoekom was daar twee basisse? Was dit nie dalk net een basis met twee konsentrasieareas nie? Wat uitleg betref, kon daar ook nie met sekerheid tussen opslagplekke, store of slaaphutte onderskei word nie.

Dit was verder onduidelik of die basisse beset was, en indien wel, hoeveel Swapo-lede dit gehuisves het. Hulle het wel 'n ingang in die vorm van 'n enkele pad met 'n beheerpunt geïdentifiseer, maar kon nie vasstel of die beheerpunt albei basisse of net die westelike basis bedien het nie. Behalwe vir 'n paar loopgrawe by die suidwestelike hoek kon geen verdedigingstellings geïdentifiseer word nie.

Die Recce-leierspan het probeer vasstel watter impak hierdie leemtes op die verloop van die operasie sou hê. Hulle het die risiko verminder deur teenmaatreëls en voorkomingstegnieke in die operasionele plan in te werk. Dit was die verkenningspan se taak om ontbrekende informasie tydens hul voorafverkenning te bekom. Die spesifieke verkenningspan vir hierdie taak het bestaan uit Charl Naudé en vier verkenners.[48] Hulle het terselfdertyd die rol van padvinders vertolk omdat hulle die afgooistrook vir die aanvalsgroep moes gaan verken en beman – volgens valskerm-doktrine tipiese padvinderswerk.

Charl se span moes die teiken bevestig en soveel informasie as moontlik inwin 24 uur voor H-uur (die presiese tyd wat die aanval moes begin en kontak met die vyand gemaak word). Sodra die hoofmag en die verkenningspan bymekaarkom, sou Venter

---

48 AO2 JJ Moorcroft, sers JD Oberholzer, kpl JS Ackhurst en kpl JJ Grobler.

op grond van die verkenners se nuwe informasie verstellings aan die aanvalsplan maak indien dit nodig sou wees.

Daar is besluit dat eerste lig die beste tyd vir die aanval sou wees. Die twee basisse moes gelyktydig aangeval word om te verhinder dat hulle ondersteuning aan mekaar kon gee; dit het terselfdertyd die moontlikheid van 'n teenaanval verminder. Vir maksimum effek moes die twee aanvalsmagte uit verskillende rigtings aanval. Die Recces het die risiko besef dat hul eie spanne op mekaar kon skiet. Ná oorweging is besluit om net die veiligheidsmaatreëls op te skerp ter voorkoming van 'n potensieel onveilige situasie.

Hulle het ooreengekom om die vyandelike ontsnaproetes aan albei kante van die omuramba met gewone teenpersoneelmyne en Claymore-hinderlae[49] te dek en die noordelike ontsnaproetes tydens die aanval met 60 mm-kommandomortiere te bestook. Venter het voorlopig besluit dat die Recce-aanvalsmag vanuit die weste sou infiltreer en onttrek.

Hy is reeds in 'n vroeë stadium deur die spesialemagte-HK opdrag gegee om as operasionele bevelvoerder die Shatotwa-operasie te beplan en uit te voer. Hy het saam met Charl en lt Coen Vlietstra (SALM-inligtingsoffisier wat later jare ook na die spesialemagte-HK verplaas is) die planne vir die operasie uitgewerk en saamgestel. Lt Connie van Wyk, ook deel van die leierselement, het op sý gedeelte van die teiken gefokus, wat later geïdentifiseer sou word as 'n kleiner Swapo-basis by Kaunga Mashi.

Die leierselement het volle verantwoordelikheid vir die opdrag aanvaar. Venter onthou hierdie vertroue wat Loots en Jakes Swart

---

49 Teenpersoneelmyne wat bo-op die grond geplant word en skrapnel (ysterballetjies) uitskiet as dit ontplof.

in hulle gestel het as 'n besonderse ervaring. Dit het hom die self-
vertroue gegee om ingewikkelde besluite onder moeilike omstan-
dighede te neem en was een van die groot dryfvere wat tot sy suk-
ses as offisier in die spesialemagte bygedra het.

Die Shatotwa-strooptog was die ideale geleentheid om verken-
ning sowel as afgooistrookhantering operasioneel te toets. 1 Recce
en die SALM was die enigste magte wat aan die operasie sou
deelneem. Tydens die beplanning is besluit dat die vyf verken-
ners sowel as die hoofmag (bestaande uit 19 operateurs[50]) op
twee afsonderlike geleenthede vanaf Immelman, 'n grondaanloop-
baan noord van Fort Doppies, na Rundu sou vertrek.

M'pacha, 'n lugmagbasis met 'n teeraanloopbaan sowat 15 km
van Katima Mulilo, was heelwat nader as Rundu. Die probleem
was egter dat mense van die M'pacha/Katima Mulilo-omgewing
bekend was met die Recces en hulle op die lughawe sou herken.
Dit was onwenslik vir geheimhouding omdat daar afleidings ge-
maak kon word dat daar iets aan die broei was. Shatotwa was
boonop nie baie ver van Katima Mulilo af nie en iemand kon dalk
die vluglyn van die C-160 as 'n verdagte roete beskou.

Om misleiding in die hand te werk, is daar besluit om vir die
finale ontplooiing vanaf Rundu op te styg. Die verkenningspan
moes reeds vroeër per helikopter na Rundu toe gevlieg word, ter-
wyl die aanvalsmag hulle 'n paar dae later sou volg. Die Super
Frelon- en Puma-helikopter wat tydens die aanval gebruik sou
word, sou egter direk vanaf Fort Doppies opereer.

---

50 Kapt JJ Venter, lt LC Odendal, AO2 JL Conradie, serss A Retief, F van Dyk,
  PJ Marx, M da Costa, M Viljoen, kpls N Robertson, GJ Eksteen, JW Kruger,
  MG Boonzaaier, JI de Wet, sktrs M Buys, CT Faber, JP de Villiers, JJ van
  Aardt, SA Liebenberg en M Rossouw.

In 1 Recce se geskiedenis is die eerste kleinspanverkenningsoperasie (tweemanspan) reeds in Augustus 1972 deur Dewald de Beer en sy Boesman-spoorsnyer, Kapembe, uitgevoer.

Vier jaar ná hierdie suksesvolle poging is die verkenningsoperasie op die Shatotwa-basis in Zambië uitgevoer. Die Shatotwa-operasie was uniek omdat dit die eerste verkenningsmissie was wat met 'n vryvalsprong (3 657 m bo grondvlak) geïnfiltreer het. Dit het boonop 'n nabyverkenning ingesluit, wat behels dat die teiken fisiek binnegedring word om inligting te versamel.

Die verkenningspan het ook die afgooistrook vir die aanvalsmag verken en gemerk. Hulle sou ook die aanvalsmag na die twee teikens (Shatotwa-basisse 1 en 2) lei en ook saam met hulle aan die aanval deelneem. Tydens hierdie infiltrasie sou daar boonop vir die eerste keer in die geskiedenis van 1 Recce van HALO-spronge tydens 'n operasie gebruik gemaak word. Hierdie valskermsprong is geskeduleer om teen 22:00 op 8 Julie 1976 uitgevoer te word.

Die verkenningspan sou met die ronde UT15-valskerms met onverligte hoogtemeters inspring. Om die hoogtemeter in die nag te kon sien, is 'n gebuigde (swanehals-)flitsliggie aan die nood-valskerm vasgeheg. Hierdie liggie was egter nie baie betroubaar nie en het kort-kort afgegaan en die flitslig moes dan tydens die vryval getik word totdat dit weer aangaan. Charl het ook 'n lug-foto van die afgooistrook in 'n plastiekomhulsel verseël en dit op sy noodvalskerm vasgeheg.

Vir die hoofmag het alles voor die wind gegaan vir die Shatotwa-aanval en daar is selfs beplan om 'n finale valskerminoefening by Rundu te doen. Die tyd het egter min geraak en die finale valskermoefening is toe in die nag by M'pacha uitgevoer.

Senior stafoffisiere onder wie kol Matie van der Linde (lug-operasies) en kol Jakkals de Jager (inligting) het by die Recce-mag aangesluit om spesialisbystand te verleen. Hulle rol was beperk tot lugsteun en die ontleding van bykomende inligting wat in die Recces se besit gekom het. John More, 1 Recce se 2IB, het met 101 Taakmaghoofkwartier op Grootfontein geskakel en die logistieke steun vir die vliegtuie en helikopters gekoördineer. Venter en Charl was in hierdie stadium reeds klaar met hul be-planning; al wat nog oorgebly het, was om die afvoer van verliese en die noodplanne met die lugplan te sinchroniseer.

Ná verdere ontleding van die informasie deur Venter, Charl, Connie en die inligtingspersoneel, het hulle besluit om Kaunga Mashi as bykomende teiken by die operasie in te sluit. Kaunga Mashi was 'n ou en bekende Swapo-deurgangsbasis na Suidoos-Angola, waar Swapo die Kwando-rivier oorgesteek het. Daar is tot die gevolgtrekking gekom dat dié basis ook verken moes word en dat 'n span Recces hierdie teiken sou aanval indien daar tekens van Swapo's in die basis was. Hierdie kleiner span sou dan saam met die hoofmag invlieg en per valskerm ontplooi word. Dié span sou ná afloop van hierdie operasie weer per helikopter onttrek word, maar eers nadat die Shatotwa-mag opgepik is. Connie en sewe operateurs[51] het hierdie taak gekry.

Gedurende die spesialemagte-operasies het die Recces buiten die operasionele plan ook lug-, seinverbindings-, nood-, ontsnap-en-ontwykings- en mediese planne gehad. Al hierdie planne is uiteindelik gesinchroniseer om die finale plan te vorm. Die gekom-bineerde planne is dan vooraf tydens die voorbereidings-en-

---

51 Ssers DL de Beer, kpls DW van Zyl, B Loots, okpl MAI Ganhao, sktrs A Dea-con, S Kloosterziel en PG Barry.

inoefeningsfase ingeoefen. Elke operateur wat deel van die operasie was, was ten volle vertroud met elke afsonderlike plan.

As lugplan vir Shatotwa het die SALM 'n C-160-vragvliegtuig beskikbaar gestel vir die vryval- en statieselyn-valskerminfiltrasie. Hierdie vliegtuig was stiller as sy eweknie, die kragtiger C-130-vragvliegtuig. Maj Errol Carpenter, 'n ervare vlieënier wat reeds vele statieselyn- en vryvalvlugte onderneem het, was die gesagvoerder van die lugkomponent.

Vanweë die spesifieke werkwyse wat gevolg is, sou Shatotwa in baie opsigte as 'n baanbrekersoperasie in die geskiedenis van 1 VK gereken word. Dit was heel waarskynlik die eerste spesialemagte-operasie in die SAW wat in alle opsigte doelgerig "volgens die boek" uitgevoer is. Al die verskillende stappe wat 'n operasie van hierdie aard en omvang vereis, is nougeset nagekom. Daar is verkenners ontplooi, die basisse is verken, asook die afgooistrook wat ná die verkenning deur hulle gemerk sou word. Die vliegtuig is van die grond af met flitsligkodes deur die verkenningspan ingelei, die vlieënier het opdrag van hulle ontvang vir die aanskakel van die groen lig (valskermspringlig) en ná landing is die springers op die landingstrook deur die verkenningspan ontvang en finaal ingelig oor die situasie op die grond.

Hierdie beplanning is saam met die vlieënier en navigator gedoen tydens die inoefeningspronge op M'pacha. Voor die finale opstyging vanaf Rundu het Venter, Charl en Connie weer eens saam met die vlieënier en navigator deur die hele plan gewerk om seker te maak al die fases is onderling gekoördineer. Dit was 'n eenvoudige lugplan en daar was geen bedreiging nie behalwe dat Swapo of die Zambiese veiligheidmagte die vliegtuig tydens infiltrasie kon sien of hoor. Slegs die spesialemagte-afstuurders is gebruik om die springers af te stuur.

Daar het egter een afstuurder kortgekom en kmdt Hans Möller ('n oudvalskermsoldaat en gewese bevelvoerder van 1 Valskerm-bataljon) het aangebied om as 'n afstuurder by die hoofmag op te tree.[52]

Die hoofmag is met die Super Frelon vanaf Fort Doppies na Rundu gevlieg. Die helikopter het dadelik weer na Fort Doppies terugkeer waar dit op dringende bystand geplaas is vir ondersteu-ning tydens die Shatotwa-operasie. Die lugmag het die Super Frelon saam met 'n Puma-helikopter vir die operasie beskikbaar gestel.[53]

Die spesifieke Puma was in die operasionele gebied om toetse uit te voer met 'n .50-Browning-wapenstelsel. Dit het dus die ideale geleentheid gebied om vuursteun vir die Shatotwa-operasie te verskaf. Hierdie gedagte is egter deur die Hoof van die Lug-mag in die kiem gesmoor toe hy opdrag gee dat die Puma glad nie tydens die operasie met die nuut toegeruste wapenstelsel mag vuur nie. Hy het die gebruik van hierdie wapen op vreemde grondgebied as polities te riskant beskou. Die Recces het swaar gesluk aan die gedagte dat die wapen nie aangewend mag word terwyl dit in elk geval beskikbaar was nie.

Ná afloop van die operasie sou Charl Naudé en sy verkenning-span met die Puma onttrek word, terwyl die hoofmag met die groter Super Frelon uitgelig sou word. Connie van Wyk en sy kleiner aanvalspan by Kaunga Mashi sou eers onttrek word na-

---

52 Möller was ten tyde van Shatotwa bevelvoerder van 11 subarea in sektor 30. Hy is later as die spesialemagte se hoof van operasies aangestel waar hy 'n groot rol gespeel het.

53 Maj Sedge Dunning was die Frelon- sowel as die oorkoepelende gesagvoerder met kapt "Aap" Möller as hulpvlieënier, terwyl maj Bees Marais (wat jare later teen die hange van Tafelberg in 'n brandbestrydingsoperasie gesterf het) die Puma se gesagvoerder was.

dat die Shatotwa-mag ván die grond af gelig is. Hulle sou dus die laaste Recces wees wat die Zambiese grondgebied verlaat. As bykomende maatreël moes die helikopters ook vir die afvoer van verliese ingespan word.

Hoewel Shatotwa 'n aanval "so reg uit die boeke was", was dit die enigste groot Recce-operasie – wat omvang en impak betref – waar geen spesifieke planne aan die hoof van die weermag voorgelê is nie. Genl Constand Viljoen het wel, sonder dat die planne formeel aangebied is, magtiging gekry dat Shatotwa deur die Recces aangeval word. John More het Loots oortuig dat hy moet help om hierdie magtiging te verkry.

Charl Naudé was in hierdie stadium besig om 1 Recce se verkenningsvermoë te ontwikkel. Eers ná Shatotwa sou ander verkenningspanne momentum begin kry. Hannes Venter het die tegnieke wat deur die verkenningspanne ontwikkel is, by die kleintaktiekkursus ingesluit en dit voortdurend aangepas namate meer ervaring opgedoen is.

Met die aanvang van Shatotwa in Julie 1976 was die uitrusting wat aan die operateurs uitgereik is, nog swak. Elke operateur het boonop sy eie uitrusting na willekeur aangepas en geïmproviseer, sodat daar geen eenvormigheid was nie. Gedurende hierdie jare, waarna Koos Moorcroft as die barn storming days verwys, het hulle nog nie oor goeie, doelgeskikte operasionele uitrusting beskik nie.

Namate die eenheid met verloop van jare ontwikkel het, het ook die gevegsuitrusting 'n evolusie ondergaan. Hierdie verbetering was veral tydens die Bestbier-era in die 1980's merkbaar. Met die Shatotwa-operasie was geen GPS'e, Hopper-radio's[54] en

---

54 'n Radio wat deur verskillende frekwensies spring om meeluistering teë te werk.

ander moderne hulpmiddels beskikbaar nie. Die operateurs was op kompasse en kaarte aangewese en het in vele gevalle op die son, maan en sterre staatgemaak vir navigasie.

Die uitvoering en verloop van Shatotwa het dit een van 1 VK se belangrikste en invloedrykste operasies in die 1970's gemaak.

Maj John More het die Tak HK op Fort Doppies beman, bygestaan deur sy inligtingsoffisier. 'n Mediese pos is ook daar ingerig met 'n dokter en mediese personeel (medics) van 1 VK.

Voor die Shatotwa-operasie se ontplooiing het genlmaj Viljoen onverwags in Fort Doppies opgedaag. Hy het die operateurs ingelig dat hulle op die punt staan om geskiedenis te maak en dat die operasie 'n groot impak op die oorlog in sy geheel gaan hê. Dit het vir hom nie sodanig oor koptelling gegaan nie, maar oor die geleentheid wat die Recces gekry het om te bewys dat hulle akkurate inligting kan versamel en die vyand se gebied effektief kan infiltreer. Dit sou bewys lewer dat hulle vyandelike basisse op vreemde grondgebied kan aanval en suksesvol na veiligheid onttrek kan word.

Shatotwa was die weermag se eerste valskermoperasie van hierdie omvang. Dit het Hannes Venter en sy span die geleentheid gegee om hul doeltreffendheid rakende verskeie aspekte te evalueer. Dit het beplanning ingesluit, samewerking en skakeling met ander HK's, die inligtingsgemeenskap, die Tak HK, mediese en logistieke steun asook die toetsing van die uitrusting. Venter het nie formele orders uitgereik nie, hy het sy orders tydens die inoefening en voorbereiding gegee, en dit aangepas namate die situasie verander het.

Op D-dag minus een (die dag voor die aanval) is die operasie weer eens deurgegaan en elkeen het presies geweet wat van hom verwag word. Die leierselement was tog bekommerd dat sommige aspekte nie genoeg ingeoefen is nie. Een hiervan was die prosedures wat gevolg sou moes word indien die valskermspringers verkeerd afgegooi word.

Daar is wel heelwat tyd aan afvoer van verliese bestee. Kpl Neil Robertson, wat die eerste keer aan 'n operasie deelgeneem het, is as proefkonyn gekies omdat hy die grootste en swaarste lid in die span was. Dit was die gebruik om met 'n "pasiënt" te oefen wat die ongemaklikste sou wees om te hanteer. Neil, wat vir die Oostelike Provinsie se rugbyspan stut gespeel het, het perfek in dié rol gepas. Tydens die inoefening moes die span hom afvoer en mediese prosedures soos binneaarse voeding op hom toepas. Die Recces het 'n bygeloof gehad dat die een wat die rol van die beseerde vertolk, juis die een gaan wees wat tydens die operasie gewond gaan word. Sou dié bygeloof dié keer bewaarheid word? Nietemin was die ander bly dat Neil gekies is en nie een van hulle nie!

Nadat Venter die waarskuwingsorder vir die aanval op Shatotwa in Fort Doppies uitgereik het, het die hoofmag voortgegaan met hul inoefening vir 'n basisaanval. Met die spesifieke teiken (Shatotwa) in gedagte, was die fokus en beplanning egter nou baie meer doelgerig. Die hoofmag is ook in twee aanvalsgroepe verdeel.

Vyf Recces is van die hoofmag afgedeel om die verkenningspan te vorm. Charl was hul leier en Koos het as sy 2IB opgetree.

Terwyl die hoofmag op tipiese basisaanvalstaktiek gefokus het, was die verkenningspan op hul beurt op spesialisverkenningswerk ingestel. Daar was nog nie handleidings hieroor beskikbaar nie en die verkenningspan het staatgemaak op hul boskuns, gevegservaring en logika. Hul taak was om die ligging van die twee basisse te bevestig, die uitleg daarvan, hoeveel van die vyand daar gehuisves is, watter wapens in die verdedigingstellings ontplooi is, asook die beste rigting van aanval.

Om hulle hiervoor voor te berei, het hulle in die daaropvolgende weke dag-en-nag-navigasie geoefen en dit met langafstandstap gekombineer. Die span het hul radiokommunikasie opgeskerp, oplêtegnieke vir die dag sowel as die nag ingeoefen en hul nood- en RV-prosedures gekoördineer. Die operasie sou 'n basisaanval insluit, wat die moontlikheid om raakgeskiet te word, aansienlik verhoog het. 'n Groot deel van die inoefening het uit vryvalspronge bestaan, wat in die dag sowel as die nag met volle gevegsuitrusting uitgevoer is. Ná die spronge is groeperingstegnieke op die afgooistrook geoefen, asook die berging van die valskerms. Hulle het die prosedures nougeset gevolg om die afgooistrook vir die aanvalsmag met flitsligkodes te merk. Die span het hul boskuns opgeknap met groot klem op teenspoorsnytegnieke, wat sou waarborg dat hul teenwoordigheid op vyandelike bodem geheim bly. Verkenningsaspekte vir die nabyverkenning is ingeoefen, sowel as die gevegsprosedures vir wanneer die verkenningspan uiteindelik saam met die hoofmag die basis aanval.

Volgens Koos Moorcroft was die voorgenome ontplooiing 'n baie goeie voorbeeld van 'n klassieke spesialemagte-operasie wat uit 'n verkenning bestaan het, opgevolg deur 'n aanval. Een van die take van die verkenningspan was om die aanvalsmag na die teiken te lei. Naby die teiken sou die aanvalsgroep in twee verdeel en moes die verkenningspan (wat ook in twee verdeel het) die twee aanvalsmagte na die twee onderskeie basisse lei.

Die verkenningspan en die aanvalsmag was saam 24 man sterk. In konvensionele terme klink dit sekerlik na taamlik min vuurkrag om 'n teiken van sowat 240 soldate aan te val. Die Recces was egter opgelei om altyd teen 'n veel groter oormag te veg en dit het hulle geensins afgeskrik nie. In daardie stadium het die hele 1 VK buitendien nie uit veel meer operasionele lede bestaan nie.

As voorbereiding het die verkenningspan tydens die inoefening in 'n vyfmanformasie uit die C-160 gespring om seker te maak dat die span tydens die uitspring bymekaarbly. Dit was belangrik aangesien hulle andersins rond en bont oor 'n groot gebied sou land, wat dit moeilik sou maak om op die afgooistrook te groepeer. 1 Recce se vryvallers het gereeld saam aan formasiespronge geoefen vir vryvalkompetisies. Hierdie ondervinding het hulle nou baie goed te pas gekom.

Baie van die sowat 15 inoefeningspronge is in die Fort Doppies-gebied uit 'n Super Frelon-helikopter gedoen. Die Super Frelon het nes die C-160 'n laaiplatform gehad om van te spring. Niemand het ook die aanwesigheid van die helikopter in die Fort Doppies-omgewing bevraagteken nie.

Hul rugsakke was gepak met kos, water, ammunisie, mediese voorraad, radio's en ander items wat die Recces tydens die verkenning nodig sou kry. Dit het tussen 35 en 40 kg elk geweeg. Alpine-rugsakke is gebruik omdat die springers dit tydens die vryval agterop hulle bene kon vashaak. Daar is spesifiek op nagwerk gekonsentreer omdat die verkenning asook die infiltrasie na en van die Swapo-basisse in die nag sou geskied.

Charl en Koos was verantwoordelik vir die nabyverkenning op albei basisse. Hierdie verkenningsprosedure is deeglik in die Fort Doppies-omgewing ingeoefen. Hulle was dus baie goed voorberei vir die senutergende taak om die Swapo-basisse fisiek te infiltreer. Elkeen het presies geweet hoe om die vyand te vermy en wat hy spesifiek tydens die nabyverkenning moes waarneem.

Tydens die oefensprongle met die C-160 het die verkenningspan dikwels met die aanvalsgroep gekombineer. Die vliegtuig sou die verkenningspan op 'n hoogte van 3 657 m bo die grond uitgooi en ná landing het hulle die afgooistrook vir die komende aanvalsmag gemerk. Intussen het die C-160 tot op 'n hoogte van net 183 m bokant die grond gedaal vir die aanvalsmag om met statieselyn-valskerms uit te spring. Die verkenningspan het die landingstrook dan reeds voorberei en die aanvalsgroep ingewag. Alles het plaasgevind op die presiese tye wat die operasie uitgevoer sou word.

Met die inoefening het die verkenningspan gedurende die dag in die omgewing van Fort Doppies opgelê. Snags sou hulle die Fort Doppies-basis infiltreer om die nabyverkenning te oefen. Die basisaanval is oor en oor in samewerking met die aanvalsmag geoefen. Hierdie oefening het alle aspekte van die operasie ingesluit, vanaf die infiltrasie tot die basisaanval tot die uiteindelike onttrekking om deur die helikopters opgepik te word.

Ná 'n paar weke van intensiewe inoefening was Venter en Charl dit eens dat almal op standaard was en dat elke spanlid vertroud was met die plan en al die prosedures. Die Recces was nou superfiks en geslyp vir die taak op hande. Die twee kon met selfvertroue aankondig dat die verkenningspan sowel as die aanvalsmag in alle opsigte gereed was om die aanval op Shatotwa uit te voer.

Met die verkenningspan se aankoms op Rundu het hulle dadelik al hul uitrusting en valskerms in die C-160 gaan plaas, waarna die vliegtuig se deure toegemaak en gesluit is. Die vyf verkenners het 'n baie lae profiel gehandhaaf en probeer rus. Laat die middag is daar in die Rundu-basis 'n bord warm kos vir hulle berei. Hierdie ete was 'n ritueel wat tradisioneel by alle Recce-operateurs as "die laaste ete" bekend gestaan het.

Koos onthou dat daar 'n telefoonhokkie in die lugmagbasis was en hy het ná die ete sy vrou in Durban gebel. By Fort Doppies was daar nie sulke geriewe nie. Sy wou weet waarom hy so eienaardig en gespanne klink. Soos menige Recce-vrou het sy instinktief aangevoel dat iets nie pluis was nie. Die operateurs was altyd verbaas oor die vroue se intuïsie.

Die gewag voor die ontplooiing was senutergend en die verkenningspan kon weens die spanning nie regtig tot rus kom nie. Elkeen het die operasionele plan oor en oor in sy kop deurgegaan en die komende gebeure het in hul gedagtes afgespeel. Niemand het veel gepraat nie.

Omstreeks 19:00 is hulle na die vliegtuig en het die uitrusting, wapens en valskerms nagegaan en aan hul lywe vasgegord. Ter wille van geheimhouding het alles binne-in die vliegtuig plaasgevind en niemand is ook daar naby toegelaat nie.

Terwyl hulle die valskerms aanpas en mekaar nagaan, het kmdt Hans Möller daar opgedaag. Hy was een van enkele mense wat van die operasie geweet het. Met Charl se instemming het hy die eerste paar verse uit Psalm 144 aan hulle voorgelees en 'n gebed gedoen. Onder die omstandighede het die Recces dit baie waardeer en nadat Möller hulle sterkte toegewens het, het hy hulle alleen in die vliegtuig agtergelaat.[55]

---

55 Jare later, in 1991, toe Koos Moorcroft van 5 Recce na 8 Divisie verplaas is as divisie-sersantmajoor, is genlmaj Hans Möller (toe bevelvoerder Kommandement Oos-Transvaal) na Koos se afskeidsparade genooi as funksionaris. Koos het die 5 Recce-kapelaan gevra om tydens skriflesing en gebed die eerste paar verse uit Psalm 144 voor te lees. Agterna het Möller na Koos toe gestap en gesê: "Jy onthou, nè." Hierdie paar veelseggende woorde sou Koos vir die res van sy lewe bybly.

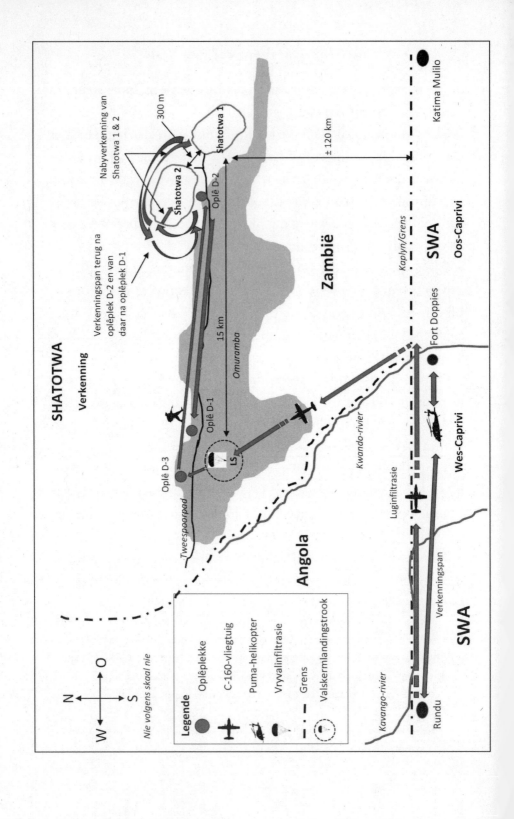

Die vyf Recces het hul finale inspeksies gedoen en daarna hul sitplekke ingeneem en vir die opstyg vasgegordel. Dit was weer eens 'n senutergende wagtyd. Eers ná sowat 'n uur het die span skielik die bekende huilgeluid gehoor van motore wat aangeskakel word en mettertyd egalig begin loop. Daardie berugte kla-geluid van die motore is een van die geluide wat geen Recce-operateur ooit sal vergeet nie; net soos die reuk van Aftur (vliegtuigbrand-stof) in sy bewussyn vassteek.

Die hele span was nou papnat gesweet en vol adrenalien; dit was 'n verligting toe die vliegtuig uiteindelik in beweging kom. Hulle het teen middernag opgestyg, in die rigting van Fort Dop-pies gevlieg en die Zambiese grens naby die Kwando-rivier oor-gesteek. Toe het hulle koers gekry na die afgooistrook waar die vliegtuig 'n hoogte van 3 657 m bo die grond sou handhaaf.

Die vlieënier, maj Errol Carpenter, het op 20 en toe weer 10 minute voor springtyd die teken gegee. Die span het saam op-gestaan, hul uitrusting aangehaak en alles nagegaan. Die finale inspeksie op mekaar het hulle amper metodies gedoen.

Met die minute wat aftik, het hulle hul ore gespits vir die be-kende metaalklikgeluid sodra die vlieënier die C-160 se laaiplat-form agter onder die stert oopmaak. Dit het beteken dat daar nou geen omdraaikans meer was nie. In die dowwe rooi ligte van die binneruim was die spanning op die springers se gesigte merkbaar.

Die onmiskenbare klikgeluid het presies ses minute voor spring-tyd gekom. Die laaiplatform het stadig oopgegaan en die ysige nagwind met 'n geweldige geraas in die vliegtuig se romp ingelaat.

Almal het instinktief geweet toe die vliegtuig kort daarna sy finale aanloop na die afgooistrook begin. Dit het nou nie meer van rigting verander nie, die motore het egalig geloop en die snel-heid het gaandeweg verminder. Drie minute voor uitspringtyd het die Recces nader aan die laaibrug beweeg. Hulle het in die donker gat voor hulle afgekyk terwyl die wind aan hul kamoefleer-uniforms pluk. Hulle hoogtemeters het 3 657 m bo die grond gewys, die beplande springhoogte.

Johnny Ackhurst en Koos Moorcroft het die basis van die for-masie gevorm. Hulle het mekaar stewig vasgevat en op die punt van die laaibrug gaan staan. Die res het hul posisies ingeneem en met stewige grepe aan Johnny en Koos vasgehou. Hulle was ge-reed om in 'n vyfmanformasie te spring. Binne hierdie geïsoleerde kring het die Recces absolute vertroue in mekaar gehad. Toe die groen lig aangaan, het Koos hardop getel: "Ready, set, go!" Die span het soos een man in die nag uitgespring.

Alles het seepglad verloop en hulle was onmiddellik stabiel in die formasie nadat hulle deur die vliegtuig se glystroom is. Dit was 'n helder maanligaand en ver onder hulle kon hulle nou die omuramba se oop grasvlakte uitmaak. Hulle het geweet dat hulle op die regte plek afgegooi is.

Op sowat 1 220 m bo die grond het die formasie uitmekaar gespat en hul valskerms oopgemaak. Charl was heel onder en die res het hom na die afgooistrook gevolg. Die span kon sy valskerm duidelik in die maanlig sien terwyl hulle daal. Die UT15-val-skerms kon goed beheer en gestuur word en dit het die taak vergemaklik om bymekaar te land.

Met impak het hulle die afgooistrook sanderig en taamlik sag gevind. Ná landing het die span hul wapens so stil as moontlik losgemaak, dit gespan en toe gelê en luister of hulle iets kon hoor. Eers nadat 'n hele paar minute verloop het, het Charl die teken gegee dat hulle twee-twee (in buddypare) hul valskerms moet oprol en gereed moet maak om die afgooistrook te verlaat. Hulle het eers baie seker gemaak dat hulle niks agterlaat nie en toe met die valskerms in die rigting van die oplêplek gestap waar hulle die nag sou deurbring.

Charl het die ligging van die oplêplek vooraf baie goed uit-gekies sodat hulle dit maklik in die nag kon vind. Die span moes eers oor 'n tweespoorpad beweeg wat van wes na oos in die rig-ting van die Swapo-basis geloop het. By die oplêplek het hulle dadelik stelling ingeneem in 'n rondom-verdedigingformasie en 'n uur lank doodstil gesit en wag.

Toe hulle steeds niks sien of hoor nie, het hulle twee-twee die valskerms versteek. Elkeen het hom deeglik gekamoefleer en vir dagbreek gewag. Met eerste lig het hulle weer seker gemaak dat die valskerms behoorlik weggesteek was en dat geen gedeelte van die doek of harnas sigbaar is nie. Hierna het die senutergende lang wag in die helder daglig begin. Die geheim was om doodstil te lê en geen onnodige beweging of geluid te maak nie. Dit was die span se eerste dag van oplê en die ure het traag verbygesleep. Laat die middag het hulle 'n voertuig in die pad hoor aankom. Die tweespoorpad was taamlik naby aan die Recces se skuilplek en hulle kon sien hoe die voertuig ooswaarts in die rigting van Shatotwa ry.

Eers ná laaste lig het die span vir die eerste keer uit hul skuil-plek opgestaan en gereed gemaak om die Swapo-basis vir die ver-kenning te nader. Charl het genavigeer en die span het die basis-gebied baie versigtig genader. Hoewel hulle min of meer geweet het waar die basis was, was dit donker en hulle moes seker maak dat hulle nie onverwags daarin vasloop nie.

In die vroeë oggendure, terwyl dit nog donker was, het hulle in 'n tweede skuilplek inbeweeg om weer gedurende die dag op te lê. Charl het gesê dat hulle nou baie naby aan die basis behoort te wees. Toe dit begin lig word, het hulle stemme en beweging reg rondom hulle gehoor. Hulle kom toe agter dat hul skuilplek reg tussen die twee Shatotwa-basisse was.

Gedurende die dag kon hulle hoor hoe die Swapo's liggaamsoefeninge doen en daar was ook 'n parade waartydens driftige politieke toesprake gelewer is. Hoewel hulle nie die taal kon verstaan nie, het hulle geen twyfel oor die trant van die aanbiedings gehad nie. Daar was die hele dag baie beweging in en rondom die twee basisse. Dit het 'n senutergende dag geword met Swapo-soldate wat naby die oplêplek verbygeloop en met mekaar gesels het.

Die Recces was nou sowat 15 km van die afgooistrook af. Hul teenspoorsnytegnieke moes baie goed gewerk het, want anders sou Swapo hulle teen hierdie tyd lankal reeds opgespoor het. Die span het angstig gewag dat dit nag word sodat hulle die naby-verkenning kon uitvoer.

Uiteindelik was dit heeltemal donker. Charl en Koos het hul rugsakke agtergelaat en net met borsuitrusting, 'n waterbottel en 'n AK47 hul verkenning begin. Die res van die span het onder bevel van Jimmy Oberholzer in die skuiling agtergebly.

Die twee het die eerste Swapo-basis behoedsaam genader. In die kamp het die soldate ontspanne om die vure sit en gesels, party het gesing en ander het doelloos rondgedrentel, totaal onbewus van die twee Recces wat die basis binnesluip.

Charl was voor en Koos het hom gevolg in hierdie gevaarlike deel van die verkenning. Hulle het stadig beweeg, van boom tot boom, bos tot bos, skadukol tot skadukol. Elke beweging is eers deeglik oorweeg en verken en daarna behoedsaam uitgevoer. Hulle het die basis al hoe dieper binnegedring, die heeltyd fyn waargeneem en alles gememoriseer. Charl wou die presiese ligging van die bevelvoerder se hut vasstel, maar het daarteen besluit omdat

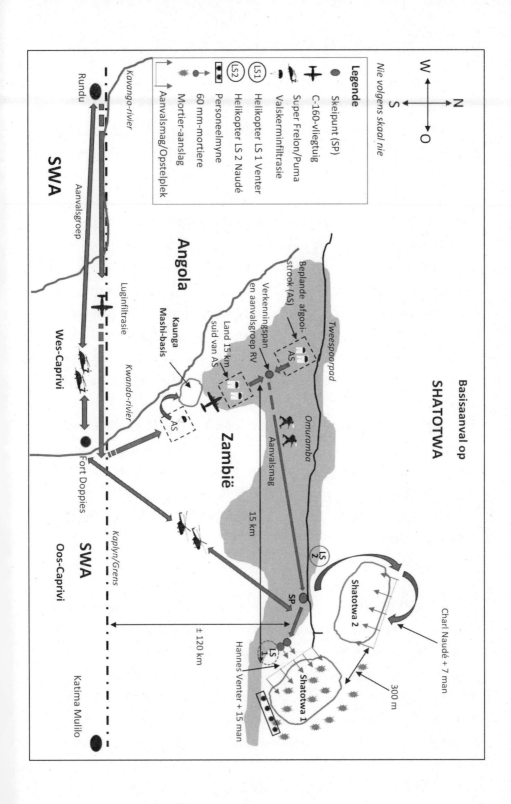

alles in elk geval met die aanval in die slag sou bly. Uiteindelik het hy vir Koos gefluister dat hulle genoeg gesien het.

Die tweede basis was sowat 300 m weg en hul eerste taak was om die presiese ligging daarvan te bevestig. Om die risiko te verminder om in hierdie laat stadium betrap te word, het Charl besluit om nie 'n nabyverkenning van die tweede basis te doen nie. Hulle het tot 10 m van die basis beweeg en dit 'n geruime tyd sit en dophou. Toe hulle alles gesien het wat hulle wou sien, het hulle versigtig teruggetrek.

Die twee is terug na die skuilplek waar Jimmy, Grobbies en Johnny hulle met groot oë ingewag het. Met die uitrusting bymekaar het die hele span nou in die rigting van die afgooistrook beweeg. Hulle het steeds teenspoorsny toegepas, want in hierdie stadium van die operasie kon niemand bekostig dat hul teenwoordigheid ontdek word nie.

Naby die afgooistrook het die span weer in 'n skuilplek inbeweeg om daar vir die dag op te lê – dit was nou dag 3 van die verkenning. Vroeg die oggend het hulle in radiokommunikasie met Fort Doppies bevestig dat hulle die Swapo-basisse opgespoor en verken het, en dat dit vol Swapo's was. Hulle het versoek dat die aanvalsmag moet inkom soos beplan.

Ná laaste lig het Charl en Koos hul rugsakke by die span in die skuilplek gelos en na die afgooistrook beweeg. Hulle het nou voorberei om die strook later die aand met flitsligte te merk vir die aanvalsgroep se valskerminfiltrasie. Dit was winter. Hulle het hul slaapsakke saamgeneem om dit om hul lywe te draai vir die koue terwyl hulle wag.

Koos en Charl het die dreuning van maj Errol Carpenter se C-160-vliegtuig op die regte tyd hoor aankom. Die rigting was perfek en toe die Carpenter die radiokode gee, het hulle met hul sterk flitsligte 'n kode in die rigting van die C-160 geflits. Die groep sou nie spring voordat die vlieënier die kode geïdentifiseer het nie.

"Perfek op tyd," het Charl gesê. "Hier kom die manne nou!"

Tot hul uiterste verbasing het die C-160 egter bo-oor hulle gevlieg sonder dat enige springers by die vliegtuig uitpeul. Die Recces het vir sekerheidsdoeleindes nooit met vliegtuie gepraat nie en radiostilte gehandhaaf. Toe die vliegtuig egter wegvlieg sonder dat daar enigiets gebeur, het Charl teen alle prosedures oor die baie-hoëfrekwensieradio (BHF-radio) geroep: "Waar is die springers?" Hy het hulle reeds 5 minute vroeër losgelaat, antwoord Carpenter. Sy berekeninge het gewys dat hulle toe bokant die afgooi-strook was.

Charl en Koos was verbysterd. Teen die C-160 se spoed van 120 knope sou die hoofmag gewis nou baie ver van die afgooi-strook af iewers in die bos te lande gekom het.

Charl het dadelik 'n kompaspeiling geneem in die rigting waarin die C-160 weggevlieg het. Hulle het die terugpeiling uitgewerk en toe in die teenoorgestelde rigting begin stap. Dit was 'n byna desperate poging om die aanvalsmag op te spoor. Tyd was nou van kritieke belang. Hulle sou mekaar dieselfde aand nog moes kry en terugstap na die Shatotwa-basisse toe om die aanval met eerste lig uit te voer.

Die agt Recces wat Kaunga Mashi moes aanval (Connie van Wyk se span), het eerste op 'n hoogte van 183 m bo grondvlak uit die C-160 gespring.[56] Enkele minute later het die 19 Recces wat

---

56 Connie van Wyk se span het die Swapo-basis by Kaunga Mashi egter heeltemal verlate gevind.

Shatotwa as teiken gehad het, op dieselfde hoogte in twee stringe gespring, een aan die bakboord- en een aan die stuurboordkant.

Toe Hannes Venter uitspring, kon hy dadelik sien dat hulle nie bokant die afgooistrook was nie. Onder hom het hy net bome in die maanlig gesien. Ná sy landing het hy John More in Fort Doppies per radio in kennis gestel dat die infiltrasie nie volgens plan verloop het nie.

Frans van Dyk, 'n ervare valskermspringer, kon geen teken van Charl en Koos se kodeligte sien nadat hy uitgespring het nie. Hy het dadelik besef dat hulle nie op die regte strook gespring het nie.

Hierdie fout van die lugmag kon nou die hele operasie laat skipbreuk ly en ook die operateurs se lewe in gevaar stel. Venter het geen idee gehad hoe naby of hoe ver hulle van die naaste Zambiërs af was nie. Kenaas Conradie het die valskerms op 'n hoop laat pak waarna dit gekamoefleer en met fosforgranate ge-myn is – dit sou afgaan indien iemand dalk later daarop afkom. Venter besluit toe om in dieselfde rigting te stap as wat die vlieg-tuig weggevlieg het – met die hoop dat hulle in die verkenning-span sou vasloop.

Nadat hulle 'n ent gestap het, stuur hy Frans en nog 'n opera-teur met net 'n radio en gevegsuitrusting vooruit om die verken-ningspan te probeer vind. Die twee het ná 'n baie lang stap steeds niks gekry nie en besluit om eerder om te draai. Hulle kom toe weer op hul kompaspeiling terug, maar sien 'n beweging en neem dekking. Ver weg in die omuramba was daar mense.

Dit was onmoontlik om te bepaal of dit die vyand, plaaslike bevolking of dalk inderdaad Charl-hulle was. Maar die risiko was te groot om nader te gaan. Terwyl hulle terugstap het die gedagte by hulle bly spook dat dit wel Charl-hulle kon gewees het.

Met hul terugkeer by die hoofmag besluit Venter om radiostilte

Heel bo: Operateurs in 'n Unita-basis in Angola. Links staan Douw Steyn en regs sit Burt Sachse.

Bo: Operateurs ontspan tydens 'n operasie. Vlnr is Marão da Costa, Hannes Venter en Lieb Liebenberg.

Heel bo: Opleiding van Unita-guerrillas in Angola.

Bo: Operateurs ontspan in 'n Unita-basis. Regs sit Tony Vierra.

Heel bo: Operateurs steek 'n rivier in Angola oor saam met Unita-guerrillas.

Bo: Operateurs ontspan in 'n Unita-basis. Heel agter vlnr sit SW Fourie en Burt Sachse (met kaal bolywe) en Klein-Kloppies Kloppers. Regs sit Rieme de Jager (besig om bier te drink), Paul Courtney en Kokkie de Kok. Voor staan Sam Fourie.

Heel bo: 1 VK-operateurs in die destydse Rhodesië by die Kariba-dam. Vlnr is André Diedericks, Rocky van Blerk, Callie Greyling en Kolle Olivier.

Bo: Philip Kalumbek, 1 VK se Boesman-spoorsnyer in Rhodesië.

Bo: 1 VK-operateurs besig met brugvernieling aan die Russian Front in Mosambiek.

Regs: Shaun Mullen in Angola tydens 'n operasie. Operateurs se rugsakke was gepak met alles wat hulle nodig sou kry en het dikwels tussen 35 en 40 kg elk geweeg.

Bo: Kursusgangers in 'n gras-skuiling tydens hul boskuns- en spoorsnykursus.

Links: Opleiding in stedelike oorlogvoering waar die teiken op motorfietse genader word. Een operateur val die teiken aan terwyl sy makker die motorfiets aan die gang hou.

Oorkant

Bo: Operateurs het op die kleintaktiekkursus onder meer geleer hoe om voertuigmyne te plant.

Onder: Uitbreek tydens omsingeling op 'n kleintaktiekkursus. Links voor vuur Francis Smit die 60 mm-kommandomortier. Hy het later jare 'n bekende hartchirurg in Bloemfontein geword.

Links: Bones Boonzaier en Kolle Olivier besig met PT (liggaamsoefeninge).

Onder: Voorbereiding vir ontplooiing na Angola. Vlnr is Sivvie Swart, Tommie Thomas, James Teitge, Jack Greeff, Kokkie de Kok en Callie Greyling.

Oorkant heel bo: Unimog Sabre waarop 'n 14,5 mm-lugafweerkanon gemonteer is.

Bo: Unimog Sabre waarop 'n 106 mm- terugslaglose kanon gemonteer is.

Heel bo: Skip Dlamini en Barry Visser besig met opleiding in stedelike oorlogvoering.

Bo: Opleiding in stedelike oorlogvoering.

Heel bo: Helikopter-"rappelling" – die beheerde touneerlating van operateurs vanuit 'n helikopter.

Bo: Abseil vanaf 'n gebou.

Heel bo: Vryvalsprong tot op 'n gebou se dak.

Bo: Justin Vermaak, Chris Greyling en Johnny Maass van 1 VK ontspan in Fort Foot, Rundu.

Heel bo: Spik Botha en sy span oefen rivieroorsteking op die Kwando-rivier by Fort Doppies. Barries Barnard staan regs.

Bo: Kolle Olivier en Roy Vermaak doen rivieroorsteking op die Kwando-rivier by Fort Doppies.

Heel bo: Operateurs oefen om met gevegsuitrusting te swem. Voor is Garry Yaffe.

Bo: Operateurs oefen stedelike hindernisoorsteking.

Bo: Operateurs oefen stedelike oorlogvoering.

Links: Lucky Tshauambea en Barry Visser doen geboue-penetrasie tydens 'n stedelike oorlogvoerings- oefening.

Bo: Motorfietse ontplooi met 'n Puma-helikopter.

te verbreek en roep kort-kort met die BHF-radio na Charl. Dit was 'n groot waagstuk omdat Swapo kon inluister en albei hul basisse onmiddellik op 'n gereedheidgrondslag sou plaas.

Die verligting was dus groot toe hy uiteindelik 'n antwoord kry. Die radio is by uitstek vir grond-tot-lug-kommunikasie bedoel en het 'n baie beperkte opvangs, veral as daar hindernisse soos bome tussen-in is. Charl kon dus nie baie ver van die hoofmag af wees nie.

Venter kon Charl nietemin net dofweg hoor. Hulle besluit toe dat Charl steeds suidwaarts sal beweeg al op die C-160 se vlug-roete terwyl Venter en sy hoofmag direk noord beweeg. Hulle het gehoop om mekaar te ontmoet waar die vlugroete die omu-ramba aan die suidekant kruis en die RV-tyd is vir 01:00 vasge-stel. As die RV onsuksesvol was, sou die operasie op grond van sekerheid en gebrek aan die verrassingselement afgelas word en sou hulle met eerste lig onttrekking per helikopter aanvra.

Dit was egter nie nodig nie. Ná al die onsekerheid het die twee groepe uiteindelik by mekaar uitgekom. Charl het almal vinnig ingelig en daar is besluit dat die aanval op Shatotwa moet voort-gaan. Venter het die Tak HK in Fort Doppies in kennis gestel en gevra dat die helikopters om 08:00 die volgende oggend naby aan die Shatotwa-basisse moes wees om hulle uit te lig ingeval daar nie radio-kommunikasie was nie.

Charl Naudé se verkenningspan het voor gestap en die hoofmag na die Shatotwa-basisse toe gelei. Hulle het baie vinnig geloop omdat dit reeds ná middernag was en hulle nie op vreemde bo-dem deur die daglig oorval wou word voordat die taak afgehan-del is nie.

Uiteindelik het die groep die beplande skeipunt bereik, baie

naby aan die Swapo-basisse, waar die aanvalsmag en die verken-
ningsgroep moes verdeel. Koos en Dowe Grobbies het by Venter
se groep aangesluit, wat Shatotwa 1 sou aanval, en Jimmy Ober-
holzer en Johnny Ackhurst het by Charl gebly. Om die getalsterkte
van die twee aanvalspanne meer eweredig te versprei is nog 'n
paar van Venter se manne na Charl toe.

Koos het Venter se groep na Shatotwa 1 gelei terwyl Charl se
groep Shatotwa 2 genader het. Al die wapens was gespan en die
veiligheidsknippe op vuur gestel.

Venter-hulle het Shatotwa 1 behoedsaam genader. Namate hulle
naderkom sien hulle die hutte se grasdakke in die maanlig blink.
Dis onheilspellend stil en nie eens 'n hond blaf nie. Dit verontrus
hulle – die gedagte dat daar nêrens 'n hond blaf nie. Elke kamp
het immers 'n hond of twee, waarom ruik die honde hulle nie?

Die span het vinnig hul posisies ingeneem. Elkeen het agter 'n
bossie of langs 'n boom gehurk en in doodse stilte gewag, presies
soos hulle alles ingeoefen het. Frans van Dyk het sy twee 60 mm-
kommandomortiere sowat 5 m agter hulle opgestel.

Hulle het die mortiersakke saggies oopgemaak, die bomme uit-
gehaal en die neusbuise geaktiveer. Hulpladings was onnodig om-
dat hulle op 'n baie kort afstand sou vuur. Sodra die eerste skoot
klap sou die twee mortieriste hul bomme in die Swapo-kamp begin
gooi. Ná die eerste hewige bombardement sou hulle die mortier-
bomme al hoe verder na links en regs versprei om die vyand se
ontsnaproetes af te sny.

Kenaas Conradie en sy sappeur het Claymore- en gewone teen-
personeelmyne aan die suidekant van die omuramba en die ooste-
kant van die watergat opgestel. Nou wag die groep angstig vir
eerste lig. Dis 'n heerlike wintersnag en soos te wagte wel effens
koelerig. Soos die oggend naderkom, raak dit al hoe kouer. Toe

die operateurs hul rugsakke afhaal, is hul rûe papnat gesweet en in die koel luggie begin hulle nou koud kry.

Voor hulle begin die slapende Swapo-basis nou wakker word. In die stilte is daar meteens roeringe, manne wat hoes en steun as hulle opstaan en hul lywe ná die nag se slaap uitrek. 'n Onderlangse gemompel en kuggies is oral hoorbaar. Die wagte by die basis se ingang – skaars 40 m weg van die aanvalsmag – steek sigarette op en begin gesels. Daar is altyd die risiko dat iets hulle kan waarsku dat die Recces op hul voorstoep is.

Sowat 300 m daarvandaan lê Charl Naudé se groep en wag. Hulle is sowat 20 m van die Shatotwa 2-basis opgestel en wag dat Hannes met eerste lig die aanval by Shatotwa 1 "spring". Sodra Hannes-hulle begin skiet, sal Charl se groep onmiddellik tot die aanval oorgaan. Die twee Swapo-basisse huisves elk sowat 120 soldate. Charl kyk na die sewe operateurs by hom wat gereed is om aan te val. Die doktrine stel dit duidelik dat jy die vyand met 'n oormag van drie tot een moet aanval, veral as dit 'n basis is met die vyand in loopgrawe verskans.

Terwyl hulle vir Hannes wag om die aanval te begin, stap iemand uit 'n hut reg voor hulle. Dis 'n Swapo-vegter wat sonder sy geweer reguit na die Recces toe aangestap kom. Hy stap op LC Odendal af wat langs 'n meter hoë bossie sy posisie ingeneem het. Die res van die span verskuif effens en toe is hulle weer doodstil. Maar elke AK47 is nou roerloos op die man gerig wat aangestap kom. Adrenalien jaag deur die operateurs se are; hulle hou terselfdertyd asem op en hoor hul harte hard in hul ore klop.

Die man gaan staan reg voor LC. Hy was duidelik nog erg deur die slaap want die volgende oomblik urineer hy bo-op hom sonder om hom te sien. Dit was een te veel vir LC en hy skiet die man net daar in sy spore dood.

Toe die skoot klap, brand die hele aanvalsmag gelyktydig met AK47's en RPG7's op die basis los. Terselfdertyd breek alle hel 300 m verder los, waar Hannes se span Shatotwa 1 met AK47's, RPG7's en mortiere bestook.

Hul eerste teiken is die wagte by die beheerpunt en wagpos. Hulle is óf dadelik doodgeskiet óf het op die vlug geslaan, want hulle het skielik nie meer teruggevuur nie. Van die Recces se RPG7-vuurpyle tref die hutte. Minstens drie reg voor hulle slaan aan die brand en veroorsaak 'n muur van vlamme 15 m voor die aanvalsmag. Dit verlig die Recces se eie posisies helder. Bokant hul koppe breek ligspoor- en gewone koeëls die lug met skerp knalgeluide.

Hannes en Kenaas het gereken dat hierdie vuur moontlik van Charl Naudé se groep af gekom het.

Vanuit die hoofbasis word daar nou ook in die rigting van Charl se groep geskiet. Hannes se mag staan almal uit hul stellings op en beweeg vorentoe. Hulle word onmiddellik met LMG's onder die koeëls gesteek. Die LMG-stellings was in die noordwestelike deel van die basis en taamlik naby aan die Recces. Daar is egter nie juis noemenswaardige vuur uit die hoofbasis nie omdat die hele kamp duidelik aan die slaap gevang is.

Hannes se mag sit hul aanval met vuur-en-bewegingstegniek voort. Hulle hardloop egter nie soos gewoonlik nie, maar voer die aanval met 'n baie vinnige stappas uit. Stap en skiet, stap en skiet sonder ophou sodat die groep sy momentum behou. RPG7-vuurpyle en mortierbomme ontplof oral in die basis en ruk dit aan flarde. Die Recces het baie ligspoorkoeëls in hul magasyne, wat die droë gras aan die brand laat slaan. Mettertyd is die hele kamp in ligte laaie. In die skynsel van die vlamme sien hulle hoe die Swapo's hardloop en rondswenk om die koeëls te ontduik.

Die basis is so onverhoeds betrap dat die meeste Swapo-soldate se gewere nog in hul hutte is. Die Recces maai onder hulle met PKM-masjiengewere, AK47's en RPG7's, terwyl die mortiere op 'n kort afstand oorhoofse vuur lewer. In die vroegoggendstilte van die bos is die ontploffings en masjiengeweersarsies oorverdowend.

Die ligspoorkoeëls trek in helder ligstrepe 'n meter bokant die grond en mense knak soos grashalms voor die aanslag. Die Recces beweeg steeds vorentoe. Die geveg kon dalk net 'n paar minute geduur het, dis nie moontlik om die tydsduur agterna te herroep nie. Vir sommige Recces kon dit na ure gevoel het, maar ná enkele minute het hulle reeds deur die doelwit beweeg.

Toe tree die doodse stilte in wat so eie aan vuurgevegte is. Met ore wat tuit het die Recces nie eens geweet of Swapo heeltyd teruggevuur het of nie, hulle was te gefokus op hul eie taak. Met die oorlogslawaai sou hulle buitendien nie die vyandelike vuur kon hoor nie. Maar nou, in die stilte, word hulle vir die eerste keer bewus van die steungeluide van die gewonde Swapo-vegters.

Ook by die Shatotwa 2-basis is die oorlogsrumoer nou stil. Die twee aanvalsmagte se tydsberekening was perfek gesinchroniseer.

Nadat die hoofmag deur Shatotwa 1 beweeg het, het hulle omgedraai om die basis te "vee" en op te ruim. In die proses het hulle kaarte, dokumente en inligting van enige aard bymekaargemaak. Intussen het die mortierspan hul bomme al hoe verder van die basis laat val om die ontsnaproetes te dek.

Die aanvalsmag het die situasie ten volle onder beheer gehad, maar Venter het nie die moontlikheid uitgesluit nie dat hulle met die koms van daglig in die basis vasgepen kon word deur vyandelike vuur van buite.

Hulle het besluit om oor die omuramba terug te trek. Kenaas

moes voor saam met die verkenners loop om die myne wat hulle geplant het, te vermy. Die res het in enkelgelid gevolg.

Aan die suidekant van die omuramba het hulle 'n rukkie gerus. Iemand met 'n LMG het steeds kort-kort op Hannes-hulle gevuur en in die rigting van Charl se groep kon hulle nog enkele skote hoor. Dit was al daglig en hy het besluit om heeltyd langs die omuramba te bly onderweg na die helikopter-landingstrook.

Die groep het egter skaars aan die beweeg gekom toe Gert Eksteen, wat heel agter loop om hul rug te beskerm, sien dat daar iemand agter hom loop. Hy het die spanlede reeds 'n paar keer getel en telkens een persoon te veel gekry. Skielik besef die man agter hom wat aangaan en begin weghardloop. Gert trek los en skiet hom met 'n goed gemikte sarsie plat. Dit was toe al die tyd 'n Swapo-soldaat wat die Recces vir Swapo's aangesien het en besluit het om agter in te val en die groep te volg.

Skielik is daar 'n helse ontploffing voor en iemand skreeu: "Mortiere!" Venter het dadelik besef dat dit nie mortiere was nie, maar 'n myn wat afgegaan het. Hy het almal aangesê om doodstil te staan. Die span het in hul eie mynveld beland en een van die paar myne afgetrap. 'n Gevoel van mislikheid, skok en woede het in hom opgestoot.

Neil Robertson, wat die myn afgetrap het, het sy been in die ontploffing verloor. Klein-Lieb Liebenberg, wat agter hom was, is deur heelwat skrapnel getref.

Venter het almal aangesê om versigtig in die sand met hul Puma-jagmesse vir nog myne te soek. Kenaas het die voortou geneem en 'n baan skoongemaak waarlangs die ander kon volg. Marius Viljoen, die groep se medic, het by Neil uitgekom en hom behandel. Hy het terselfdertyd vir een van die ander instruksies gegee om Klein-Lieb te versorg.

Venter het Flip Marx en Frans van Dyk intussen gevra om twee stewige pale te kap waaraan hulle 'n poncho kon vasmaak om 'n draagbaar vir Neil te prakseer. Die twee het van bos tot bos gespring op soek na geskikte pale – hulle het gemeen niemand sou 'n myn in 'n bos plant nie. Dit het lank geduur – of so het dit altans vir almal gevoel – voordat Marius uiteindelik gesê het dat Neil nou gestabiliseer is en dat die span hom kon saamdra.

'n Groter tragedie is per toeval afgeweer deurdat een van die spanlede wat voor Neil gestap het, se stewel per ongeluk gehaak het aan die slagsnoer (Cordtex) wat die teenpersoneelmyn aan 'n Claymore-myn gekoppel het. In die proses is die slagsnoer en slag-doppie uit die Claymore uitgetrek. Dit was die ander se redding toe Neil die myn aftrap want die Claymore, wat honderde yster-balletjies oor 'n groot afstand uitskiet wanneer dit ontplof, kon toe nie afgaan nie. Dit sou baie meer ongevalle onder die groep veroorsaak het.

Daar het nou slegs twee verkenners voor die span geloop, met Gert steeds heel agter om die agterhoede te dek. Die res van die span het beurte gemaak om die swaargeboude Neil te dra. Dié keer het die Recces se bygeloof waar geword dat die een wat die rol van die beseerde tydens die inoefening vertolk, tydens die operasie beseer gaan word. Klein-Lieb kon ten spyte van al die skrapnel darem nog self loop. Die bos het hul vordering bemoeilik en Venter het die waagstuk geneem om hulle in die grasvlakte van die omuramba te laat stap.

Toe dit lig word, het hulle begin uitkyk vir 'n geskikte helikopter-landingstrook. Daar was meer dekking aan die noordekant van die omuramba en hulle is soontoe. Venter het radiokontak met maj John More gemaak om hom op die hoogte te bring van die situasie. Die helikopters sou binne tien minute by Fort Doppies

opstyg, het More gesê. Die brandende Shatotwa-basis is as ver-
wysingspunt gebruik omdat dit maklik deur die vlieëniers raak-
gesien sou word.

Venter kon Charl nie op die radio in die hande kry nie. Hy het
ook nie geweet hoe hul aanval op Shatotwa 2 verloop het nie en
was bekommerd dat hulle dalk verliese kon gely het.

Eers later het hulle gehoor hoe Charl se span reg teen Shatotwa
2 gelê en wag het vir eerste lig. In die oggendskemer kon hulle
hoor hoe die Swapo-soldate hardop tel terwyl hulle liggaams-
oefeninge doen. Die Recces het in spanning gewag dat dit 'n bie-
tjie ligter word sodat hulle kon aanval. In hierdie intense oomblik
van groot spanning en hoë adrenalienvlakke kom Bones Boon-
zaaier se fluisterstem uit die bloute: "Kaptein, kan ek maar 'n
sigaret opsteek?" Bones se verbysterende versoek en Charl se hef-
tige "Ek donner jou dood!" sou in die jare wat kom die fokus-
punt van vele kroeggesprekke wees.

Ná die aanval op Shatotwa 2 het Charl se span teruggedraai,
deur die basis beweeg en dit opgeruim. In een stadium gedurende
die aanval het Charl gesien hoe Johnny Ackhurst deur 'n muur van
vyandelike ligspoorkoeëls hardloop, in 'n vuurhouding afgaan
en vir Charl skreeu: "Move!" Dit was tipiese vuur-en-beweging-
aksie gekombineer met aggressiewe gevegspraak. Charl was ver-
baas dat Johnny nie raakgeskiet is nie en het besluit om eerder
onder die vyandelike ligspoorkoeëls deur te kruip.

Elke Recce het geweet dat sy mede-operateurs hom nooit sou
agterlaat as hy sneuwel of gewond word nie. Dit was hierdie ab-
solute afhanklikheid van en vertroue in mekaar wat die onbreek-
bare band tussen die Recce-operateurs gesmee het.

Met die teiken vernietig, het die groep in die middel van die kamp bymekaargekom. Dit het steeds nie beteken dat die gevaar heeltemal verby was nie. Maar Bones het al klaar weer 'n sigaret in die hand gehad. Charl was bang dat 'n gewonde Swapo-soldaat die kooltjie kon raaksien en Bones doodskiet. Hy probeer hom keer om dit aan te steek maar dit was te laat. 'n Selfvoldane Bones het in die middel van die brandende basis gestaan, sigaret in die hand. "Kaptein, ou Bones is nou in charge van hierdie kamp!" het hy selfvoldaan verklaar.

Dit alles sou Hannes Venter-hulle egter eers heelwat later hoor. Op die landingstrook het dit al hoe ligter geraak en hy het geskat dat hulle sowat 600 m van die brandende basis af was. Hy het mense met gewere en in volle uniform gesien wat in 'n gevegsfor-masie in hul rigting beweeg. Dit kon Zambiese soldate wees en die Recces het gereed gemaak om op hulle te vuur met mortiere, die oorblywende RPG7-vuurpyle en AK47's.

Marius het intussen vir die beseerde Neil Robertson 'n nuwe drup opgesit, hom 'n Sosegon-inspuiting teen die pyn gegee en die bloeding met vars bomverbande beheer. Die span het nou die landingstrook vir die helikopter voorberei.

Jimmy Oberholzer het las van sy maag en hy verdwyn in die bos net toe die vyand 'n teenaanval loods. Charl se span was die naaste en skiet onmiddellik terug terwyl Venter-hulle van die lan-dingstrook af op die aankomende linie skiet. Jimmy skrik hom boeglam vir die lawaai en kom broek op die knieë uit die bos aangehardloop. "Wat gaan aan, wat gaan aan?" roep hy heeltyd, terwyl hy sy broek probeer optrek. Die vuur van twee kante af en 'n paar gesneuweldes laat die vyand egter gou die aftog blaas.

In die stilte onmiddellik ná die geweervuur hoor die span die dreuning van helikopters naderkom. Die Super Frelon vlieg in hul rigting en Venter probeer radiokontak maak. Tot sy ontsteltenis kom hy agter dat die vlieënier die vyandelike mag as Recces aan-sien. Hy vlieg bo-oor Venter-hulle reguit na die gewapende vyand toe. Venter roep dringend oor die radio en hulle waai aanhou-dend hul arms maar die vlieënier, maj Sedge Dunning, sien hulle nie raak nie.

Maj Bees Marais se Puma-helikopter het intussen reeds bo hulle gesirkel. Uiteindelik besef Dunning wat aangaan en hy draai die helikopter op 'n tiekie om en vlieg terug. Maar die vyandelike mag, wat gereken het die helikopter gaan hulle aanval, het toe reeds op die vlug geslaan.

Al die Recce-operateurs in die omuramba was nou gereed om uitgelig te word. Die oomblik toe die Super Frelon land, is die hele span saam met Neil en Klein-Lieb blitsig deur die oop deur aan boord.

Charl en sy span was onderweg na die plek waar hulle die vorige aand hul uitrusting agtergelaat het en het nie geweet wat aangaan nie. Marais het hulle uit die lug raakgesien en by hulle gaan land. Daarna het hy hulle na die wegsteekplek geneem en hulle het amper al die uitrusting herwin. Koos Moorcroft het egter syne 'n ent weg van die ander weggesteek. Die helikopter het nie genoeg brandstof gehad om dit te soek nie en Charl het besluit om dit agter te laat.

Onderweg na Fort Doppies het Venter en Charl mekaar per radio ingelig oor die afloop van die twee afsonderlike aanvalle. Hulle het More gekontak en daar is besluit dat die Super Frelon by Fort Doppies net brandstof sal inneem en daarna reguit Grootfontein toe sal vlieg met Neil en Klein-Lieb. By Fort Dop-pies het die dokter op bystand en 'n span medics ingeklim om na die gewondes om te sien.

Genlmaj Viljoen het besluit om ook saam te vlieg Grootfontein toe. Venter het 'n paar minute gehad om hom agtergrondinligting oor die operasie te gee. Viljoen was besonder tevrede met die uitslag, maar glad nie gelukkig dat Neil een van hul eie myne afgetrap het nie. Sy reaksie op die mynvoorval het Hannes Venter se persoonlike siening oor die aanwending van myne onder hierdie omstandighede bevestig.

Kort ná die helikopter se vertrek wil Koos en Kenaas dringend met Venter praat. Dit kom toe aan die lig dat Kenaas vir Koos 'n brief van sy vrou uit Durban saamgebring het en dat die geadresseerde koevert nou in sy rugsak iewers onder 'n boom in Zambië agtergebly het.

In Fort Doppies het die Recces intussen op die BBC World Service gehoor hoe Kenneth Kaunda in radio- en TV-uitsendings die wêreld inlig dat Suid-Afrika 'n fasiliteit met skoolkinders en 'n hospitaal aangeval het. Die Zambiërs het uitrusting op die toneel gekry wat Suid-Afrika se betrokkenheid bewys. Dit was toe al die tyd Neil Robertson se 9 mm-Star-pistool en ammunisie wat agtergebly het tydens sy behandeling en afvoer.

Dit was 'n groot bron van kommer vir sowel die spesialemagte-HK as genl Magnus Malan, toe Hoof van die Weermag. Dan was daar boonop die koevert met die Durban-adres in die verlore rugsak. Malan ontbied toe die Recces se leierspan en reeds die volgende dag rapporteer Hannes Venter, Charl Naudé, Koos Moorcroft en Kenaas Conradie by sy kantoor in Pretoria.

Dit is net Malan, sy persoonlike assistent en die vier Recces wat vergader. Hy was duidelik bekommerd oor die brief wat in die rugsak agtergebly het. Agterna sou die Recces hul onbeholpe verduideliking hiervan taamlik komies vind. Malan was bang dat Koos se Durbanse adres in die media sou verskyn en dat die pers hom by sy huis op die Bluff sou voorkeer en uitvra. Hy het voorgestel dat die spesialemagte vir hom 'n alternatiewe huis moes kry tot tyd en wyl die stof gaan lê het. Die Recces kon kwalik hul lag bedwing oor die uitdrukking op Koos se gesig by die gedagte dat hy moet verhuis.

Malan wou ook weet wat hulle gaan doen om te verhinder dat hul uitrusting tydens toekomstige operasies in die vyand se hande val en as bewys van Suid-Afrika se betrokkenheid gebruik word. Venter het voorgestel dat al die Recces se uitrusting voortaan nie-terugspoorbaar moet wees. Op dié manier het Shatotwa daartoe gelei dat die Recces daarna ten volle toegerus sou wees met nie-terugspoorbare uitrusting. Vele operasies is in Unita se naam uitgevoer met Unita-uitrusting – maar dit was nie op dieselfde standaard as die Suid-Afrikaanse uitrusting nie.

In samewerking met genl SA Engelbrecht is groot hoeveelhede nuwe, nie-terugspoorbare uitrusting gekoop. Uitrustinglyste is binne Recce-geledere gesirkuleer. Dit het egter daartoe gelei dat baie on-nodige items aangekoop is. Sommige hiervan sou nooit gebruik word nie, terwyl ander net in 'n enkele operasie aangewend is waarna dit in die stoorkamers vergete geraak het.

Die kwessie het Malan steeds gepla, want 'n paar weke ná Sha-totwa ontvang John More 'n oproep dat dié hom reeds 07:00 die volgende oggend wil sien. Dit bring mee dat More 03:00 die oggend met 'n Puma-helikopter na Swartkop-lughawe in Pretoria gevlieg word waar 'n motor hom oplaai. Op die kop 07:00 sit hy voor Malan se kantoor en wag. Dié kom kort daarna daar aan.

Nadat hy John kortaf gegroet het, stap hy sy kantoor binne. Kort daarna daag nog iemand, wat More al op TV gesien het, op.

More word toe ingeroep en voorgestel aan Pik Botha, ambas-sadeur by die Verenigde Nasies (VN). "So, jy is die mannetjie

wat die Suid-Afrikaanse regering in die verleentheid gebring het!"
is sy eerste woorde aan More. Daarna volg 'n klompie vrae oor
die operasie en watter bewyse moontlik op die toneel kon agterge-
bly het. Brig Hekel van Rensburg van leërlogistiek word gebel om
'n rookgranaat summier na die kantoor te bring sodat hulle kan
vasstel watter kentekens daarop is wat as bewys kan dien dat dit
van Suid-Afrikaanse oorsprong is.

More haal noodgedwonge die kwessie van Koos Moorcroft se
uitrusting met die brief daarin op. Dit ontstel Malan opnuut. Hy
gee More opdrag om Koos onmiddellik na Windhoek, SWA te ver-
plaas om hom buite bereik van die pers te hou. More skerm en sê
dat as die uitrusting as bewys in die VN gebruik word, daar aan-
gevoer kan word dat baie opleiding in die Caprivi-strook gedoen
word en dat die rugsak tydens opleiding vermis geraak het. Hierdie
woorde het Koos waarskynlik weer eens van 'n verplasing gered.

Tog wou die Shatotwa-kwessie steeds nie sy lê kry nie. 'n Maand
later was More weer in Pretoria en het hy 'n drankie in die offi-
siersmenasie geniet. Prof Deon Fourie van Unisa wat ook 'n burger-
magoffisier was, roep hom eenkant en vra of die Recces 'n opera-
sie in Zambië uitgevoer het. More sê dat indien dit die geval was,
hy daarvan sou geweet het. Fourie noem toe dat hy onlangs uit-
genooi was na 'n ete aan huis van die Amerikaanse militêre
attaché. Dié vertel hom toe dat hy die Sondagoggend (die oggend
van die aanval op Shatotwa) met hul private vliegtuig van Luanda
na Pretoria teruggevlieg het en geluister het na gesprekke op die
lugkanaal tussen twee Suid-Afrikaanse helikopters in die suide
van Zambië.[57]

---

57 Die Amerikaanse vliegtuig se kommunikasiestelsel was toevallig op die heli-
    kopters se radiofrekwensie ingestel, derhalwe kon hulle die gesprek tussen die
    Puma en die Super Frelon volg.

Koos se rugsak met die koevert, wat die groot kommer by Malan veroorsaak het, was egter so goed in die bos versteek dat dit nooit gevind is nie. Dieselfde kan van die gebergde valskerms gesê word. Die Recces het alle radioberigte en inligting gemonitor, maar geen haan het ooit daaroor gekraai nie. Waarskynlik het die natuur sy loop geneem en het die Afrika-bos alles mettertyd toegegroei.

Die aanval op Shatotwa is deur die VN verdoem en daar is aangekondig dat stappe teen Suid-Afrika gedoen gaan word. Die oningeligte vrae wat Malan op die vergadering gevra het, het Hannes Venter laat wonder of die aanval aan die Minister van Verdediging voorgelê is. Die Shatotwa-strooptog was waarskynlik 'n bydraende faktor dat daar voortaan ministeriële toestemming verkry moes word vir elke sensitiewe hoëprofieloperasie.

Tydens die nabetragting in Fort Doppies het Venter gehamer op die feit dat die lugmag die aanvalsmag verkeerdelik afgegooi het. Hul berekenings is op grond van vliegsnelheid en afstand gemaak (die Dopplerstelsel) en daar is eenvoudig net aangeneem dat die vliegtuig bokant die afgooistrook was. Hy wou weet wat gedoen gaan word om te verhinder dat so iets weer gebeur. Die vlieënier het nie die nabetragting bygewoon nie en niemand van die SALM het hom geantwoord nie.

Een van Swapo se grootste opleidingskampe is nietemin tydens die Shatotwa-operasie vernietig en baie opleidingshandboeke, organisatoriese uiteensettings, foto's van lede en naamlyste is gebuit. Uit radio-onderskeppings het dit geblyk dat baie soldate daarna gedros het en dat die moreel baie laag was. Swapo het terselfdertyd ernstige logistieke probleme ondervind omdat alle wapens, ammunisie en uitrusting in Shatotwa vernietig is.

Dit was duidelik dat Suid-Afrikaanse magte oor die vermoë

beskik het om teikens ver buite hul grense aan te val en uit te wis. Verdere radioberigte is onderskep wat bevestig het dat tussen 40 en 60 Swapo's tydens die Shatotwa-operasie doodgeskiet is, terwyl nog 60 vermis was en heel waarskynlik ook gesneuwel het. Die aanval was in geen stadium teen Zambië gemik nie en geen Zambiese leërpersoneel is tydens die operasie doodgeskiet nie, sover vasgestel kon word.

Ná afloop van die Shatotwa-strooptog het Charl Naudé besef dat dit haalbaar is vir 'n verkenningspan om met taamlike vertroue ver agter die vyandelike linies te opereer. Die verrassingselement was tot hul voordeel omdat die vyand hulle glad nie in hul gebied verwag het nie. Hy het gereken dat 'n verkenningspan van net twee ideaal sou wees vir so 'n soort operasie.

Hulle sou egter al die prosedures na die letter moes nakom, wat goeie bosvernuf soos absolute stilte, teenspoorsny en kamoeflering ingesluit het. Om suksesvol te wees, het uiterste geduld geverg en hulle sou alleenlik in onopsigtelike plekke en op onwaarskynlike tye moes beweeg. So sou 'n verkenningspan baie lang periodes ongesiens agter die vyandelike linies kon opereer en in die bos oorleef.

13

Fort Doppies

Nie net die naam nie, maar ook die karakter van die Recces se basis in die Caprivi het 'n gedaanteverwisseling ondergaan toe Frans van Zyl eendag met 'n apie daar opdaag. Dié het sommer gou die kalklig begin steel met sy kaskenades en streke en ook gesorg dat die basis tot sy uiteindelik beroemde naam herdoop word. Die apie het altyd saamgegaan skietbaan toe waar hy op Frans se skouer gesit het. Sodra hy skiet, spring die apie af, gaan haal die doppie en prop dit in sy kies. Hy kon uiteindelik tien 9 mm-doppies in elke kies stop. So is hy toe heel gepas "Doppies" gedoop. Sy "eervolle vermelding" het nie hier geëindig nie, want spoedig is die basis ook na die apie genoem. Die ou name "Olifant-kamp" en "Recce-kamp" het in onbruik verval ten gunste van "Doppies".

Die Ou Doppies-basis is reeds in die vroeë 1970's gevestig. Daar was aanvanklik net tente, niks anders nie, en die Recces het vier bunkers op die hoeke van die basis gebou.

Van die eerste Recce-lede[58] het dié kamp nou hul tuiste gemaak

---

58 Nick Visser, Fred Zeelie, Yogi Potgieter, FC (Frans) van Zyl, Marius Viljoen, Nella Nel, Barries Barnard (logistiek), Anton Retief, Boats Botes, Jimmy Oberholzer, Dave Tippett en Wannies Wannenburg.

en saam met kmdt Jan Breytenbach daar gebly. Tos Visser was die voertuigwerktuigkundige en AO1 Spook Hougaardt was hul sjef. Hy het die bynaam "Spook" gekry omdat hy so bang was vir die donker. Die toilet was 'n hele ent weg en as hy saans soontoe is, het Dewald de Beer hom skrikgemaak en dan het hy met 'n groot lawaai en geskreeu teruggehardloop na die kamp toe.

Daar was ook vier Boesmans in die kamp. Een was Langman en 'n ander een het die naam "Dokter" gehad. Frans Blignaut, 'n dokter van M'pacha, was die enigste buitestander wat van tyd tot tyd in die kamp toegelaat is om na die manne se mediese behoeftes te kom omsien. Om sekerheidsredes was die basis buite perke vir ander en niemand is daar toegelaat nie.

Frans se apie was nie net aan pistoolskote gewoond nie, hy het ook geen vrees vir hewige geweervuur gehad nie. Wanneer Dewald met sy LMG losgebrand het, het hy hom tuisgemaak op die rompdeksel, die deksel bo-op die wapen wat die werkende dele beskerm. Sodra hulle met hom raas, het hy grootoog gemaak en op Frans se skouer gespring, waar hy veilig was.

John More onthou dat hulle eendag met 'n helikopter na Katima Mulilo moes vlieg. Doppies gaan hang toe voor die helikopter se ruit en die vlieënier kan niks voor hom sien nie. Hulle kon nie opstyg nie en Fires van Vuuren moes eers weer uitklim en die apie gaan afhaal. Hy bring Doppies toe in die helikopter in en laat hom op sy skoot sit. Maar toe die chopper se rotors draai en dit met 'n groot gedruis opstyg, was dit te veel vir die apie en sy maag begin werk!

Dit was September 1974 en die basis het buiten ander konstruksies, nou ook 'n mooi nuwe menasie met 'n rietdak gehad. Die sjef het in die kombuisgedeelte Franse roosterbrood gemaak toe die olie skielik aan die brand slaan en 'n gasbottel ontplof.

Die brand het vinnig na die ander gasbottels versprei en die vlamme is oombliklik onder die pas voltooide rietdak in. Almal in die basis was besig met opleiding. Die sjef, wat alleen in die basis was, kon onmoontlik op sy eie die vlamme geblus kry. Die hele Fort Doppies is binne oomblikke in puin gelê en het sedertdien as "Ou Doppies" bekend gestaan.

More was die oggend van die brand in Oudtshoorn toe 'n teleks van Leërhoofkwartier in Pretoria deurkom met die boodskap: "Geluk met julle nuwe kamp!" Die Hoof van die Weermag se aanprysingsmedalje word aan maj Nick Visser toegeken vir die werk wat hy verrig het met die bou van die nuwe basis. Almal was in hul noppies met die gelukwensing. Net om sowat 'n uur later die tweede boodskap te kry met die onheilspellende woorde: "Julle kamp het pas afgebrand!"

Die nuwe Fort Doppies sou spoedig hierna op die oewer van die Kwando-rivier gebou word. Sonder dat iemand dit tóé besef het, was hierdie basis bestem om die mees legendariese Recce-basis ooit te word – 'n plek waaraan geen Recce vandag sonder heimwee kan terugdink nie.

Met die nuwe Fort Doppies gevestig, kon nuuskierige besoekers hulle aanvanklik nie beteuel nie. AO2 Kenaas Conradie het toe 'n klompie borde op die Doppies-pad vanaf die Golden Highway opgerig. Op die borde het gestaan: "Gevaar myne!" Hierna is daar wel nog op voertuigspore van kansvatters afgekom, maar hulle het in hul spore omgedraai sodra hulle die eerste "mynbord" sien.

Doppies die aap het ook saamgetrek na die nuwe Fort Doppies en onmiddellik sy streke hervat. Dewald de Beer, die basisbevelvoerder, se vrou het vir hom R100 in 'n koevert gestuur met die possak wat weekliks met die Flossie op M'pacha aangekom het.

Dit was in daardie dae baie geld aangesien koeldrank en drank al items was waarop die manne in Fort Doppies geld kon bestee. Met die goedkoop drankpryse kon daar baie lank gekuier word op R100. Laat die middag kom die operateurs met twee Unimogs vanaf M'pacha in Fort Doppies aan. Die proviand is by die kombuis afgelaai en die possak aan Dewald oorhandig.

Hy het die pos uitgehaal en kroeg toe geneem waar al die operateurs in 'n vrolike luim sit en kuier het. Die enkele posstukke het hy op die kroegtoonbank neergesit en die manne het sommer hul briewe daar sit en lees. Dewald het ook sy brief gekry, saam met die R100 se note in die koevert. Hy het die geld in die oopgemaakte koevert op die toonbank gelos en saam met die manne veerpyltjies gegooi.

Doppies het op daardie oomblik doodluiters by die kroegdeur ingestap. Hy het ewe kordaat soos gewoonlik heen en weer op die kroegtoonbank geloop terwyl hy hier en daar 'n slukkie bier by die manne drink. Die koevert het skielik sy aandag getrek. Hy is versigtig nader, en toe, amper vinniger as wat die oog kon volg, gryp hy dit. Dewald het die beweging uit die hoek van sy oog gesien en hard op die aap geskreeu. Doppies het egter sy eie planne met die koevert gehad. Soos blits het hy deur die kroegdeur na buite laat spaander met die waardevolle vonds styf in sy een klou vasgeklem.

Flip Marx, Frans van Dyk, Theo Fourie, Jakes Jacobs, Callie Faber en nog 'n paar ander manne het die hele petalje aanskou. Een of twee het die aap nog probeer vang, maar hy was veels te rats. Buite het Doppies koers gekies na die Knoppiesdoring voor die ops-kamer en met verbysterende vaart tot hoog in die takke geklouter. Terwyl die hele groep onder die boom staan en toekyk, skeur hy die koevert verder oop en pluk die note uit.

Dewald dreig die aap dat hy hom gaan skiet, maar hieraan steur Doppies hom weinig. Hoog uit die Knoppiesdoring kyk hy heeltyd stip na Dewald, knik so af en toe met sy kop en maak grootoog as die dreigemente onder die boom te hewig raak. Toe, terwyl hy rustig in 'n mik sit, begin hy die langverwagte drinkgeld in klein, onbruikbare repies opskeur wat hy dan laat afdwarrel grond toe. Aap se kind is hoog in sy skik met al die aandag wat hy op hom gevestig het.

Die groep is uiteindelik onverrigtersake terug kroeg toe waar Dewald teensinnig vrede gemaak het met sy gevoelige verlies. Gelukkig kon hy op goeie vriende staatmaak om hom te ondersteun tot tyd en wyl sy vrou weer vir hom geld aanstuur.

Almal in Fort Doppies het aan die apie geheg geraak en toe hy op 'n dag verdwyn, was die hele kamp dronkgeslaan. Doppies was tot almal se verbasing en verwarring eenvoudig net weg. En tot vandag toe weet niemand wat van hom geword het nie – soektog op soektog het niks opgelewer nie. Doppies, die onnutsige aap met al sy kwajongstreke, was eensklaps net nie meer daar nie. Niemand het hom ooit weer gesien nie.

Daar is wyd bespiegel oor wat met hom gebeur het. Sommige het gereken dat hy die prooi van 'n roofdier geword het; ander het gewonder of hy dalk by 'n wilde aaptrop kon aangesluit het en 'n ander heenkome gevind het. Die raaisel is nooit opgeklaar nie, maar sy naam het in dié van die basis bly voortleef.

Naas Doppies was daar ook 'n beroemde mannetjiesleeu wat Fort Doppies sy tuiste gemaak het. Sy regte naam was Teddy, en nie "Terry" nie, soos sommige lede dikwels na hom verwys. Dit kom uit die leeu se kleintyd toe hy nes 'n teddiebeertjie gelyk het. Mettertyd het Teddy egter in 'n indrukwekkende maanhaarleeu ontwikkel en het dié troetelnaampie nie meer by sy voorkoms gepas nie.

Dewald de Beer het op 'n dag in Fort Doppies 'n onverwagte boodskap van 'n plaaslike inwoner op Katima Mulilo ontvang. Sy wou in alle erns by Dewald weet hoe om twee vyf dae oue leeutjies aan die lewe te hou en groot te maak.

Sy moet dadelik 'n hoendereier se geel (nie die wit nie) in beesmelk opklits, sê Dewald, 'n bobaas bos- en dierekenner. Dan moet sy 'n stukkie watte in 'n pluisie rol, dit in die mengsel doop en in die welpies se bekkies druk sodat hulle daaraan kon suig. Terselfdertyd moes sy onder hulle stertjies krap om hulle te laat urineer en ontlas soos dit op natuurlike wyse in die veld gebeur – as sy dit nie doen nie, sal die leeutjies beslis doodgaan. En, vertel Dewald die effens geskokte vrou, in die natuur sal die leeuma natuurlik ook die uitskeidings oplek en vreet.

Sy raad het uitstekend gewerk en die leeutjies het baie vinnig groter en sterker geword. Toe hulle omtrent ses maande oud is, begin die mense op Katima Mulilo egter bang raak dat hulle die kinders kan byt. Van naskoolse bedrywighede soos huiswerk doen en atletiek oefen, kom daar nie veel nie omdat die kinders elke oomblik aangryp om met die leeutjies te speel. Hier en daar kry 'n kind wel 'n krapmerk, maar die twee het nou die kinders se speelmaats geword.

Daar word toe om veiligheidsredes besluit dat die leeus eerder in die Lianshulu-jagkamp aan die oostelike oewer van die Kwando-rivier moet gaan bly. Hier voer hulle 'n koninklike lewe en word 'n oorvloed rou buffellewer en melk gevoer. Met soveel voedsame kos groei die leeus selfs nóg vinniger. Bedags word hulle toegemaak om nie die gaste te pla nie, maar snags loop hulle los rond en jaag mekaar op die grasperk.

Dis was in hierdie tyd wat 'n Italiaanse burgemeester by die kamp kom jag het. Hy word op Lanseria-lughawe tussen Pretoria en Johannesburg gehaal. In die son binne die vliegtuig lê 'n yslike stuk polonie waarvan die burgemeester sy hande nie kan afhou nie. Daardie aand in die jagkamp kan hy nie eet nie en kla oor erge maagpyn. Hulle gee hom 'n pil in, wat hulle vermoed 'n maagstop-pil moet wees. In die vroeë oggendure begin die jagter egter luidkeels kerm en moet hy hom in groot nood na die buite-toilet haas.

Wat hy nie geweet het nie, was dat die leeutjies hierdie tyd van die nag buite was. Die burgemeester kon die buitetoilet nie betyds haal nie en hurk toe inderhaas langs die heininkie. Dit was 'n groot fout want in die hurkende posisie was hy omtrent net so hoog soos die leeutjies en albei spring gelyktydig bo-op die hur-kende man.

Die burgemeester het geen beheer meer oor enigiets gehad nie. Hulle moes hom daar op die grasperk met 'n tuinslang kom skoon-spuit terwyl hy so hard hy kan, gil dat die leeus hom aangeval het en dat hy nou dadelik huis toe moet gaan. Dieselfde aand nog moes hulle hom terugneem M'pacha toe, waar hy in die polisie-stasie oornag het sodat hy die volgende oggend al kon terugvlieg na die beskawing toe.

In Fort Doppies kry Dewald toe weer eens 'n boodskap dat die leeutjies 'n probleem geword het. Hy kom toe met die mense van die Lianshulu-jagkamp ooreen dat hy die twee leeus, Teddy en sy suster, Lisa, albei nou so ses, sewe maande oud, sal oor-neem. Dewald verdoof hulle effens vir die rit Fort Doppies toe om die ongerief vir almal te verminder. Halfpad soontoe begin die leeus se mae egter gelyktydig te werk as gevolg van al die rou buffellewer. Met die afklimslag loop Teddy, nog half bedwelm, boonop in die Kwando-rivier in en moet Dewald hom red van versuiping.

Lisa het op 16 maande bevoeg geraak – gewoonlik so vyf maande voor die mannetjie sodat broer en suster nie kan paar nie. In dié tyd kom twee Recces, Bruce McIvor en Ray Godbear, instrukteurs op 'n boskunskursus, laatmiddag by Fort Doppies aan en stig 'n tydelike kamp in die bos sowat 500 m suid van Dewald se huis. Teddy is uit nuuskierigheid dadelik agter die kursusgangers aan.

Lisa was op hitte en met Teddy nie daar om haar te ondersteun nie, was sy op haar eie aangewese. Met die draai van die wind daardie aand onderskep die wilde leeuwyfies haar reuk. Deur instink aangedryf, maak hulle gedurende die nag jag op haar en in die daaropvolgende geveg byt hulle haar rug morsaf.

Een van die troepe rapporteer die volgende oggend dat Lisa siek lyk en Dewald vind haar in die bos met vlieë wat klaar oor haar verdofte oë loop. Daar was ook 'n snaakse knop op haar rug en Dewald gaan haal vir haar water. Sy was besonder dors en het verskriklik baie gedrink. Toe hy haar aan die agterpote vat om haar meer gerieflik te laat lê, maak sy 'n diep steungeluid en Dewald kom toe agter dat haar rug heeltemal af is.

Daar was nie tyd om verder te aarsel nie; hy druk die geweer se loop teen Lisa se kop en skiet haar dood. By nadere ondersoek ontdek hy dat albei haar niere boonop fyn en flenters gebyt is. Hierop sê Dewald vir Bruce McIvor om Lisa nie te begrawe nie, maar haar net so in 'n bos in te sleep en daar te los soos dit in die natuur sou gebeur het.

Dit was die einde van die leeuwyfie, maar Teddy het 'n mooi, groot leeu geword. Nietemin het die bekommernis toegeneem dat hy op 'n dag een van die Boesmans se kinders kan vang. Vanuit hoër gesag word die beroep dus al hoe sterker dat hulle ontslae moet raak van die leeumannetjie – 'n gedagte waarmee die Recce-operateurs hulle nie kon versoen nie. Al het Dewald die leeu versorg, was die algemene gevoel dat Teddy gesamentlik aan al die operateurs behoort het.

Dewald het hierop doelbewus in Katima Mulilo die gerug versprei dat die leeu deel gaan word van die Boswell Wilkie-sirkus. Dit was op streng voorwaarde dat die leeu nooit in die arena sou optree nie en dus 'n koninklike lewe sou lei. Met hierdie hoogs onwaarskynlike scenario het Dewald vir Teddy meer tyd in die Fort Doppies-omgewing probeer koop.

Intussen spring Teddy saans van bed tot bed bo-op die operateurs totdat al die beddens later lendelam en ingeduik was – die leeu was nou al baie swaar. Bedags speel hy saam met die Recces rugby en swem saam met hulle in die Kwando-rivier. Aanvanklik het hy die rugbybal stukkend gebyt sodra hy dit kry, maar hulle het dit reggekry om hom dié gewoonte af te leer. Teddy was ewe vaardig op die verdediging sowel as op die aanval. Sodra een van die operateurs met die bal begin hardloop, het die leeu hom eenvoudig net van agter af ingehardloop en platgeduik.

Die hele span besluit toe om sodra Teddy weer die bal kry, hom almal saam te duik. Net hierna gryp die leeu die bal in sy bek en begin hardloop. Die rugbyspan was bedag hierop en duik hom soos een man plat. Met die harde duikslag, ploeg die leeu oor die grond en sy hare, oë en bek is alles die ene sand. Dit was 'n kwaai terugslag vir die Teddy se ego. Ewe druipstert gaan sit hy eenkant teen 'n duin en "miaau, miaau" soos 'n klein katjie omdat hy nie saam mag rugby speel nie.

Hierdie sorgvrye lewe gaan toe nog vir so ses, sewe maande aan. In die ops-kamer ontvang Dewald egter al hoe meer seine dat daar 'n plan met die leeu gemaak moet word. Die owerhede het besluit dat die leeu toenemend 'n gevaar raak, en moontlik die operateurs kan byt. Wanneer die HK se mense Fort Doppies besoek het om ondersoek in te stel na die leeu, vat die operateurs hom vroegtydig oor die Botswana-grens en kamp dan vir 'n paar dae buite sig. Die reëling was dat Dewald hulle oor die radio sou terugroep sodra die HK-mense weer vertrek het. Op hierdie manier het die Recces dit reggekry om die leeu steeds te hou.

Uiteindelik moes die Recces toegee en die besluit aanvaar dat Teddy hervestig word op Liambezi-eiland, waar daar volop wild voorgekom het. Op Dewald se versoek het natuurbewaring Teddy in Fort Doppies kom verdoof in almal se teenwoordigheid. Terwyl hy bedwelm rondgeslinger het, het hy heeltyd by die operateurs kom hulp soek. Dewald is saam met Teddy in die helikopter Liambezi-eiland toe.

Nadat die leeu afgelaai is, het Dewald dadelik vir hom 'n lechwe (basterwaterbok) uitgesoek en geskiet. Die helikopter het vertrek en Dewald het die aand alleen saam met die leeu op die eiland deurgebring om toe te sien dat hy volkome van die verdowing herstel het.

Toe Teddy die volgende oggend aan die lechwe begin vreet, was Dewald tevrede dat die leeu op sy eie sou kon regkom. Hy het die helikopter ingeroep om hom te kom haal en terug te neem Fort Doppies toe. Teddy het egter sy eie planne gehad en het deur die Liambezi-meer en Kwando-rivier geswem en ná 'n paar dae was hy weer terug in Fort Doppies.

Tydens 'n operasie in Angola onder leiding van maj Johan Verster het 'n Portugees 'n African Grey-papegaai aan die Recces gegee as 'n gelukbringer. Dié is summier Joe gedoop en ná afloop van die operasie saamgevat Fort Doppies toe. Volgens die Portugees kon Joe praat – maar net Portugees.

Joe het hom gou in Fort Doppies tuisgemaak en vinnig geleer om elke aand 'n paar doppe saam met die manne in die kroeg te drink. Een aand het Teddy rustig op die kroegvloer gelê terwyl Dewald en 'n paar operateurs veerpyltjies gespeel het. Joe het die gewoonte gehad om op die pyltjies af te duik wat per ongeluk op die vloer geval het. Dié aand was geen uitsondering nie en toe een van die pyltjies op die vloer beland, duik Joe met 'n gefladder van vlerke daarop af.

Ongelukkig vir Joe het Teddy baie naby aan die pyltjie gelê en het hy skynbaar ook genoeg van dié speletjie gehad. Teddy het die arme Joe met een magtige kapbeweging van sy poot teen die grond verpletter. So het Joe se verblyf in Fort Doppies tot 'n abrupte einde gekom.

Die voorval met die Italianer was nie al een waar die broer en suster besoekers die skrik op die lyf gejaag het nie. Van tyd tot tyd het ministers, onder wie ook die eerste minister, Fort Doppies besoek om te ontspan. Tydens een van hierdie besoeke was Teddy en Lisa reeds mooi groot. Die besoekers is deur Dewald ingelig dat daar twee leeus in die kamp was. Hy het hulle aan die twee leeus voorgestel, maar hulle was nietemin bra lugtig vir die diere.

Vroeg een oggend is twee ministers net ná eerste lig na die buitetoilette toe. Teddy het die gewoonte gehad om die operateurs te bespring terwyl hulle vroegoggend in 'n ry op die toilette sit en gesels. Die besoekers is spesifiek hierteen gewaarsku. Die twee ministers besluit dus om beurte te maak. Die een sou by die deur wagstaan terwyl die ander een die toilet gebruik ... min wetende dat Teddy net anderkant die seil aan die agterkant van die toilet gelê het.

Teddy het onderdeur die seil gekruip en soos gewoonlik teen die man op die toilet geskuur. Die twee ministers het so groot geskrik dat een met die paadjie terug na sy slaapplek gehardloop het. Teddy kon 'n persoon wat hardloop, nie uitlos nie en is onmiddellik agter hom aan. Hy trek die minister plat lank voordat hy die veiligheid van sy skuiling kon bereik. Dit was 'n yslike vroegoggend-gedoente om die leeu van die minister af te trek.

Fort Doppies was nie net die tuiste van leeus nie, 'n mens kon bykans enige dier daar aantref, wild of mak. Tydens 'n operasie in Angola kry die manne ná 'n aanval 'n klein hondjie wat midde-in al die chaos verdwaas tussen die brandende hutte ronddwaal. Marius Viljoen en sy makkers besluit daar en dan om hom saam terug te bring Fort Doppies toe. Hulle neem voogdyskap oor hom en doop hom Unita.

Unita het gou 'n mooi sterk hond geword en oral saam met die operateurs gegaan waar hulle ook al opleiding in die bos gedoen het.

Om die een of ander rede is daar egter besluit om Unita "reg te maak". Dewald het met die veearts op Katima Mulilo gereël om die takie te kom doen. Vroeg een oggend daag die veearts (wat bykans geen Afrikaans magtig was nie) by Fort Doppies op. Hy knik instemmend vir Dewald terwyl dié die hond vashou, en gee hom 'n inspuiting. Bykans onmiddellik verslap die hond en val met sy neus en kop in 'n bak water wat daar gestaan het. Dewald ruk die hond se kop uit en sê: "Hoe nou, amper versuip jy die hond?"

Die veearts kyk hom verbaas aan en verduidelik in gebroke Afrikaans die hond is klaar uit, hy kan nie versuip nie. Toe eers besef Dewald daar het 'n groot misverstand onstaan as gevolg van die taal. Toe hy vir die veearts gesê het hy moet Unita "reg-sien", het dié verstaan hy moet die hond "uitsit".

Kapt Hannes Venter, bevelvoerder van Bravo-groep, kom juis op daardie oomblik verbygestap en wil by Dewald weet hoe die hond vaar. Heel geskok moes hy verneem dat Unita inderdaad nie meer met hulle was nie. Dit was 'n gevoelige slag vir die operateurs; hulle het baie geheg geraak aan Unita en oor die volgende maande het hulle sy teenwoordigheid in die basis gemis.

Maar terug by Teddy. Dewald de Beer se kinders het begin groot-word en hy moes terug Suid-Afrika toe sodat hulle ordentlike skoolonderrig kon ontvang. Dit het ernstige nagevolge vir Teddy se voortbestaan ingehou. Die Boesmans was bang vir die leeu en met Dewald weg, sou Teddy haweloos wees met niemand wat na sy belange omsien nie. Hy kon ook nie op die operateurs reken nie, want hulle het gedurig gekom en gaan afhangende van waar hulle ontplooi is. Dit was een van die moeilikste besluite wat Dewald, die natuurliefhebber, ooit moes neem.

Hy vat Teddy toe die bos in na een van die leeu se gunsteling-plekke, daar waar Dewald hom as jong leeu leer jag het. In daardie vroeë dae het Dewald 'n mak bok met 'n tou aan 'n boom vasgemaak. Maar elke keer wat die bok regop kom, slaan Teddy byna agteroor van skrik. Later was Dewald verplig om die bok vir hom keel-af te sny. Dis net daar onder die boom waar Dewald nou, jare later, die geweerloop teen Teddy se kop druk en hom doodskiet. Daar is baie stories in die omloop oor Teddy se uit-einde, maar hierdie een is, volgens Dewald, die ware weergawe. Dewald de Beer, die man van die veld, sou nooit weer terugkeer na dié plek om na Teddy se beendere te kyk nie.

14

Operasie Seiljag

Die groep het skaars opgestaan en begin beweeg of Swapo slaan weer 'n keer toe, dié keer van die sykant af. Dap Maritz en Piet Pyp loop voor as verkenners en beland nou onvermydelik tussen die twee groepe se hewige vuur.

Die volgende oomblik tref 'n RPG7-vuurpyl 'n boom skaars 'n meter van Piet Pyp se kop af. Die geweldige slag laat stof en hout-splinters in alle rigtings vlieg. Piet Pyp is vir ewig daarmee heen, dink Dap benoud. Hy leopard crawl deur die stof tot by hom, maar tot sy verbasing is Piet Pyp ongedeerd. Die twee lê nou baie laag. Die Recce-groep en die Swapo's skiet oor 'n afstand van 'n skrale 20 meter verwoed op mekaar en Dap en Piet Pyp is reg in die middel van die vlieëndelood-storm. Hulle voel, om die minste te sê, uiters ongemaklik en blootgestel. Nie een wil dit waag om sy kop op te lig nie.

Maar hulle wil darem hul deel tot die geveg bydra. Met hul AK47's dwars gedraai in die rigting van die vyand trek hulle kort-kort die sneller terwyl hulle terselfdertyd so plat as moontlik lê. RPG7-vuurpyle vlieg oor hul lywe en kleingeweerkoeëls klap van agter sowel as van voor. Met wolke stof wat tussen hom en

Piet Pyp opslaan, besluit Dap hy moet iets doen. Hy skraap al sy moed bymekaar, rol tot agter 'n boom en begin skiet. Hy sien 'n Swapo-soldaat val. Toe, net so skielik as wat die geveg begin het, stop dit weer. Hy en Piet Pyp lê grootoog vir mekaar en kyk. "Donner Dappa," sê Piet, "dit was nou bleddie naby!"

Skaars 'n maand of drie voor hierdie vuurdoop was Dap en sy spanmaats nog groentjies, besig met hul laaste kursus in die Fort Doppies-gebied, vir hulle "die mooiste plek op aarde". Hier leef hulle na aan die natuur tussen groot buffeltroppe en word soggens met die geroep van visarende wakker. Dap en lede van die Recce-span wat saam met hom keuring gedoen het, was besig met klein-taktiek – 'n kursus in ongereëlde oorlogvoering.

Hulle vul hul waterbottels met die Kwando-rivier se blinkskoon water en met die drink daarvan word Fort Doppies, soos vir meni-ge ander Recce, hul ware tuiste. Dit is die wêreld van olifante, leeus, renosters, koedoes, rooibokke en rietbokke. Die Recces leef in harmonie met die wildernis en smelt saam met die bos en sy bewoners. Tydens hul oorlewingskursus het hulle tarentale in strikke gevang en die Boesman-kultuur aangeleer om alle kos te deel. Om Fort Doppies toe te kom, is om huis toe te kom. Die reuk van die bos trek in hul lywe in en bring 'n ongekende energie in hulle na vore.

Om in die nag in die bos te loop, raak vir hulle net so gemaklik as in die dag. Skrape, seerplekke en snye is geen probleem nie omdat hulle geleer het om daarmee saam te leef. Gedurende een oefening skiet Dap sy LMG se loop witwarm. Agterna laat hy die loop oor sy linkervoorarm rus. Hy ruik hare en vleis brand, maar kom eers heelwat later die aand sy besering agter.

Alles wat hulle gedurende die kleintaktiekkursus doen, is so na as moontlik aan die werklikheid. Die manne se gesigte kry harde lyne onder die baarde en lang hare. Met al die verstellings en veranderings aan hul uitrusting word dit oor die weke deel van hul lywe. En tog was dit vir hulle nog nie die volle werklikheid nie omdat hul eerste operasie nog voorgelê het.

In die laaste twee weke van die kleintaktiekkursus kom drie spanleiers in Fort Doppies aan wat saam met die kursusgangers oefen. Hulle is ssers Chillie du Plessis en serss Vingers Kruger en Johan Burr-Dixon. Lt Kokkie du Toit, wat deel van die keurings- en kleintaktiekkursus is, word as die vierde spanleier aangestel.

Aan die einde van die kursus hoor die kursusgangers[59] dat hulle nou gereed is om op 27 November 1976 saam met die spanleiers na Ondangwa in die noorde van SWA te vlieg. Sommer met die afklim daar voel hulle al die operasionele gebied se energie aan. 'n Chopper land reg by hulle met 'n gesneuwelde troep in 'n bodybag (sak waarin gesneuweldes vervoer word) en twee ander wat sleg gewond is. Hulle kyk toe terwyl die lyk afgelaai en die twee gewondes in 'n ander ambulans afgevoer word.

Die groep word uitgereik met Hongaarse AK47-gewere met kort lope en groot blitsbrekers. Die geweer het 'n draadkolf, 'n handvatsel voor en is lekker lig, maar as die persoon langs jou begin skiet, slaan jou ore toe. In die nag skiet die geweer boonop 'n baie lang vlam voor by die blitsbreker uit. Hulle kry Puma-messe, elkeen kry 'n Silva-kompas, 'n sakboekie van varkleer waarin

---

59 Die wat keuring (Recce 7601) geslaag het, is: Lt JH du Toit, 2e lt DG Davy; ssers AM da Costa en sers DW Smith; kpls KT Beck, B Brewis en FW Conradie; okpls AW Groenewald, GA Lawrie, MAL Nhoa en CF Wilke; sktrs DR Burger, LH Burger, HJ Bellingham, PJ Coetzee, JJ de Waal, C de Wilzem, C Engelbrecht, PA Linden, AWA Maritz, R Molver, J Monteiro, DT Swart, De V Pelser en MWA Verster.

geskryf kan word al is die papier nat, gekamoefleerde klere geba-
seer op die Portugese patroon en uiters gemaklike stewels, bekend
as Rhodesian Waxies.

Op Ondangwa word daar nou in alle erns voorberei vir die
groep se eerste operasie, Operasie Seiljag,[60] wat saam met die nuut-
gestigte 32 Bataljon uitgevoer gaan word. Maj Hennie Blaauw
sluit by kmdt Jan Breytenbach, 32 Bataljon se bevelvoerder, aan
en hulle stig 'n Tak HK op Ondangwa. Kmdt Jakes Swart, 1 Recce
se bevelvoerder, stel kapt Hannes Venter aan as die operasiebevel-
voerder. Venter moet by 32 Bataljon se HK op Omauni aansluit
van waar hy Operasie Seiljag sal beheer. Sy opdrag is om gebieds-
operasies in Suidoos-Angola uit te voer en inligting oor Swapo
se bewegings, aktiwiteite, asook die ligging van hul basisse in te
samel sodat hy 'n vroeë waarskuwing aan die spesialemagte-
element in 2 militêre gebied kan gee.

Op Ondangwa word almal eers in 'n groot tent bymekaar ge-
roep. Blaauw lig hulle in dat hulle as deel van Operasie Seiljag na
32 Bataljon se Omauni-kamp – sowat 18 km suid van die Angola-
grens – gaan om die troepe op te lei wat saam met hulle gaan
opereer. Geklee in hul nuwe uitrusting vlieg hulle met Puma's
Omauni toe. Met hul aankoms kan hulle onmiddellik aanvoel
dat hulle nou in 'n oorlogsone is. Oral in die basis loop die swart
troepe gewapen met vol magasyne.

Die plan is dat die jong Recces drie weke lank opleiding aan-
bied, waarna hulle in vier spanne operasioneel sal uitbeweeg.
Elke span sal dan onafhanklik van mekaar 'n gebied kry om te

---

60 Operasie Seiljag se bevelstruktuur was: maj Hennie Blaauw, operasiekoördi-
   neerder vanaf die Tak HK op Ondangwa; kapt Hannes Venter, operasiebevel-
   voerder; lte LC Odendal, Kokkie du Toit, ssers Chillie du Plessis en serss
   Vingers Kruger en Johan Burr-Dixon – spanleiers.

patrolleer. Maar eers moet hulle 32 Bataljon se troepe leer ken. Hulle kom gou agter dat lt Koos Sadie en kpl Tony Vierra ge- soute soldate is met verskeie kontakte agter die rug. Alles wat die Recces gedurende hul kleintaktiekkursus geleer het, dra hulle nou aan die 32 Bataljon-troepe oor.

Die opleiding kan nie in die basis self plaasvind nie en hulle beweeg na 'n gebied nader aan die Angolese grens. Hulle verlaat die kamp teen laaste lig en stap die hele nag deur. Dit word 'n uitgerekte marteling omdat daar so baie troepe is dat hulle kwalik kan asemhaal in die stof en gevolglik die hele pad hoes. Die span se oë brand en dit is moeilik om te sien. Later maak Dap Maritz sy boshoed oor sy neus en mond vas om die stof uit te hou. Die Recces was nie gewoond om in sulke groot groepe te beweeg nie. Party ouens raak baie vinnig ontslae van al die onnodige gewig wat hulle saamdra.

Teen eerste lig kom hulle uiteindelik by die opleidingsterrein aan. Hulle stig 'n tydelike basis, grawe hulself in, rus 'n wyle, maak dan kos en slaap vir 'n uur of wat. Hierna word almal in spanne onder die spanleiers ingedeel saam met 32 Bataljon se manne. Koos Sadie is die 32-manne se spanleier saam met Tony Vierra. Tony sou later na die spesialemagte kom en uitstekende werk saam met maj Jack Greeff en lt Sam Fourie doen.

Die groep was nou in 'n gebied waardeur Swapo beweeg het en soggens kon hulle die vyand se spore in die sand sien. Groot groepe Swapo's het snags vanuit Angola oor die grens gekom om landmyne te gaan plant en voertuighinderlae langs die paaie te lê. Die Recces se sintuie was in hierdie stadium vlymskerp – hul taak was om Swapo uit die gebied te verdryf en dit vir hulle in 'n ontoeganklike sone om te skep.

Die jong Recces was pas tevore nog studente, maar nou word

hulle in die rol van instrukteurs aangewend om 32 Bataljon se troepe op te lei. Dit verstom hulle hoeveel meer 'n mens leer wanneer jy self opleiding gee. Hul selfvertroue neem by die dag toe en hulle leer ook om Portugees te praat. Hulle leer die troepe al die basiese dinge wat hulle self op die kleintaktiekkursus bemeester het. Die meeste 32 Bataljon-troepe het reeds opleiding ondergaan en baie was geharde soldate wat die bos soos die palm van hul hand geken het.

Die Recces het saam met die troepe geoefen en kon teen hierdie tyd mortierbomme met groot akkuraatheid op 'n teiken gooi net waar en wanneer hulle wou. Hulle kon ook die dodelike RPG7-vuurpylrigter baie doeltreffend en akkuraat afvuur. Vir die eerste keer sien hulle ook 'n POMZ-myn – 'n teenpersoneelmyn wat baie Suid-Afrikaanse soldate se dood en verminking veroorsaak het. Tydens die opleiding van die troepe is daar veral klem gelê op hinderlae, kontakdrills en seksieaanvalle. Hulle leer hulself om lokvalle (booby traps) met handgranate en POMZ-myne te stel. Dit was ook hul eerste kennismaking met die black widow-myn wat uit die grond spring tot op 'n bepaalde hoogte en dan ontplof. Hierdie myn het groot verwoesting gesaai onder diegene wat dit laat afgaan het.

Die Recces het ook hul eie teenpersoneelmyne gebruik, wat baie gevaarlik was om mee te werk, veral as jy jou eie bergplekke gemyn het. Elkeen moes presies weet waar elke toestel geplaas is om te voorkom dat jy jouself opblaas. Daar was geen ruimte vir nalatigheid of 'n gebrek aan konsentrasie as 'n operateur met teenpersoneelmyne gewerk het nie.

Saam met die troepe wat hulle opgelei het, het die Recces kliphard, superfiks en vol selfvertroue geraak. Hulle was vir absoluut niks bang nie – 'n resultaat van goeie opleiding en manne wat hul werk geken het. Die Recces en die opgeleide 32 Bataljon-troepe moes nou eers weer terug na Omauni loop om hul uitrusting te gaan voorberei. Hulle laai magasyne, kry die handgranate reg en neem fosforgranate in die plek van rookgranate. Daar is seinfakkels in hul rugsakke en genoeg rantsoene en water vir vyf dae. Die inhoud van die rugsakke sal hulle eers gebruik nadat hulle operasioneel ontplooi is.

Terug in die Omauni-basis gelas kapt Hannes Venter die vier spanne om hul finale voorbereidings af te handel. Vanaf Omauni bundu-bash die spanne (deur die bos ry om landmyne te vermy) met Unimog-voertuie na 'n 32 Bataljon-basis net suid van die kaplyn. Die paaie was nie veilig verklaar nie en verskeie voertuig-myne is al daar afgetrap. Die satellietbasis is beman deur 'n bevels-element van 32 Bataljon asook 'n paar pelotons, waaronder dié van lt Heinrich (Radies) Rademeyer.

Hulle het vooraf heelwat voorraad op die Unimogs gelaai wat hulle na die teikengebied vervoer het. Hierdie voorraad moes in 'n geheime bergplek geberg word en was genoeg vir 'n ontplooiing van ses weke. Die voertuie het 'n volle dag lank gery voordat hulle die gebied bereik het – waar Swapo ook vrylik rondbeweeg het.

Hulle het opbergplekke in die grond gemaak en vir oulaas so veel as wat hulle kan, geëet. Daarna is alles geberg en gekamoefleer terwyl al die drills uitgevoer is soos rondomverdediging en radio-kommunikasie waarin hulle hul presiese posisie aan die Tak HK op Omauni deurgegee het. Die gebied waar hulle die voorraad geberg het, staan in militêre jargon as die hougebied bekend.

Die vier Recce-spanne beweeg nou elkeen op sy eie onafhanklik van mekaar na die onderskeie teikengebiede. Lt Koos Sadie en sy manne van 32 Bataljon bly in die hougebied agter. Die operasio-nele plan was om in vyf- en agtmanspanne te ontplooi, die gebied te verken en die vyandelike basisse op te spoor. Daarna sou die span wat die opsporing gedoen het die manne van 32 Bataljon per radio inroep. Lt Sadie sou dan die troepe na die verkenningspan toe lei, waarna hulle saam die vyandelike basis sou aanval.

Dap Maritz word in ssers Chillie du Plessis se span ingedeel. Daar is ook twee 32 Bataljon-manne, Tony Vierra en Pedro, in die span. Piet Pyp en Dap loop voor as die verkenners. Tony los ook soms af as verkenner, maar loop meeste van die tyd direk agter Chillie, die spanleier. Dan volg Kevin Beck met die radio, Rudie Burger, Martiens Verster en Obie Olivier. Martiens was veral bekend daarvoor dat hy 'n mortierbom kon gooi presies waar hy wou. Van 32 Bataljon se kant was Pedro in soldaatterme 'n "yster" omdat hy 'n uitstekende operateur was en geen vrees gehad het nie.

Die jong Recces kon heelwat van 32 Bataljon se manne leer omdat hulle die bos en die mense wat daar bly – veral hul manier van optree en hul lewenswyse – goed geken het. 32 Bataljon se soldate kon dus die vyand se gewoontes goed interpreteer. Hulle het die plaaslike inwoners ook as die vyand beskou omdat hulle as gashere opgetree het vir die Swapo-troepe wat in die gebied beweeg het en as vroeë waarskuwing gedien het. Hulle het ook by veral Tony en Pedro baie oor die vyand geleer.

Die span het soos skimme deur die bos beweeg, van dekking tot dekking, en heeltyd in die skaduwees gebly. As hulle afgaan grond toe, was die rugsak altyd voor sodat die operateur agter dekking gelê het. Hulle het met handseine gekommunikeer, geleer om nie te praat nie en teenspoorsny gedoen. Navigasie was altyd in die kol en hulle kon in die nag beweeg sonder dat 'n geluid hoorbaar was. Hulle kon leopard crawl om naby die teiken te kom en danksy duisende patrone deur hul geweerlope en goeie instrukteurs tydens skietoefeninge kon hulle besonder akkuraat skiet.

Nou beweeg hulle so stil as moontlik na die teikengebied, waar volgens hul inligting plaaslike bevolking sowel as Swapo gaan wees. Die kaarte en lugfoto's was gedateer en nie van veel nut nie, maar hulle dring die vyandelike area nietemin so diep as moontlik binne. En toe, een oggend, kry hulle die Swapo-spore waarna hulle gesoek het. Chillie besluit dit is tyd om 32 Bataljon se troepe per radio in te roep.

Daardie aand RV die Recce-span met die troepe en lei hulle in na die teikengebied. Vroeg die volgende oggend lê hulle op die rand van 'n shona toe 'n paar plaaslike vroue aangestap kom. Tony neem 'n troep saam met hom en gaan gesels met hulle. Om die een of ander onverklaarbare rede bring hy die vroue na die groep toe. Dit beteken hulle gaan van die wit operateurs sien ondanks hul black is beautiful-kamoeflering. Hulle laat die vroue agter in die bos sit en Tony bring vir hulle kos en water.

Swapo is baie naby, vertel die vroue. Nou hou die Recces die oorkant van die shona dop. Nie lank nie of hulle sien die Swapo-soldate aankom. Daar is ses van hulle. Met die uiteindelike aanskoue van ware Swapo's ná al die opleiding, klop die adrenalien deur die jong Recces se are. Die senuwees pla, want hulle weet die aksie kom nou enige oomblik.

Dan tree Chillie skielik net so onverklaarbaar op as toe Tony die vroue daar aangebring het. Hy begin meteens op die Swapo-soldate skiet in sulke enkelskote. Net hy alleen weet hoekom, want die Swapo's was op 200 m nog heeltemal te ver van die groep af.

Die volgende oomblik bars die kontak in volle intensiteit los toe die hele 32-kompanie begin vuur. Bokant die groep se koppe maak die vyandelike koeëls tik-tik-geluide. Martiens Verster trek los met sy mortier. Die groep sien hoe die bomme presies op teiken val. Hulle beweeg al skietende vorentoe oor die oop shona. Aan die ander kant van die shona lê drie Swapo-soldate dodelik gewond reg bymekaar waar Martiens se mortierbomme tussen hulle afgegaan het. Hulle was sterwend en vir die eerste keer in sy lewe kry Dap Maritz die doodsreuk.

Hulle volg 'n bloedspoor en kom op nog 'n gewonde af wat 'n laaste poging aanwend om terug te skiet voordat hy doodgeskiet word. Die adrenalien van die vuurgeveg het die operateurs se bene vir 'n rukkie lam. Dit herstel egter gou en hulle neem die Swapo-soldate se AK47's saam terwyl Tony hul hoedjies vat. Daarna beweeg die groep weer terug oor die shona na waar die kontak begin het.

Terwyl hulle beraadslaag, word daar skielik hewig op hulle gevuur. 'n Groot groep Swapo's het hul spore opgetel en die groep gevolg tot waar hulle beraadslaag het. Mortierbomme val om en tussen hulle en RPG7-vuurpyle trek onheilspellend naby tussen hulle deur. Daar is baie Swapo's en dis 'n moeilike vuurgeveg om te domineer ondanks al die vuur wat hulle lewer. Tot die groep se verbasing hou die vuur meteens op. Met al die kleingeweervuur en RPG7- en mortierbomme wat naby hulle gebars het, is dit wonderbaarlik dat niemand beseer is nie.

Koos Sadie van 32-kompanie gee bevel dat die groep nou vinnig uit die gebied moet padgee. Hulle het egter skaars opgestaan en begin beweeg of Swapo slaan weer toe, dié keer van die sykant af. Dap en Piet Pyp loop voor as verkenners en beland nou onvermydelik tussen die twee groepe se hewige vuur.

Dis tydens hierdie episode dat 'n RPG7-vuurpyl die boom skaars 'n meter van Piet Pyp se kop getref en met 'n geweldige slag ontplof het – en Dap gedog het Piet Pyp is daarmee heen.

Terwyl hy en Piet Pyp nog so grootoog vir mekaar lê en kyk, kom Chillie in die stof en rook aangestap om te kyk of hulle nog lewe. Piet Pyp kyk na Dap en sê hy gaan nou sy pyp rook, kom wat wil. Skielik begin die twee onverklaarbaar vir mekaar giggel, hoekom weet hulle nie. Albei het 'n kwaai vuurdoop gehad en Tony Vierra kon nie glo dat hulle lewend daaruit gekom het nie.

Hy kyk hulle so aan en gee 'n snaakse laggie van verligting. Veral toe hy sien hoe laag die twee dekking geneem het. Hulle lewe egter en Piet Pyp wil nou sy pyp opsteek. Hy kry 'n skrobbering van die leierselement en nou wil Piet Pyp met alle geweld met sy eie mense baklei. Hy wil nóú op die plek sy pyp rook en dit is al wat vir hom saak maak. Dap gaan praat mooi met Piet en ná 'n rukkie bedaar hy.

Swapo se strategie met die kontak was om die groep Recces en 32 Bataljon-troepe met 'n groot mag te probeer omsingel. Ná die kontak beweeg Chillie-hulle stadig vorentoe en sien 'n paar dooie Swapo's en ook gewondes lê. Hulle booby trap die lyke. Daar is baie bloedspore en sleepmerke op die grond. Oral lê uitrusting en dit is duidelik dat Swapo 'n harde slag tydens die vuurgeveg toegedien is. Hulle beweeg 'n entjie verder aan en kom op nog lyke af, maar Koos Sadie sê hulle moet nou uitbeweeg. Hy wil nie hê hulle moet onmiddellik weer in 'n kontak vasloop nie.

In die kontakarea tel Dap 'n Swapo-bajonet tussen die lyke op. Dit is 'n baie gesogte trofee en almal in die groep is begerig om so iets te besit. Hy besluit om dit vir Obie Olivier present te gee.

Die groep beweeg uit die gebied en nadat hulle ongeveer 'n halfuur weg van die kontakarea is, hoor hulle twee ontploffings. Hulle neem amper werktuiglik weer dekking. Dit was egter die booby traps wat hul werk gedoen het. Die groep beweeg nou baie vinnig uit die gebied uit.

Heelwat later met baie kilometers agter die rug neem hulle 'n veilige tydelike basis in. Hulle eet en drink 'n klomp energie-drankies en die suiker help om die energie weer terug in hul lywe te sit. Die span was baie moeg van al die adrenalien en skietery tydens die gevegte. Dit het hulle fisiek sowel as emosioneel getap en hulle was verwonderd dat niemand ernstig seergekry het nie.

Die oorspronklike keuringspan waarvan Dap deel was, se eerste kontak het goed afgeloop. Hulle het radioboodskappe na Omauni gestuur en hul makkers wat in die kamp was, het hulle geluk en voorspoed toegewens. Die aand hou Piet Pyp en Dap hulle alleen-tyd. Ná die stilte besluit hulle dat die dag rof was maar dat hulle hul goed van hul taak gekwyt het.

Daar was vier spanne gelyktydig ontplooi om Swapo-basisse te soek en te bevestig. Op 22 Desember 1976 kry hulle 'n boodskap dat lt LC Odendal onderweg is na hulle toe; hy word met 'n Puma-helikopter ingevlieg. Die span beweeg na 'n veilige area en berei 'n landingstrook voor. Nadat hulle die gebied beveilig het, hoor hulle meteens die bekende geluid wat geen Recce ooit sal vergeet nie – die dreuning van 'n Puma-helikopter wat ingevlieg kom. Daar is iets besonders daaraan, veral as 'n gunship ('n Alouette-helikopter met 'n 20 mm-kanon) dit vergesel. Ná vier weke van afsondering in die bos, is daar skielik lewe. Met die dreuning van die helikopters wat naderkom, voel die operateurs meteens nie meer so alleen en geïsoleerd nie.

Toe die stof gaan lê, klim LC en kpl Leon Smith af. Hulle het gekom om Chillie en Kevin Beck te vervang, wat saam met die Puma's uitvlieg.

Op die grond lig LC die span in dat hulle 'n Swapo-basis soek en dat hy vrywilligers soek om saam te gaan. Piet Pyp steek dade-lik sy hand op maar op voorwaarde dat sy buddy Dappa moet saamkom. Dit laat Dap met geen ander keuse nie as om ja te sê. "Oukei, Piet, relax," sê hy.

Daardie aand eet hulle hul trommeldik in die tydelike basis want hulle het 'n groot aanvulling met die choppers gekry. Daar was selfs warm steaks, tjips, twee yskoue biere en klein botteltjies rum. Dap gooi van die rum in sy beker Boesman-koffie – 'n hele fire bucket koffie met 'n vol buisie kondensmelk – en saam met die rum smaak dit nog lekkerder.

Die volgende dag is Oukersdag. Vir hulle gaan dit 'n baie lang dag wees. Hulle probeer slaap om uit te rus. Al die uitrusting is klaar gepak, die wapens is skoon en die waterbottels volgemaak. Al slaap hulle vas, bly hulle nogtans bewus van die baie groot Swapo-basis wat hulle moet gaan soek. Hulle taak is om die basis se bestaan te bevestig sodat dit vernietig kan word.

Vroeg die oggend al sit hulle hul uitrusting op en stap weg uit die tydelike basis. LC is die spanleier, Piet Pyp en Dap die twee verkenners, en Obie Olivier, Leon Smith en die twee Portugese, Tony en Pedro die ander lede. Hulle kyk vir oulaas terug en waai vir die manne wat agterbly. Dié wys duime in die lug – sterkte. In hierdie lewensgevaarlike omstandighede word broers gebore en gemaak – 'n band wat niks of niemand kan breek nie.

Die dag verloop goed en die span beweeg stadig maar doelgerig in die rigting waar hulle vermoed die vyandelike basis is. Later kom hulle op spore van Swapo-soldate af. Die span beweeg skuins verby die waarskynlike posisie waar hulle dink die basis moet wees. Hulle wil dit van agter nader om die presiese posisie vas te stel.

Almal is nou meer gespanne, meer op hul hoede en ook versigtiger. Die operateur wat radiokommunikasie moet maak, maak seker dat hy in die skadu sit en na buite uitkyk. Sy buddy moet hom ook heeltyd in die oog hou om ondersteuning te lewer as dit nodig sou wees. Geen geluide of onnodige bewegings word gemaak nie. Dit is doodstil en alles word in stadige aksie uitgevoer. As iemand wil water drink, doen hy dit stadig en plaas die waterbottel dan versigtig weer terug sodat niks in die skuiling rondlê nie.

Elke keer as daar 'n ruskans is, of as radio-komms gemaak moet word, doen hulle eers 'n dogleg – hulle loop met 'n draai terug na hul eie spore toe. Vanuit hierdie taktiese posisie kyk hulle terug op hul spore en maak so seker dat hulle geen verrassing kry nie. Hulle kan nie bekostig om opgespoor te word nie, want dit sal beteken dat hulle gefaal het.

Hulle tref terselfdertyd voorsorgmaatreëls deur Claymore-myne in die rigting van hul spore op te stel. As hulle in 'n kontak betrokke raak, sal die Claymore's die verrassing en inisiatief aan hulle gee om vinnig te kan onttrek. Hulle is nie 'n gevegspatrollie nie, maar 'n verkenningspatrollie. In die geval van 'n kontak sal hulle beslis die inisiatief en verrassingselement aan hul kant wil hê.

Teen laaste lig neem hulle 'n tydelike basis in. Hulle maak kos, eet klaar en pak dan alles sorgvuldig weg. Sedert hulle 'n jaar of wat gelede die Recce-keuring gedoen het, het hulle gehard geraak. Die manne vat raak en is gemaklik in die primitiewe bosomstandighede sonder enige geriewe. Toe dit donker word, sit hulle weer al hul uitrusting op en beweeg weg uit die posisie waar hulle geëet het.

Om veilig te wees, wil hulle minstens 'n halfuur se stap weg van hul laastelig-posisie wees. Die vyand kon hulle dalk opgemerk het toe hulle teen laaste lig die tydelike basis ingeneem het om kos te maak en te eet. Hulle wil nou wegkom van hierdie plek en sal eers 'n hele ent verder 'n geskikte plek uitkies waar hulle vir die aand sal lê om uit te rus.

Op hierdie Oukersaand dink die meeste aan die huis en wonder wat hul families doen. Deur die nag begin dit saggies reën. Niemand het 'n bivvy (grondseil) gespan vir skuiling nie, want hulle moet dadelik kan beweeg indien nodig. Die manne lê in die oopte met hul rûe op die grond, kop teen die rugsak en stewels aan hul voete. Hulle slaap met hul kleinpakkies aan die lyf en laat skiet net die web belt effens om gemakliker te wees. Die AK47 lê styf langs elke operateur se lyf en dit is net vir omdraai en die geweer is dadelik in posisie.

Met die reën gaan sit die manne bo-op hul rugsakke, rug teen 'n boom. Hulle gooi hul reënbaadjies half oor die kop en rug en probeer op dié manier droog bly. Tog is hulle baie bly oor die reën want dit wis hul spore uit. As hulle môre vyandelike spore teëkom, sal dit baie duidelik en vars wees – maar dieselfde geld ook vir hul eie spore. Die soolpatroon van die Rhodesiese waxiestewels wat die span dra, sal vir die Swapo-soldate nuut wees. Daar is nog nie voorheen sulke stewels in Angola gedra nie. Vreemde spore trek egter aandag en die Swapo's is almal spesialis-spoorsnyers.

Hulle besluit om stil te sit tot die volgende oggend. Met hul spore doodgereën, kan niemand hulle buitendien volg nie. Hulle gaan ook nie vroegoggend uitbeweeg nie maar eerder in hul posisies bly sit en luister. Die omgewing se geluide sal hulle help om hulle beter te oriënteer in die gebied. Die plek wat hulle uitgekies het, is besonder geskik vir wat hulle beoog. Voor hulle lê 'n shona en agtertoe 'n droë rivierloop. Bowendien is die bos waarin hulle skuil, ook baie dig en as hulle net stil sit en luister sal hulle die Swapo-soldate betyds hoor of sien.

Dit is presies ook hoe dit gebeur. Meteens hoor hulle die Swapo-soldate se RPD-masjiengeweerbande teen die wapens klap. En dan sien hulle die Swapo's. Dit is reeds 15:00 die middag. Die Swapo-soldate kom aangestap en hulle merk dadelik op dat dit 'n sekerheidpatrollie is. Hulle kom uit die rigting van die shona en stap na die droë rivierloop. Van die Recces dink dat die Swapo's in die bos gaan instap waar hulle lê, maar hulle stap by die span verby, so vyf na tien meter van hulle af. Die Recces se Claymore-myne is gestel, maar die Swapo's hou aan stap. Daar is tussen tien en vyftien Swapo's in die patrollie.

Toe die Swapo's deur die droë rivierloop beweeg, besluit LC dat hulle die spore moet volg want dit kan hulle na die basis toe lei. Hulle wag nog sowat 'n halfuur en toe gee LC die teken dat hulle "moet opsaal en op die spore klim". Die Recce-span doen dit stadig sodat hulle nie geraas maak nie. Hulle vee alle tekens uit dat hulle in die skuiling was. Stadig beweeg eers net Piet Pyp en Dap vorentoe en neem hulle posisies as verkenners in. Die hele span beweeg hierna uit en hulle volg die Swapo-spore met Dap regs voor en Piet Pyp links voor.

Hulle kom by die droë rivierloop en volg die drill wat hulle ingeoefen het. Die manne kom van agter af, sluit by die verkenners aan en neem 'n gevegsposisie langs die verkenners in. Hulle lê in die regte posisie, kyk na vore en is gereed om vir Dap en Piet Pyp ondersteuningsvuur te lewer indien nodig. Die twee verkenners staan op en volg die spore oor die droë rivierloop.

Daar is bykans geen dekking nie en toe die verkenners in die middel van die rivierloop kom, sien Piet Pyp en die Swapo-soldate mekaar gelyktydig raak aan sy linkerkant. Die skote klap oor en weer soos hy en die Swapo-patrollie op mekaar vuur.

Die twee Recce-verkenners val terug in die rigting van waar hulle gekom het – daar is ten minste bome en dekking. Hulle beweeg al skietende terug na die bome sowat 10 m agter hulle. Net voordat hulle die bome bereik, klap iets Dap geweldig hard aan die binnekant van sy linkerknie. Sy been gee mee en hy val, maar hy besef steeds nie dat hy geskiet is nie. Eers toe hy op die grond neerslaan, besef hy 'n Swapo-koeël het hom getref. Hy sien sy been is dwars gedraai en dat sy voet na buite en agtertoe gebuig is. Die pyn tref hom soos 'n voorhamer – en die besef dat Swapo hom gekry het.

Hy is diep in die moeilikheid maar opleiding en oorlewing skop in en hy weet hy moet dadelik dekking kry. Hy leopard crawl tot by die naaste boom. Daar lê hy op sy maag en kyk terug in die rigting van LC. Dié staan agter 'n boom en skiet. Dap probeer op sy sy draai om te kan skiet. Hy sien hoe val 'n Swapo-soldaat omtrent 10 m van hom nadat LC hom geskiet het. Die Swapo-soldaat roer nog en Dap probeer in sy rigting skiet, maar die beweging beskadig sy been net al erger.

Verskillende dinge flits nou gelyktydig deur sy gedagtes. Hy besef dadelik dat daar in hierdie stryd geen "beseringstyd" of "lemoen-halftyd" is nie. Hier is geen "pynpolisie" nie en die wedstryd gaan ook nie gestaak word ter wille van sy besering nie. Hy sal moet baklei en aanhou baklei. Hy het hierdie lewenswyse uit vrye wil gekies en nou het hy slegs een keuse: "Adapt or die."

Intussen het die vuurgeveg opgedroog. LC wys dat die groep moet terugval, maar Dap bly lê by die boom. Piet Pyp kom nader en beduie hy moet kom. Dap sê hy kan nie, hy is geskiet. "Staan op en kom!" roep Piet Pyp. Hy's haastig, daar's nie nou tyd vir nonsens nie. Toe Dap geen poging aanwend om op te staan nie, vervies Piet hom. Dan moet hy nou maar bly lê waar hy is, sê hy, want hy wat Piet Pyp is, loop nou, hy het nie tyd vir sulke nonsens nie. Dap sê weer hy is in die been geskiet, waarop Piet hom aan die arm gryp en sê: "Kom nou, laat staan jou nonsens!"

Eers toe sien hy Dap se been. "Kan jy nie kyk wat jy doen nie!?" skreeu hy. "Jy is nou heeltemal in jou donner in!"

Piet Pyp sein met sy hand vir LC dat Dap gewond is. Dié kom ook kyk. Toe kom Obie Olivier ook daar aan en hulle besluit hulle moet nou so vinnig as moontlik uit die gebied wegkom.

Obie kom lê met sy rug en skouers op Dap se maag, rol om en tel Dap op sy skouers in die skaapdra-posisie. Witwarm pyn skiet deur Dap en hy sien dat 'n stuk been deur die vel steek. Toe hulle beweeg, spuit die bloed in 'n straal uit sy been. Obie hardloop met hom na dekking terwyl Piet Pyp sy rugsak dra. Intussen het Dap steeds sy geweer in sy hand. So 100 m verder wil Obie hom neersit maar laat val hom op die grond. Weer skiet die witwarm pyn deur hom, so erg dat hy oomblikke lank alle sig verloor.

Almal gaan in rondomverdediging in. Dis 'n deurmekaarspul want hulle het omtrent geen mediese voorraad nie, net bomverbande en twee Sosegon-spuite vir elke man vir pyn. In hierdie harwar gooi hulle al die ingeoefende drills oorboord. Piet Pyp moet Dap inspuit, maar hy weier. Hy gooi die spuit op die grond neer en stap weg. Obie staan nader om dit te doen, maar ook hy gooi die spuit in die sand neer.

Dit lyk nou of Dap geen behandeling gaan ontvang nie terwyl die bloed steeds uit die skietwond stroom. Dap vat sy mes en sny sy broek oop. Daar is 'n groot gat net onder sy linkerknie en dit lyk vir hom verskriklik. Hy besef dat hy self iets aan die situasie sal moet doen. Hy vat sy bomverband en draai dit om sy been terwyl die bloed steeds uitspuit. Daarna vat hy sy tweede bomverband en draai dit styf om die been vas. Daar hang 'n stuk vleis of 'n spier aan die onderkant van die wond uit en dit draai al in die rondte.

"Sien jy nou wat jy aangevang het!" raas Piet Pyp met hom.

Hy het intussen weer kom kyk en gee vir Dap die Sosegon-spuit aan. Dap weet nie wat hy nou moet doen nie. "Spuit jouself in," sê Piet Pyp.

Dap stamp die naald in hom in en druk die hele buis leeg. Byna dieselfde oomblik kom LC daar aan en vat 'n ander spuit en spuit Dap ook in. Hulle het reeds radiokontak gemaak en die chopper is onderweg. Piet Pyp skraap nou sy moed bymekaar en hy spuit Dap sommer weer 'n slag in. So kry Dap drie Sosegon-inspuitings binne vyf minute.

Net voordat die chopper land, gee LC hom nóg 'n inspuiting. Daarna is Dap Maritz op sy eie "missie" en min dinge om hom maak meer saak. Hy weet wel dat die chopper gekom het en dat Obie hom soontoe geskaapdra het. Dit was egter so seer dat Dap sy bewussyn in die proses verloor het. Obie moes 'n ver ent hardloop met Dap tot by die chopper. Sy gewonde been was nie gespalk nie en dit het rondgeflap en heeltyd teen Obie se bene geklap.

Toe hy by die chopper kom, was Obie deurdrenk van die bloed. Dap land op sy rug op die vloer en hulle sleep hom in die chopper in. Hy herwin sy bewussyn en sien kapt Hannes Venter raak. Dié vat sy hand en sê hy moet sterk wees. Iewers onderweg in die chopper vra Venter iets oor sy ouers. Dap probeer vaagweg keer dat hulle sy ouers in kennis stel. Maar die situasie raak vir hom emosioneel te veel en die dokter aan boord spuit hom ook iets in. Die chopper land iewers en hy word oorgelaai in 'n Bosbok-vliegtuig. Venter vat weer sy hand en wens hom nog 'n keer sterkte toe.

Die Bosbok styg op en hulle gaan nou Grootfontein toe. Tydens die vlug word Dap half wakker en voel sy rug is papnat. Hy vat met sy hand en toe hy daarna kyk, sien hy net bloed. Die dokter sien dit ook, hy ruk al die verbande dadelik af en sit nuwes op, asook 'n spalk wat opgeblaas kan word. Toe spuit hy Dap weer in en dié keer is hy dadelik uit.

Lt LC Odendal en sy span keer sonder Dap na Omauni-basis terug vir 'n rusperiode.

Intussen het sers Vingers Kruger se span hul verantwoordelikheidsgebied gepatrolleer. Tydens die ontplooiing het Vingers en sy span 'n paar Swapo's in kamoefleerdrag gesien wat elke dag saam met die plaaslike bevolking kom water skep in 'n put by die Omunduangilo-shona in Angola. Hulle het die Swapo's dopgehou en naderhand 'n bepaalde roetine bepaal. Die waterput was aan die noordkant van die shona en elke keer nadat hulle water geskep het, het die Swapo's in 'n noordwestelike rigting koers gekies die ruie bos in.

Vingers het oor 'n paar dae baie ure in 'n boom gesit terwyl hy die Swapo-soldate se bewegings dopgehou het, asook die omgewing waarheen hulle beweeg het nadat hulle water geskep het. Hy maak 'n logiese afleiding dat die Swapo's 'n basis in die omgewing moet hê. Vingers en sy span verken die area deeglik en uiteindelik spoor hulle Swapo se operasionele basis op.

Nadat hulle al die nodige inligting van die Swapo-bewegings en hul basis ingesamel het, kontak Vingers vir Venter per HF-radio op Omauni en stuur 'n situasie-rapport deur. Venter gee sers Johan Burr-Dixon opdrag om met sy span by Vingers aan te sluit en die basis aan te val.

Hy vra ook dat 'n peloton van 32 Bataljon by die Recces aansluit om hulle te versterk en lt Radies Rademeyer en sy peloton kry die opdrag. 'n 32 Bataljon-seksie met 106 mm-kanonne, wat op Unimogs gemonteer is, moet as stoppergroep ontplooi word.

Die middag van 31 Desember 1976 RV Johan, Radies en die ander spanne net suid van die kaplyn met Vingers se span.

Vingers-hulle het intussen 'n sandmodel van die Swapo-basis gebou. Hy lig die ander spanne voor en gee orders vir die aanval. Die plan was om daardie Oujaarsnag die kaplyn oor te steek en die Swapo-basis met eerste lig aan te val.

Johan merk op dat Vingers mank loop en sy voet sleep. Weens die lang sit in die boom tydens die verkenning het Vingers 'n senuwee in sy bobeen en boud doodgesit. Hy stel voor dat Vingers agterbly en dat hy (Johan) die aanval sal lei. Ná heelwat oorreding stem Vingers in en bly agter toe die ander uitbeweeg.

Onder Johan se bevel het Vingers se span die aanvalsmag – Johan se 1 Recce-spanne en Radies se 32-peloton – na die Swapo-basis gelei. By die shona is hulle in 'n gevegsformasie opgestel om die Swapo-basis van suid na noord aan te val. Die beste aanvalsrigting was uit die noorde, maar daar was te veel plaaslike bevolking aan daardie kant van die shona. Die 106 mm-seksie is op die kaplyn ontplooi om ondersteuningsvuur te lewer indien nodig en om as stoppers op te tree.

Die aanvalsmag was voor eerste lig in 'n uitgestrekte linie naby die Swapo-basis opgestel en gereed om aan te val. Skielik breek daar egter 'n hewige kontak uit in die rigting waar die 106 mm-seksie ontplooi is. Dit was duidelik dat Swapo die seksie aangeval het. Daar was hewige kleingeweervuur, maar toe die seksie hulle met die 106 mm-kanonne bestook, verloor die Swapo's hul veglus en blaas die aftog.

Gedurende dié kontak laat Johan sy aanvalsmag opstaan en die basis in 'n uitgetrekte linie nader, vingers op die snellers. Dis moeilik want die gebied is baie ruig met haak-en-steek-bosse. Hulle vorder tot by die bunkers waar hulle onder hewige Swapo-vuur kom. Koeëls slaan oral tussen die lede van die aanvalsmag in die sand vas. In die oggendlug hang die reuk van kordiet en rook swaar oor die hele kontakgebied.

Die aanvalsmag beweeg heeltyd met akkurate vuur-en-beweging vorentoe. Bevel-en-beheer is egter baie moeilik in die oorverdowende gevegslawaai, stof, rook en ruie haak-en-steek. Die aanvalsmag veg deur die Swapo-basis en skiet 'n aantal Swapo-soldate dood en wond ander. Toe die vyandelike vuur stop, beveel Johan die aanvalsmag om rondomverdediging in te neem en te herorganiseer.

Eers tydens die herorganisering hoor Johan dat sy mag ook verliese gely het. Met eerste lig op Nuwejaarsdag 1977 sneuwel kpl Jeff Lawrie van 1 Recce en word kpl Leon Burger, ook van 1 Recce, en 'n lid van 32 Bataljon gewond. Die span-medics sien om na die gewondes terwyl die aanvalsmag herorganiseer. Johan stuur die kontakrapport per HF-radio na die Tak HK en vra 'n helikopter om die gewondes en Jeff Lawrie af te voer.

Ná die woeste geveg het daar nou 'n groot kalmte oor die basis gehang. Met die deursoeking sien Johan dat die Swapo's in bunkers met oorhoofse dekking ingegrawe was. Die bunkers in die ruie bos was goed gekamoefleer met gras en takke. Sommige kon tot tien manne huisves en die ander ses. Dit was duidelik dat dit 'n deurgangsbasis vir Swapo na Ovamboland was. Hulle het wapens, ammunisie en heelwat dokumentasie bymekaar gemaak.

Daarna het hulle 'n landingstrook in die shona voorberei en spoedig die twee Puma's hoor naderkom. Johan en kpl Ian Strange het reg teenoor mekaar gestaan met Radies aan Johan se regterkant. Ian het die BHF-radio hoog in die lug gehou om beter kommunikasie met die helikopters te kry. Terwyl Johan die helikopter ingepraat het, skiet die vyand skielik van iewers 'n enkelskoot wat Radies in die sy tref.

Die span-medics het hom onmiddellik gehelp, maar dit was duidelik dat hy baie ernstig gewond is. Een Puma het geland om die verliese op te laai terwyl die ander een gesirkel en oorhoofse dekking gegee het.

Die aanvalsmag het heelwat sleepmerke en bloed van gewondes in die basis gekry. Soos altyd het Swapo nie maklik dooies en gewondes agtergelaat nie en dit was moeilik om te bepaal wat hul verliese was.

Venter was in die helikopter wat gesirkel het. Dit was met 'n vierloop-masjiengeweer (7,62 x 51 mm) toegerus en die boordtegnikus het sarsies in die basis geskiet. Die vuurtempo was geweldig hoog met die vier lope en dit het geklink soos papier wat skeur.

Venter sien toe dat die Swapo-basis baie groter is as wat hulle verwag het. Dit was vir hom duidelik dat die aanvalsmag se getalle te gering was om die basis weer aan te val. Hy beveel Johan om die mag na die kaplyn te onttrek. Daar het hulle by die 106 mm-seksie aangesluit en na 32 Bataljon se satellietbasis teruggekeer.

Vingers se span het agtergebly en is terug na die tydelike basis waar hy die vorige dag sy orders gegee het. Kpl Kriek Kruger was nou in bevel van Vingers se span omdat dié beseer was en buitendien die nabetragting by die Tak HK in Omauni moes gaan bywoon.

Kriek het met die aanvanklike ontplooiing van hul span 'n bergplek gemaak om bykomende water, ammunisie en kos te berg. Dis deeglik gekamoefleer en enkele teenpersoneelmyne is op moontlike toegangsroetes na die bergplek, asook daar naby geplant. Kriek het noukeurige aantekeninge in sy notaboek gemaak van presies waar hy die teenpersoneelmyne geplant het.

Hy het nou van die tydelike basis na hierdie opbergplek beweeg.

Hulle het die bergplek eers goed op 'n afstand met verkykers dopgehou om te sien of Swapo nie dalk 'n hinderlaag daar opgestel het nie. Kriek het niks gesien nie en hulle het die plek op hul hoede genader en al om die bergplek gesirkel op soek na 'n aanduiding van vyandelike spore. Naby die bergplek het die span in rondomverdediging afgegaan. Kriek het die bergplek versigtig genader nadat hy sy notaboek eers deeglik geraadpleeg het oor die presiese ligging van die teenpersoneelmyne wat hy geplant het.

En toe maak Kriek Kruger 'n massiewe oordeelsfout en trap op sy eie personeelmyn! Dit het met 'n geweldige slag ontplof en sy linkeronderbeen bykans afgeskiet. Hy het kop gehou en 'n ent weggekruip om van die ander personeelmyne weg te kom. Hy het deurentyd kalm gebly en homself met 'n pynstiller ingespuit. Ondanks sy ernstige besering het hy die manne wat hom kom help het heeltyd raad gegee oor wat om te doen.

Die span het hom na 'n geskikte helikopterlandingstrook gedra. Hulle het Venter in die Tak HK gekontak en 'n Puma het opgestyg om Kriek af te voer. Die res van die span is toe terug na 32 Bataljon se satellietbasis en toe na die Omauni-basis waar die operasie se nabetragting onder Venter se bevel plaasgevind het.

Kriek Kruger is soos die ander gewondes na 1 Mil in Pretoria afgevoer, waar sy been net onder die knie afgesit is. Hy was fisiek en geestelik 'n sterk operateur en het spoedig weer saam met sy makkers by 1 Recce op die Bluff in Durban geoefen. Hy het by Charlie-groep (seewaarts) ingepas waar sy besering hom nie gehinder het nie. Kriek is later ook saam met hulle na Langebaan toe 4 Recce gestig is. Hy het in kleinbote gespesialiseer en het steeds geduik en sy duikboek (log book) op datum gehou.

'n Paar jaar later het Kriek en 'n paar operateurs een Saterdagoggend in 'n kroeg op Saldanha saam met matrose en ander manne gekuier. Ná 'n paar stewige glase rum en Coke wed Kriek die rofste ou in die kroeg dat hy homself deur die voet sal skiet vir nog 'n rum en Coke. Die man aanvaar dadelik die weddenskap en Kriek pluk sy 9 mm-pistool uit en skiet homself in die voet – sy kunsvoet van hout. Die geskokte man skrik hom boeglam en koop onmiddellik die drank. Eers later het hy besef dat daar geen bloed was nie. Dit was Kriek Kruger – ongeag sy ongeluk was hy altyd gereed om iets ondeunds aan te vang.

Die kleintaktiekkursus wat in Fort Doppies gedoen is, is met Operasie Seiljag voltooi en die manne het as Recce-operateurs gekwalifiseer. Maar Kriek was nie die laaste ongeval nie. Terug in die Omauni-basis het kpl Hein Bellingham se witfosfor-granaat onverklaarbaar ontplof en hy het ernstige brandwonde aan sy lyf, arms en hande opgedoen. Hy is onmiddellik per helikopter afgevoer na Oshakati se siekeboeg en daarvandaan na 1 Mil in Pretoria. In die ondersoek agterna is bevind dat een van die granaat se skouers deurgeskuur het van al die stap en beweging gedurende die operasie. Dit het veroorsaak dat die veiligheidspen uitgeglip en die granaat ontplof het.

Net soos kpl Neil Robinson ná die aanval op die Shatotwa-basis op die groep se eie teenpersoneelmyn getrap het, het dieselfde nou met Kriek Kruger gebeur tydens Operasie Seiljag. Hierdie twee onafhanklike voorvalle het tot gevolg gehad dat kapt Hannes Venter ernstige bedenkinge ontwikkel het oor die aanwending van teenpersoneelmyne tydens operasies. Groter omsigtigheid is daarna aan die dag gelê met die gebruik van teenpersoneelmyne.

Vir die nuwe 1 Recce-operateurs was Operasie Seiljag 'n strawwe toets. Kpl Jeff Lawrie het gesneuwel en sktr Dap Maritz het 'n ernstige beenwond opgedoen. Ook kpls Hein Bellingham en Leon Burger is gewond en kpl Kriek Kruger (wat reeds gekwalifiseer was) het sy been verloor. In 32 Bataljon se geledere is lt Radies Rademeyer ernstig gewond, asook een van hul operateurs.

Dit was inderdaad 'n hewige vuurdoop vir die nuwelinge in die spesialemagte. Mettertyd sou almal, onder wie Dap, weer na Durban en ook na Fort Doppies terugkeer.

* * *

Dap Maritz hoor stemme en voel hoe iemand sy kop vashou. "Kyk hoe lyk die arme man," sê 'n stem. Hy het weke laas geskeer, gewas of hare gesny, en dit was onmoontlik om te tel hoeveel lae black is beautiful oor sy gesig gesmeer was. Dan word hy wakker. Om hom is net swart mense, 'n hele saal vol swart troepe. Iemand hou sy hand vas. Dis 'n troep van 32 Bataljon wat in 'n vorige kontak gewond is. Al wat hy hoor is die woord "paraquedista!" (valskermsoldaat).

'n Suster kom die saal binne, sien hom en sê aan die ander personeel: "Hierdie ou moet hier uit na 'n ander kamer toe." Hulle skuif hom na 'n ander kamer toe en die suster begin huil en sê sy kan nie glo 'n mens lyk so nie. Dap verloor sy bewussyn en toe hy wakker word, is sy been verbind en hy is gewas en ietwat skoner.

Maj Johan Verster is ook daar en Dap is ongelooflik bly om 'n bekende gesig te sien. Verster is net so bly – hy kan nie glo Dap leef nie en vertel hom sy hart het in 'n stadium gaan staan weens die bloedverlies. In die teater was hy glo twee keer heeltemal weg en dan kry hulle hom elke keer weer by. Dap het niks daarvan geweet nie en dus was dit nie vir hom 'n erge ervaring nie.

Hy hoor toe hy is in Grootfontein. Daar het hy 'n paar dae

gelê saam met 'n valskermsoldaat wat 'n POMZ-myn afgetrap het. Die troep het vir Dap erger as hyself gelyk, maar eintlik was dit nie so nie – hy was maar net vol skrapnel-gate. Dit was Kerstyd en hulle kon nie dadelik afgevoer word Suid-Afrika toe nie.

Intussen bel die hoof van sy ou skool, Diamantveld op Kimberley, Dap se pa en simpatiseer met sy ouers. Hulle het die boodskap gekry dat hy dood is. Net daarna bel nog iemand sy ouers met die nuus dat Dap dood is. Eers toe hy afgevoer word, kry sy ouers darem die korrekte boodskap dat hul seun nog lewe.

Uiteindelik word hulle na 1 Mil gebring en in Saal 2 opgeneem, wat die Grenssaal genoem word omdat alle Grens-ongevalle soontoe gaan. Vasgegespe op trollies word hulle die saal ingestoot. Dap sien onmiddellik groot moeilikheid; hier's chaos. 'n Blonde suster sit wydsbeen op haar knieë bo-op 'n pasiënt en gee hartmassering. Almal hardloop rond, die een gee mond-tot-mond-asemhaling terwyl die ander die hart masseer. Die jong pasiënt maak dit nie. Sy lyk word toegegooi en uitgestoot. So arriveer Dap Maritz by 1 Mil.

Nadat hy in 'n bed gesit is, kom suster Briggs, die matrone, daar aan. Sy wil in Engels by Dap weet waarom sy hare so lank is en waarom hy nie geskeer is nie. Suster Briggs, wat geen twyfel oor haar outoriteit laat nie, wil ook weet hoekom sy gesig so swart is. Dap probeer verduidelik maar sy Portugees blyk selfs beter as sy Engels te wees. Sy roep 'n mooi blondekopverpleegster, 'n kandidaatoffisier met die naam Martie, om te help met die taalprobleem.

Dap Maritz moet nou gewas word. Sy been is nog met verbande toegedraai en nie gespalk nie. Bloed het deur die verbande gesypel en op suster Briggs se hospitaalbed en lakens beland. Sy jaag almal op hol en skielik loop alles weer skeef. Dap begin sweet, kan nie asem kry nie, raak duiselig en verloor sy bewussyn.

Toe hy bykom, is sy been in traksie en lê hy vasgegespe op sy bed. Hy kom agter daar heers 'n antagonisme teenoor hom en hy kry snaakse kyke. Die pasiënt langs hom vertel hom toe hy het Martie so uit soos 'n kers geslaan. Daarvan weet Dap niks, maar tog voel hy "so sleg soos 'n hond". En hy kan nie eens wegloop van die situasie nie want hy lê vasgegespe.

Later besoek genl Fritz Loots hom en bring 'n groot mandjie vrugte en lekkernye. Toe hy hoor Dap het die kandidaatoffisier platgeslaan, is hy nie baie beïndruk nie en wil weet wat gebeur het. Toe Dap uit die teater kom en hulle met hom werk, het hy weer weggeraak, vertel suster Briggs. Martie het bo-op hom gesit en sy hart gemasseer toe hy haar slaan, heeltemal onbewus van sy aksies.

Loots gee Dap nou vaderlike advies – hy moet die mandjie vrugte vir Martie gee. Net daarna kom sy daar aan met 'n potblou, toegeswelde oog. Dap vra haar om verskoning en gee haar die mandjie vrugte en lekkernye. Loots lig haar in dat Dap dit spesiaal by hom bestel het en dat hy dit nou vir haar saamgebring het.

Operasie Seiljag se ander gewondes beland ook uiteindelik in Saal 2. Nadat lt Radies Rademeyer en die twee Recces, kpl Leon Burger en kpl Hein Bellingham, die saal ingestoot is, vertel Radies vir Dap dat Jeff Lawrie doodgeskiet is. Op daardie oomblik kon hy nie slegter nuus verneem het nie. Jeff was nie net 'n vriend nie, hy was 'n broer vir Dap. Jeff was die eerste een uit Dap se keuringsgroep wat gesneuwel het en Dap kon nie sy begrafnis bywoon nie.

Daar word nog trollies ingestoot, onder meer een met kpl Kriek Kruger. Met al die opnames begin 1 Mil se Saal 2 al hoe meer na 'n Recce-kommando lyk. Elkeen het sy eie rivier wat hy moet

oorsteek, maar in Saal 2 heers daar 'n groepsgees en die onder-
steuning maak dit makliker. Daar word troepe ingestoot wat stuk-
kend geskiet is, opgeblaas is, in voertuigongelukke was, met fosfor
verbrand het – by sommige is selfs 'n deel van hul brein weggge-
blaas. Sodra 'n pasiënt homself begin jammer kry, kom iemand
in wat tien maal erger daaraan toe is. Sommige maak dit, ander
nie, maar in Saal 2 word 'n oorlog geveg waarin die woord
"opgee" nie bestaan nie.

Die Recces het nooit kom kuier sonder dat daar 'n bottel Red
Heart-rum saamgekom het wat Dap in sy bedkassie weggesteek
het nie. In 'n stadium weet hy en Martie nie wat om met al die
bottels te doen nie. Sy wys dit toe sowaar vir dr Etienne Hugo,
Dap se ortopeed, en hy lê op al die rum beslag. Hy belowe Dap
dat hy hom iets sal aandoen as hy die vuurwater drink terwyl hy
op antibiotika is.

Dap se ouers haas hulle na 1 Mil toe hulle die boodskap kry dat
hy nie dood is nie. Loots het vir hulle 'n hotelkamer bespreek
waar hulle twee weke lank kon oorbly. Daar was baie trane van
blydskap, veral van Dap se ma af. Dap se pa het 'n paar keer na
buite geloop want hy kon nie glo daar lê so baie jong manne wat
aan die Grens beseer is nie. Hulle was erg geskok. Wat hulle gesien
het, het glad nie gestrook met die berigte wat hulle oor die radio
gehoor het nie.

Dap se ouers was maar net te dankbaar dat hy leef en wou
almal in Saal 2 in hul geluk laat deel, ook die personeel. Hulle
het elke dag vir die hele saal lekkernye gebring en blomme vir
die susters en verpleegsters. Op die familieplaas is spesiaal bees
geslag en van alles is biltong gemaak. Vir Loots was daar 'n sak
vol biltong en ook vir die manne van Saal 2.

Suster Briggs was nie geneë met Dap en Martie se vriendskap terwyl sy aan diens was nie. Die Recces het egter 'n plan gemaak. Een aand ontkoppel Frans Conradie en Mac van der Merwe die traksiegedeelte en smokkel Dap by die hospitaal uit. Hulle neem hom na 'n eetplek waar Martie hom inwag. Dit was die eerste keer wat sy en Dap buite die hospitaal kuier. Eers om 04:00 daardie oggend smokkel die Recces hom terug hospitaal toe.

Dap ontwikkel 'n koors en begin sweet; sy beddegoed, lyf en hare is papnat. Hy word naar en druk die bedknoppie. Die nagsuster kom in en toe sy hom sien, roep sy net "Liewe genade!" en toe is sy weer weg. Toe die dokter aan diens aan die gips om Dap se been vat, vat hy regdeur die gips. Alles is 'n pappery en dit ruik baie erg.

Dap moet dadelik teater toe. Hy was baie lank onder narkose en toe hy wakker word, lê hy in 'n enkelkamer en nie meer in Saal 2 nie. Dr Hugo kom in met slegte nuus: die wond is só besmet dat die been geamputeer moet word. Dap is te geskok om iets te sê. Martie doen haar kalm voor wanneer sy die prognose hoor. Die twee is 'n ruk bymekaar, maar nie een sê iets nie.

Later is Dap alleen met sy gedagtes. Vrae en onsekerhede maal aanhoudend deur sy kop. Hy was 'n belowende sportman. Op skool het hy die 100 m in 10.5 sekondes gehardloop. Later, toe hy by die Polisie aangesluit het, het hy dit by die SA Polisiekollege tot 10.3 sekondes verbeter en boonop die 200 m in 20.6 sekondes afgeblits. Hy is vir die SA skolespan gekies en het vir Griekwaland-Wes rugby gespeel. In 'n wedstryd teen Noord-Transvaal druk hy op twintigjarige ouderdom drie drieë teen die senior Springbok-vleuel Gert Muller.

En toe word hy 'n Recce. Was al daardie harde werk dan nou

verniet? Het dit alles in 'n oogwink geëindig toe die koeël hom tref? Wat nou van Martie? wonder Dap.

Die kapelaan sê Dap moet dankbaar wees, want hy kon dood gewees het. Hy lewe, al gaan hy sy been verloor. Die welsynswerker praat oor al die mooi dinge in die lewe – dis nie die einde van die wêreld nie, daar lê nog baie goed voor. Sy praat en praat en praat maar Dap hoor nie 'n woord wat sy sê nie. Hy glimlag net die hele tyd in die hoop dat die sessie gou sal verbygaan. Hy het nie die geringste begeerte om met haar te gesels of enigiets met haar te deel nie.

Martie kom kuier die aand en probeer hom moed inpraat. Sy belowe Dap dat sy altyd by hom sal staan. Nadat sy gegroet het, wonder Dap of die Recce-lewe nou vir ewig verby is. Net daar kom hy tot 'n besluit: Wie ook al wát sê of dink, hy sal sy been behou. Hierdie geveg is nie verby nie; dit is beslis die een stryd wat hy nie gaan opgee nie. Dap sien homself eerder dood as om op een been voort te ploeter. Hy maak die Bybel oop en lees en lees. Die saalsuster kom naderhand in en gee hom 'n inspuiting vir pyn en pille vir die koors. Dit laat hom in 'n beswyming verval en hy slaap die nag deur.

Die volgende oggend vertel hy Martie van sy besluit. Sy stem saam dat hulle die ding saam gaan beveg en help hom in die rystoel na dr Hugo se spreekkamer toe. Hugo verduidelik dat die gangreen in die been lewensgevaarlik kan raak. Dap vra hom om asseblief enigiets te probeer, hy sal self die verantwoordelikheid vat. Martie stem saam.

Later, terug in die saal, kom sê Hugo dat hy Dap se been gaan probeer red. Hy sal solank 'n dreineringstelsel insit en dan na die VSA gaan om medikasie te kry wat net daar beskikbaar is.

Dap is baie siek en word al hoe maerder. Hy is 'n man van

104 kg maar trek die skaal nou op 68 kg. As hy bad, moet hy op 'n kussing sit want sy boudbene steek amper by sy vel uit.

Met dr Hugo se terugkeer gaan Dap onmiddellik teater toe. Sy been word oopgemaak en hulle stop die gat vol van die pille wat vir hom nes krale lyk. Dit moet die infeksie beveg en die beengroei aanhelp. Hy moet keer op keer terug teater toe om die wond skoon te maak, maar dit gaan al hoe beter. Later klaar die infeksie op en die wond begin genees. Daar is egter nog 'n gaping in die skeenbeen waar die koeël die been versplinter het.

Genl Loots is, soos altyd, die vaderfiguur. "Dap, hierdie is maar net nog 'n keuringskursus," sê hy tydens 'n besoek. "Jy gaan hom ook maak. Jy gaan nie opgee nie." En Dap weet, as genl Loots iets sê, dan doen jy dit.

Dap is soveel beter dat hy siekteverlof kry. Hy is al agt maande in die hospitaal, bykans die hele tyd bedlêend. Sy pa kom haal hom en Martie en hulle pak die lang pad Kalahari toe – terug plaas toe – in 'n Ford-stasiewa aan wat hy spesiaal gekoop het sodat Dap gedurende die rit kan lê.

Dr Hugo het hom ingelig dat hy ná die siekteverlof 'n been-oorplanting gaan doen met stukkies been uit Dap se heup.

Martiens is 'n plaaswerker en Dap se pa se regterhand. As kinders het Dap-hulle onder Martiens se hand grootgeword en pak gekry as hulle stout was. Toe hy die nuus kry dat Dap dood is, was Martiens ook amper dood. Toe hy hoor dat hy lewe, moes Dap se pa saam met Martiens bid om dankie te sê dat Klein-Dap lewe.

Martiens het vas geglo dat dit sy gebede was wat Dap laat lewe het. Dap glo dit was heel waarskynlik so want pyn, siekte en dood ken nie velkleur nie. Martiens het elke aand in die verre Kalahari vir Dap gebid en wou met alle mag Pretoria toe om vir hom te gaan kuier. Daardie jare is apartheid nog streng toegepas en sou hulle Martiens nie in Saal 2 toegelaat het nie. Swart soldate wat gewond is, is nie in dieselfde sale as wit soldate gehuisves nie.

Hulle kon saam veg, saam in die bos lepellê onder een grond-seil om snags warm te word, saam bloei en sweet, maar as hulle seerkry, kon hulle nie saam verpleeg word nie. Dap kon dié beginsel nie verstaan nie.

Toe die voertuig op die werf stilhou, kom Martiens aangestap en hy lag en lag. Dit is net oopmond en tande. Toe haal hy 'n papiersak uit, so 'n vuilerige een, maar binne-in is drie turksvye, klaar skoongemaak. Sulke grotes, daardie wit turksvye. Dap moes dit net daar en dan eet. Martiens het Dap omhels, 'n druk gegee en op die voorkop gesoen.

Terwyl almal eendag op die stoep tee en koek geniet, loop Martie na sy ouers en vat sy pa en ma se hande in hare. Toe vra sy vir Dap of hy met haar sal trou. Dit voel vir Dap of hy uit die rolstoel val. Voordat hy tot verhaal kan kom, sê sy ma: "Ja, Dap sal met jou trou." Martie kyk vir Dap en hy sê, "ja". "Ja, wat?" vra sy. "Ja, ek sal met jou trou," sê hy.

Ná tien weke op die plaas is hulle terug Pretoria toe sodat Dap die beenoorplanting kan kry. Maar eers word X-strale geneem. Dr Hugo begin lag toe hy daarna kyk. Die punte van die twee stukke been het intussen aanmekaar gegroei. Die oorplanting is nie meer nodig nie. Etienne Hugo meen dis 'n wonderwerk – hy het nog nooit voorheen in sy mediese loopbaan so iets gesien nie.

Op 'n dag is daar skielik 'n groot bedrywigheid in Saal 2. Die verpleegpersoneel skarrel rond en skuif die beddens en pasiënte sodat 'n hele paar bykomende beddens ingerig kan word. Dap-hulle hoor by een dat 'n klomp pasiënte op pad is. Sy maag trek op 'n knop – iewers het 'n klomp troepe seergekry.

Hulle lê nog so en praat, toe kom hulle in. Soos 'n worsmasjien. Op trollies en rolstoele. Dap skrik hom boeglam toe hy lt Corrie Meerholtz sien. Bones Boonzaaier, Callie Greyling, Gert Eksteen, Klein-Jakes Jacobs, Piet Linden, Fritz Bosch en Wynand Kruger – een ná die ander kom hulle in. Corrie lyk woes, hy's vuil, sy gesig swart en aan sy arms en bene kleef bloed. Selfs sy hare is vol bloed en dit lyk glad nie goed nie.

Dap gaan na Corrie se bed toe. Hy help om sy gesig, arms en bene te was. Corrie is heeltemal deur die blare van al die pyn-inspuitings. "Wat maak jy nou hier?" vra hy vir Dap. Hy vertel dat 'n klomp ouens dood is en 'n klomp gewond. So tussen die wassery deur hoor 'n geskokte Dap wat gebeur het.

Met verloop van tyd raak Corrie en die ander manne beter. Hul moreel is egter baie laag en niks kan hulle opbeur nie. Dap gaan haal twee bottels Red Heart-rum en Coke. Hy maak al die glase bymekaar en gooi vir elkeen 'n dubbel Red Heart en Coke.

Maar suster Briggs gewaar die bottels rum en raak histeries en buite haarself toe sy sien hoe Dap die drank uitdeel. Sy wil die glase wegvat, maar Corrie gee haar net een vuil kyk wat haar onmiddellik laat verstaan: Ken jou plek, suster Briggs. Dit is 'n heilige oomblik en niemand gaan hier inmeng nie. Dit behoort aan die manne wat van die operasie af teruggekeer het. Hulle was daar en niemand anders nie, dit is soos dit is en dit is soos dit al-tyd sal wees.

Die volgende oomblik drink die manne op Eheke, die manne wat daar geval het en die manne wat daar seergekry het. (*Die aanval op Swapo se Eheke-basis word volledig in die volgende hoofstuk beskryf.*) Dit was doodstil in Saal 2, jy kon 'n speld hoor val. Die Recces kon geval het, maar hulle het nie bly lê nie.

"Gooi vir die manne nog 'n dubbel, ook vir suster Briggs en vir jouself," sê Corrie vir Dap. Suster Briggs wil nog kapsie maak, maar toe sy eers die glas in haar hand het, maak sy óók so – drink op die manne wat gesterf het en haar nuwe pasiënte wat gewond is en nou daar lê.

Suster Briggs was nou een van hulle. Dap voel nederig, maar het groot waardering gehad dat lt Corrie Meerholtz hom deel van die ervaring gemaak het. Dit was 'n heilige oomblik – al was hy nie self deel van Eheke nie, was hy deel van hierdie groot oomblik.

Dap Maritz voel al hoe gesonder, hy wil weer terug na sy bloed-broers, terug Recces toe. Die Recces was in sy murg en nou sy familie, hy kan nie van hulle afstand doen nie. Dap het intussen ook begin oefen en Martie, wat nou al heelwat Recces ontmoet het, aanvaar dit so. As dit die lewe is wat hy verkies, sal sy hom ondersteun.

Ten spyte daarvan dat hy al kan draf en dit met stewige nael-lope afwissel, klassifiseer die Mediese Raad hom as 'n G5 K4. Dit beteken hy is in alle opsigte so beskadig dat hy nooit weer sal kan opereer nie, dat sy Recce-dae verby is. Hy gaan soebat dr Hugo totdat dié hom uiteindelik as 'n G1 K2 klassifiseer, dieselfde status as iemand wat 'n bril dra. Dap is in die wolke hieroor, niks gaan hom nou rem nie.

Dan gebeur die een ding waarop hy glad nie voorbereid was nie. Martie gaan kuier een naweek by haar ouers en met haar terugkeer is sy in 'n noodlottige motorongeluk. Sy is in haar voer-tuig vasgevang en dit brand heeltemal uit. Genl Loots en sy sekre-taresse bring die nuus vir Dap in die hospitaal.

Hy is heeltemal verpletter, dit kan nie wees nie. Hy loop uit en gaan sit onder 'n boom. Hy het gedink hy is alleen maar Mac van der Merwe en Frans Conradie kom sit by hom met 'n bottel Red Heart-rum. So sit hulle in algehele stilte, sê niks nie. Mac sit sy hand op Dap se skouer en toe huil hy asof dit sy eie verloofde is wat dood is.

In die dae wat volg, voel dit vir Dap of daar niks, net mooi niks vir hom in die lewe oor is nie. Hy huil dat dit vir hom voel asof sy bors oopskeur van die pyn. Hy sit op sy knieë met sy kop teen die grond en grawe met sy hande. Hy is emosioneel van binne leeggetap.

Daar was net 'n roudiens wat die verpleegpersoneel by 1 Mil gereël het, geen begrafnis nie. Frans, Mac en Grobbies het Dap by die diens ondersteun. Dieselfde aand nog is hy met die trein tot in Kimberley waar sy ouers hom kry en Kalahari toe vat, plaas toe.

Daar in die veld kon Dap mettertyd vrede maak met homself en met wat gebeur het. Daarna het hy hom voorgeneem hy huil nie verder nie. Hy gaan homself van die grond af oplig en terug Recces toe gaan. Dit is tog waarvoor hy en Martie gewerk het – dat hy weer 'n Recce kan word.

Terug op die Bluff in Durban loop Dap Maritz op krukke rond. Maj Johan Verster gee hom 'n Land Rover sodat hy elke dag in die gimnasium naby die ou stasie kan gaan oefen. Hy bespreek Martie se dood met absoluut niemand nie, hy wil nie hê enigeen moet hom bejammer nie. Dalk het Mac en Frans iets genoem, want eendag roep kapt Connie van Wyk hom tog in om oor haar te praat.

Om meermale in die see te kom, koop hy vir hom duikuitrusting en 'n pylgeweer. Sodra hy die kans kry, gaan skiet hy vis en spandeer baie ure in die water. Die swem is uitstekende oefening, ook om daarna die duin uit te klim tot waar die voertuig gepar- keer is. Later het 'n spannetjie bestaande uit dienspligtiges en val- skermpakkers saam met hom gaan vis skiet.

Fisiek sowel as geestelik was al die swem in die see net die regte behandeling vir Dap Maritz. Dit het hom in 'n vreemde wêreld gebring waar hy moes fokus en dit was ook opwindend. Hy het ook 'n onderwatervriend gekry – 'n buitengewoon groot aartappelbaars wat tussen die dolosse aan die binnekant van die suid-pier gebly het. Die Recces het hom Grouper genoem en hom vis gevoer wat hulle geskiet het. Hy was hondmak en het hulle toegelaat om sy kop te vryf.

Op 'n dag daag 'n visjagter uit die Kaap daar op en skiet "die makste vis in die water net om sy eie ego te streel en 'n foto te neem". Die foto van die man met sy trofee-vis verskyn in die plaaslike koerant en die manne wat Grouper gevoer en gestreel het, sien dit. Hulle is woedend verby. Op die pier loop hulle die vreemdeling raak – ja, dis die visjagter, bevestig een van die ge- reelde vissermanne. Dap verloor vir die eerste keer in sy lewe alle beheer en duik die man tot binne-in die see. Sy duikmaat, Vernon, slaag net-net daarin om die kêrel van verdrinking te red.

Dap word deel van die nuutgestigte 5 Recce en maak vrede met die feit dat hy nie weer "die ou Dap" sal wees nie. Nietemin is hy steeds goed genoeg om operasioneel ontplooi te word.

Dis vir hom hemels om terug in die bos tussen sy eie mense te wees. Hy word ontplooi op baie operasies saam met 5 Recce. Soos vir elke ander Recce sou geen plek egter so diep in sy hart kruip as Fort Doppies nie. Daar waar jy wakker word met die geroep van visarende, oor die Kwando-rivier uitkyk na die vloedvlakte waar die lechwes wei en die seekoeie in die poele blaas. Fort Doppies waar jy jou slaapgebied met olifante, luislange, troppe buffels, luiperds, koedoes en leeus deel.

AO1 Dap Maritz het soos baie ander Recces diep spore in die eenheid getrap. Hy beëindig sy diens in Maart 1996. Vandag woon Dap en sy vrou, Ria, op 'n plaas in Noordwes van waar hulle 'n suksesvolle teenstropings-onderneming bestuur.

15
Aanval op Eheke-basis
Operasie Kropduif

Gedurende 1977 was daar groot onsekerheid oor Swapo se doen en late ná afloop van die aanval op Shatotwa. Inderwaarheid was die politieke situasie al sedert die einde van Operasie Savannah vroeg 1976 van so 'n aard dat die Recces nie regtig oorgrens ontplooi kon word nie. Intussen het die Kubane, Fapla en Swapo suidwaarts beweeg en feitlik die hele Suid-Angola, wat die Suid-Afrikaners in 1975 verower en in Unita se hande gelaat het, weer teruggeneem.

Begin 1977 word 32 Bataljon in Suidoos-Angola ontplooi en maj Eddie Viljoen loods 'n aanval met twee kompanies op 'n Swapo-basis in die omgewing van shona Namuidi. Tydens die geveg ontplof twee Grad P 122 mm-vuurpyle reg voor 32 Bataljon. Viljoen kan egter nie vasstel van waar die vuurpyle afgevuur is nie.

Tydens die geveg was daar 'n Telstar-vliegtuig in die lug wat heen en weer met die grens langs gevlieg het ('n ligte vliegtuig wat as kommunikasie-deurgeestasie optree). Die vlieënier en persone aan boord sien toe grys rook trek vanuit 'n shona noordwes van Namuidi. Hulle merk terselfdertyd op dat die rook ná 'n paar oomblikke donkergrys-swart word.

Die Grad P's was in shona Eheke ontplooi en die vlieënier het onmiddellik die posisie aangestip. Genlmaj Ian Gleeson, 101 Taakmag se bevelvoerder, het die lugmag hierop lugfoto's laat neem van die gebied waar die Grad P-vuurpyle afgevuur is.

Op dié wyse is 'n groot Swapo-basis met die naam Eheke opgespoor. Uit inligting het dit geblyk dat Swapo besig was om hulle in dié basis te vestig. Daar is gepraat van 'n groot shona met 'n watergat nie baie ver oorkant die grens nie en die naam Eheke het telkens opgeduik.

By Verdedigingshoofkwartier in Pretoria het die Swapo-basis Eheke nou ook tydens een van die daaglikse voorligtingsessies aan die Hoof van die Leër en sy staf ter sprake gekom. Dit lei daartoe dat genlmaj Fritz Loots vir maj Johan Verster van 1 Recce na Grootfontein stuur om met Gleeson te skakel oor die Eheke-basis.

Verster versamel al die nodige informasie, kaarte en lugfoto's van die gebied. Dis egter steeds onduidelik wie vir die operasie en die beplanning daarvan verantwoordelik gaan wees.

Dit het ook aan die lig gekom dat daar eintlik twee basisse was – Eheke 1 en Eheke 2. Die Hoof van die Leër bevestig toe dat die spesialemagte die aanval op Eheke 1 moet beplan en uitvoer. Maj Eddie Viljoen se 32 Bataljon kry opdrag om Eheke 2 aan te val.

Terug in Pretoria stel Loots vir maj Hennie Blaauw aan as bevelvoerder van wat bekend sou staan as Operasie Kropduif, met kapt Charl Naudé as sy 2IB. Verster en kmdt Sybie van der Spuy van 2 Recce kry opdrag om 'n Tak HK by die Eenhana-basis op te rig, waarvandaan hulle met Gleeson moet skakel en koördineer.

Gleeson is egter vanuit die Tak HK op Eenhana oorkoepelend in beheer van die operasie. Met die uitreiking van die magtiging vir die operasie is die aard van die ontplooiing baie duidelik ge-spesifiseer. Viljoen sou in beheer wees van die aanval op Eheke 2. Dit moes 'n in-en-uit-operasie (vinnig slaan en onttrek) wees en dit moes ook glad nie terugspoorbaar na Suid-Afrika wees nie.

Die aanvalsmag het bestaan uit lede van 1 Recce, 2 Recce en 5 Recce.[61] Die eerste groep swart operateurs van die nuutgestigte 5 Recce is in die aanloop tot Operasie Kropduif in Seekoeikamp suid van Fort Doppies opgelei. Terselfdertyd was 'n groot groep operateurs van 1 Recce in Fort Doppies besig met opleiding. Operateurs van 2 Recce was nou ook per vliegtuig uit Pretoria onderweg om saam met 1 Recce aan die opleiding deel te neem.

Uit die drie Recce-eenhede sou altesame 85 operateurs aan Operasie Kropduif deelneem. Dit was feitlik al die operateurs in al die VK-eenhede gedurende 1977.

Die twee Eheke-basisse was 'n paar kilometer uitmekaar en die plan was om die Recces (Eheke 1) en 32 Bataljon (Eheke 2) se aanvalle te sinchroniseer sodat dit gelyktydig kan plaasvind.

Vir die Recces het Hennie Blaauw en Charl Naudé die hoofbe-planning vir die operasie in Fort Doppies gedoen. Hulle het alle moontlike materiaal bestudeer, wat inligtingsverslae en lugfoto's van Eheke 1 ingesluit het. Eheke 1 was naby shona Onalumono en duidelik sigbaar op die lugfoto's. In Fort Doppies het Dawid Fourie, Corrie Meerholtz, Connie van Wyk en Kokkie du Toit Blaauw bygestaan met die beplanning asook die ontleding van die lugfoto's.

---

61 1 Recce se spanleiers was lte Dawid Fourie (ook hoofnavigator), Corrie Meerhlotz en Kokkie du Toit. 5 Recce se spanleiers was serss Frans van Dyk en Dave Tippett. Lt Gert Keulder was die mortiergroep se spanleier. Lt Connie van Wyk was in bevel van die verkenningspan.

In Seekoeikamp het Kenaas Conradie, Frans van Dyk en Dave Tippett saam met Charl gewerk. Hulle was besig om 'n kleintaktiekkursus vir 5 Recce se troepe aan te bied en hulle slaggereed te kry vir operasies, maar het terselfdertyd ure lank spandeer om lugfoto's van die Eheke-basis te bestudeer.

1 Recce het te min operateurs vir die aanval gehad en daar is besluit om die sowat 32 troepe van 5 Recce, wat in die finale stadium van hul kleintaktiekkursus was, vir die voorgenome operasie na 1 Recce af te deel.

In hierdie stadium het kol Jakkals de Jager van MI by die groep in Fort Doppies aangesluit om met die verwerking van inligting te help.

Een van die troeteldiere wat die Recces in die basis aangehou het, was 'n jong rooijakkals wat hulle van kleintyd grootgemaak het. Een middag toe kol De Jager by die beplanningsgroep aansluit, laat val hy dat die Recce-troepe baie voorbarig is. Hulle roep hom van tyd tot tyd op sy naam terwyl hulle in die basis rondloop, sê hy. Tot in daardie stadium het Jakkals de Jager glad nie besef dat die Recces eintlik hul mak jakkals roep nie.

Jakkals het nie veld toe gegaan nie en het saam met die operateurs geëet, dieselfde kos as hulle, sommer so van die tafel af. Hy het ook saam met die operateurs geslaap en hulle soms speels aan die hakskeen beetgekry as hulle verbyloop. Dewald de Beer het die rooijakkals na die Kwando-rivier net onderkant sy huis geneem nadat die buffels vroegoggend gesuip het. Jakkals het dan die groen miskruiers in die buffelmis gevang en geëet – sy nagereg vir die dag.

Daar is reeds in 'n vroeë stadium van die beplanning besluit dat die Recces per valskerm na die teiken ontplooi sou word. Dit was ongeag die feit dat Eheke slegs sowat 25 km anderkant die grens (in die omgewing van die Eenhana-basis) was. Hulle sou dus per voertuig weswaarts kon ry tot in die omgewing van Eenhana, die Angolese grens daar oorsteek en na die teiken toe kon stap.

Dié opsie was egter nie aanvaarbaar nie omdat die groep Recces maklik in lede van die plaaslike bevolking kon vasloop. Dit sou die geheimhouding van die operasie in gedrang bring. 'n Valskermontplooiing het die voordeel gehad dat hulle die teiken met groot spoed en op kort kennisgewing vanaf Fort Doppies kon bereik. Hulle sou dus per valskerm vanaf die M'pacha-vliegveld (sowat 95 km oos van Fort Doppies) na Eheke ontplooi word.

Aanvanklik het 1 Recce en 5 Recce afsonderlik geoefen; 2 Recce het die hele tyd saam met 1 Recce geoefen. Tydens die opleiding en inoefening het hulle gefokus op roetemarse wat dag en nag met volle gevegsuitrusting en wapens gedoen is. Die wapens is noukeurig nagegaan vir diensbaarheid waarna dit ingeskiet en vir akkuraatheid ingestel is.

Daar is veral baie op quick kill gekonsentreer (waar twee vinnige skote op die teiken gevuur word sonder om die visier te gebruik) en dit het 'n integrale deel van die voorbereiding behels. Die operateurs wat masjiengewere gedra het, het geoefen om vanuit die heup daarmee te vuur. Storingsprosedures het besonder baie aandag gekry, asook die vinnige laai van die masjiengewere. Daar is elke aand nagskiet gedoen met die klem op akkurate skootplasing tydens vuur-en-bewegingaksies.

Die Recces se arsenaal vir hierdie operasie het indrukwekkend gelyk. Daar was nie minder nie as 32 LMG's, waarvan die meeste die Duitse bandgevoerde HK21-masjiengewere was. Sommige operateurs het die uiters betroubare PKM, 'n Russiese 7.62 mmmasjiengeweer met 'n patroonband, bo die HK21 verkies, maar daar was nie genoeg PKM's beskikbaar nie. Die masjiengeweerskutters het 'n minimum van 500 patrone per wapen in die masjiengeweerbande gedra.

Sommige swaargeboude operateurs soos Callie Greyling het 800 patrone gedra. Die masjiengeweerbande was in die klassieke styl van 4 x ball, 1 x tracer gelaai. Daar was telkens vier gewone patrone in die band, afgewissel met een ligspoorpatroon, wat die lyn van vuur vir die operateur met 'n duidelike ligstreep aandui. So kon hy akkuraat vasstel of sy sarsie op teiken was.

Die res van die groep het almal AK47-aanvalsgewere gedra. Elke operateur het 'n minimum van agt magasyne by hom gehad, elkeen met 30 patrone gevul. Die meeste operateurs het egter tot twaalf magasyne gedra. Vir akkurate skootaanduiding was al die magasyne ook met 4 x ball, 1 x tracer gelaai.

Ter ondersteuning het die groep sewe 60 mm-kommandomortiere gedra met 'n totaal van 200 brisantbomme. Die mortierspan kon nie al hierdie bomme op hul eie dra nie en dit is eweredig tussen lede van die aanvalsmag versprei. Hierbenewens was daar ook vier RPG7-vuurpylrigters met sowat 20 vuurpyle wat ook onder die aanvalsmag versprei is.

Hulle het nagbeweging en navigasietegnieke elke aand oor en oor geoefen. 1 Recce en 5 Recce het nou saamgesmelt en saam in gevegsformasies beweeg. Hindernisoorsteking en beweging deur digte bos en oor oop omurambas is herhaaldelik gedoen.

Blaauw het Dawid Fourie as die hoofnavigator aangestel. Al die spanleiers was ook met kompasse toegerus en het met gereelde tussenposes die navigasierigting, tyd en afstand bevestig. Dit was besonder moeilik om hierdie soort navigasie op 'n plat terrein sonder enige verwysingspunte uit te voer.

Die span sou dus blinde vertroue in die lugmag moes stel om hulle – anders as met die Shatotwa-operasie – presies op die beplande afgooistrook uit die vliegtuig los te laat. As dit nie gebeur nie, sou die navigasie van die begin af foutief wees. In só 'n geval raak die navigasiefout al hoe groter en is dit nie waarneembaar op 'n plat terrein sonder uitstaande verwysingspunte nie.

Geveg- en kontakdrills is gedurende die dag sowel as die nag geoefen. Dit is eers in spanverband en later in groepsverband geoefen, waarna die totale aanvalsmag die drills saam uitgevoer het. Hulle het heeltyd die presiese uitrusting waarmee die aanval uitgevoer sou word, gedra. Elke man het dus die korrekte getal ammunisie, hand-, rook- en fosforgranate gedra, asook van die mortierbomme en RPG 7-vuurpyle wat onder die groep versprei is. Jagmesse, pangas en 9 mm-pistole met twee magasyne is as sekondêre wapens gedra. Daarby het hulle ook waterbottels, mediese sakke, radio's en navigasiehulpmiddels soos glimpanele en heliospieëls gehad.

Die nadering van die vyandelike basis, die gevegformasie vir die aanval asook die finale nadering tot die vuurgeveg is geoefen. Vuur-en-bewegingoefeninge is net met skerp ammunisie uitgevoer. Dit was tradisie dat die Recces nooit met loskruitammunisie geoefen het nie. Ná die aanvalsoefening is die herorganisering uitgevoer asook die afvoer van verliese.

Elkeen het sy klein mediese pakkie op presies dieselfde plek gedra en sou hy gewond word, moes sy eie bomverband gebruik word. Die basiese behandeling was slegs om bloeding te stop en die wond te verbind. Hoogs opgeleide medics het die groot mediese pakke (spansakke) saam met hulle gedra vir die behandeling van ernstiger wonde.

Die verkenningspan sou 'n dag vroeër as die aanvalsmag met

vryval na die teikengebied ontplooi word. Kapt Connie van Wyk was in beheer van die verkenningspan en hulle het afsonderlik van die hoofmag ingeoefen. Die fokus het geval op valskermontplooiing, beweging na die teiken, kontakdrills, oplêtegnieke, afvoer van verliese, die merk van die afgooistrook, teenspoorsny en die verkenning van die Eheke-basis. Nadat hulle die Swapo-basis bevestig het, moes die verkenningspan die afgooistrook merk en die hoofmag, wat met statieselyn-valskerms geland het, na die teiken lei.

Tydens die inoefening het die hoofmag twee statieselyn-spronge met volle gevegsuitrusting in 'n omuramba sowat 20 km van die M'pacha-lugmagbasis uitgevoer. Die eerste sprong het teen laaste lig plaasgevind en dit is opgevolg met 'n nagsprong. Net soos dit met die operasie sou wees, is twee C-160-vragvliegtuie gebruik. Die springers is tussen die twee vliegtuie verdeel met al die 5 Recce-operateurs in een vliegtuig. Daar was dus sowat 42 operateurs in elke vliegtuig en die tweede een het kort agter die voorste een (met hoofsaaklik 1 Recce-springers) gevolg.

Die voorste vliegtuig het op 'n hoogte van 183 m bo die grond gevlieg en die tweede een ietwat hoër op 213 m bo die grond. As operasiebevelvoerder het Blaauw in die middel van die string gespring. Ná landing moes al die operateurs in sy rigting beweeg. Al hierdie prosedures is deeglik op die afgooistrook ingeoefen, wat ook die stapeling en kamoeflering van die valskerms ingesluit het. Ná groepering is die aanvalsmag in 'n gevegsformasie opgestel met Dawid wat die rol van navigator sou vertolk.

Al hoe meer valskermsronge is nou byna daagliks geoefen. Tydens een van die nagspronge raak Callie Faber in die draaglyne van Frans van Dyk se valskerm verstrengel. Met sy gespartel begin Frans se valskerm gevaarlik heen en weer wieg. Callie s'n is glad nie oop nie, maar maak dan skielik oop en onmiddellik weer toe. Frans se valskerm kan ook enige oomblik toevou – wat sal meebring dat albei springers hulle dood sal val. Met die grond wat vinnig nader kom, staal die twee ineengestrengelde springers hulle vir 'n abnormale harde landing. Hulle tref die grond ongelooflik hard, maar gelukkig is die Caprivi-sand sag en albei staan ná 'n paar oomblikke uit die stof op.

Gert Keulder en Trevor Floyd was deel van die mortierspan. Hulle het gedurende die inoefeningsfase hard aan hul mortierdrills en -vuur geoefen. Die plan was dat hulle die Eheke-basis met hewige mortiervuur sou bestook. Die bomme moes kort voor die aanvalsmag val. Dit sou 'n vuurgordyn veroorsaak wat Swapo "se koppe sou afhou" en terselfdertyd soveel as moontlik verliese aan hulle toedien.

Soos die hoofmag vorentoe gaan, moes die mortierspan hul vuur geleidelik al hoe dieper in die basis skuif en mettertyd ook op moontlike ontsnaproetes vuur. Die moontlikheid van lugbars was 'n groot probleem omdat sommige mortierbomme in die boomtoppe sou ontplof, wat dan die skrapnel in die rigting van die aanvalsmag sou stuur.

Die RPG7-skutters het deeglik met hul wapens vertroud geraak en daarop gefokus om so vinnig moontlik te herlaai terwyl hulle aan die beweeg is. Een, kpl Joe de Villiers, het veral uitgestaan as 'n besonder akkurate RPG7-skut. Hy het tot almal se verwondering dit klokslag reggekry om die voorwerp waarop hy gevuur het, trompop te tref, hetsy dit 'n stilstaande of bewegende teiken was.

Die afvoer van verliese het ook baie aandag gekry en is as deel van die gevegsprosedures geoefen. Die ops-medics het geoefen om bloeding te stop, skietwonde te verbind en binneaarse voeding asook pyn- en verdowingsmiddels toe te dien. Hulle het saam met die hoofmag beweeg. Hul werk was baie fisiek omdat hulle die swaar toegeruste mediese sakke tydens die infiltrasie, die aanval sowel as die eksfiltrasie moes saamdra.

Tydens die finale beplanning en inoefening kry Fort Doppies onverwags 'n hoëprofielbesoek. Die eerste minister, BJ Vorster, en 'n paar van sy kabinetslede kom rus vir 'n paar dae in Fort Doppies. Hierdie Recce-basis was baie gewild onder die ministers en veral PW Botha het dit graag besoek. Vorster en sy groep word vergesel deur genlmaj Gleeson.

Een oggend versoek Vorster dat Gleeson hom moet kom sien waar hy by die gastehuis onder die groot kremetartboom op die oewer van die Kwando-rivier sit en oor die grasvlaktes uitkyk. Gleeson vra Blaauw om hom te vergesel.

Vorster vra toe inligting oor Operasie Kropduif, min wetende dat hy reg in die hart daarvan sit. Gleeson bevestig dat 1 Recce die operasie gaan uitvoer, waarop Vorster vra: "Wie gaan bevel voer oor die operasie?" Gleeson wys na Blaauw en sê: "Maj Hennie Blaauw van 1 Recce is die operasiebevelvoerder."

Vorster kyk na Blaauw en sê: "Generaal, ek magtig die operasie op voorwaarde dat dit net 'n vinnige in-en-uit-operasie is." Dit was die eerste en enigste keer dat 'n operasie op die hoogste vlak binne-in Fort Doppies gemagtig is.

Nadat die inoefening afgehandel is en alle prosedures behoorlik geoefen is, het Blaauw sy finale orders vir die Eheke-aanval gegee. Hy het 'n sand- asook 'n houtskaalmodel, wat inligtingstaf vanaf Grootfontein aangestuur het, vir sy toeligting gebruik.

Wat geheimhouding betref, was die skaalmodel van Eheke 1 wat deur twee dienspligtiges gebring is, wel 'n sekerheidsrisiko omdat dit nuuskieriges se aandag kon trek en hulle laat wonder oor die doel daarvan. Dit het ook die valskermspronge gegeld wat vanaf M'pacha ingeoefen is. Die besonder groot getal springers (altesame 85) wat uit twee groot vliegtuie spring, kon nie net die SAW-personeel van M'pacha nie, maar ook die plaaslike bevolking se aandag daarop vestig dat hier iets buitengewoons aan die kook was.

Ook die toeloop van radioverkeer tussen Fort Doppies, Eenhana en Ondangwa kon daarop dui dat 'n operasie beplan word. Boonop was 32 Bataljon se bevelstruktuur ook bewus van die Recces se aandeel in die Eheke-operasie. Daar is dus versoek dat geen voorligting van Recce-betrokkenheid laer af in die range gedeel mag word nie.

Nadat Blaauw sy toeligting in Fort Doppies afgehandel het, het elkeen in die Recce-groep kans gekry om vrae te stel. Hulle kon ook die lugfoto's, kaarte en die sand-en-houtskaalmodel van die vyandelike basis van naderby bestudeer.

Sekerheid was nie 'n probleem in Fort Doppies nie – daar was geen telefoonverbindings en posstelsels nie en daardie jare ook nog geen selfone of internet nie. Niemand behalwe die Recces is daar toegelaat nie. Helikopters wat wou land, moes vooraf goedkeuring verkry. Omdat dit so 'n afgeslote gebied was, was dit uiters geskik om daar met maksimum sekerheid vir operasies voor te berei.

Die Recces se verkenningspan het die teikenarea op 25 Oktober 1977 om 01:00 met 'n C-160-vragvliegtuig geïnfiltreer. Dit was een dag voor die hoofmag se veronderstelde ontplooiing. Die span het hul vryvalsprong op 'n hoogte van 3 657 m bokant die grond uitgevoer. Op die grond het Connie van Wyk en sy drie verkenners, serss Mario Jacobs en Cecil Eayrs en kpl Nic du Toit, almal 5 Recce, bymekaargekom en in die rigting van Eheke 1 beweeg om die basisverkenning te doen. Dinge het ongelukkig nie verloop soos hulle gehoop het nie. By drie geleenthede kom van die plaaslike bevolking op hulle af maar telkens kry hulle dit reg om die mense te ontduik. Die middag teen 16:00 loop die span en 'n Swapo-patrollie egter trompop in mekaar vas. Die span onttrek so gou as moontlik uit die kontak.

Connie wil nie die aanval op Eheke kompromitteer nie en vra 'n onmiddellike helikopteronttrekking, al is hul werk nog nie afgehandel nie. Laat dieselfde middag nog lig 'n helikopter hulle uit en vlieg hulle na Eenhana. Daar sluit Connie by Verster (1 Recce) en Van der Spuy (2 Recce) in die Tak HK aan om hulle by te staan met inligting wat hy versamel het. Die groot vraag nou was of hul ontdekking deur die Swapo-patrollie in die Eheke-gebied op enige manier met die voorgenome aanval verbind sou kon word en die vyand meer waaksaam sou maak.

In Fort Doppies word Blaauw per radio ingelig oor die verloop van die verkenning. Die ontydige onttrekking van die verkenningspan is vir hom 'n groot bron van kommer, maar dis nie al aspek van die operasie wat hom verontrus nie. Hy is glad nie tevrede met die koördinering en skakeling tussen die verskillende groepe wat aan die operasie gaan deelneem nie. So is 32 Bataljon reeds per voet in die Eheke-gebied ontplooi, maar sonder dat daar vooraf behoorlike koördinering met die Recces was.

Blaauw het die gevolge van al hierdie aspekte deeglik besef. Nou, met die onttrekking van die verkenningspan, het die operasie 'n heel ander wending geneem. Die hoofmag sou nou op 'n ongemerkte afgooistrook moes inspring. Daar sou niemand op die grond wees om dit te beveilig, die vliegtuie in te lei en die mag na die teiken te lei nie. Die aanvalsmag sou dus, anders as wat ingeoefen is, in isolasie moes optree en hul eie pad na die Swapo-basis vind.

Die hele aanvalsmag[62] was in hierdie stadium nog in Fort Doppies. Ondanks die onsekerheid wat die verkenningspan se onttrekking veroorsaak het, hou die hoofmag onverpoos aan met die inoefening. Die aanvalsplan was nou reeds herhaalde kere deurgewerk en dit was by elke individu baie duidelik ingeprent wat hom te doen staan.

Gedurende die oggend van 26 Oktober 1977 bevestig die Tak HK dat die operasie op die vroegste die volgende aand van stapel gestuur mag word. Deur die oggend van 27 Oktober 1977 probeer Blaauw egter tevergeefs om bevestiging hiervoor te kry.

Met geen duidelike aanduiding oor wat gaan gebeur nie, ry hy die oggend na die M'pacha-lughawe toe. Daar sien hy wel die twee C-160-vliegtuie eenkant op die aanloopbaan staan. Hy nader die bevelvoerder van die lugmag en dié sê "die sprong staan af" (gaan nie voort nie). "Dis reg so," sê Blaauw, klim in sy Land Rover en ry terug Fort Doppies toe.

---

62 Hennie Blaauw, Boats Botes, Corrie Meerholtz, Frans van Zyl, Wentzel Marx, Vingers Kruger, Gert Eksteen, Garry Walker, Antonie Badenhorst, Dan Smith, Bones Boonzaaier, Jack Greeff, Callie Greyling, Obie Olivier, Henk Terblanche, Kokkie du Toit, Dawid Fourie, Joe de Villiers, Flip Marx, Sam Fourie, Callie Faber, Amilcar Queiroz, Willie Ward, Piet Coetzee, Louis Klopper, Frans Conradie, Fritz Bosch, Tuffy Pelser, Gert Keulder, Chillie du Plessis, Kevin Beck, Kloos Kloosterziel, Alex Deacon, Moose Mennigke, HH van der Westhuizen, Fred Wilke, Trevor Floyd, Marius Viljoen, Lieb Liebenberg, Manuel Ganhao, Piet Linden, Danie Burger, Danie (Karate) Swart, Jan de Waal, Frans Jacobs, Klein-Jakes Jacobs, Les Greyling (2 Recce), Harry Botha (2 Recce), Neville Clack (2 Recce), Gus Davidson (2 Recce), Jan van der Merwe (2 Recce), M Rossouw (2 Recce), Piet Blaauw (2 Recce), Ben Loots (5 Recce), Theo Fourie (5 Recce), Kenaas Conradie (5 Recce), Charl Naudé (5 Recce), Frans van Dyk (5 Recce), Sakkie Seegers (5 Recce), Johan Verster (5 Recce) en Sybie van der Spuy (2 Recce). (Die 22 swart pseudo-operateurs van 5 Recce se name is om sekerheidsredes weerhou as gevolg van die aard van hul aanwending in operasies.)

Die oomblik toe hy by Fort Doppies stilhou, kom daar 'n sein van Johan Verster deur wat hom vanaf Eenhana inlig dat die "sprong aan is" en dat hulle "vanaand nog inspring". Blaauw sê vir hom dat hy nou net van die lugmag af kom en dat hulle gesê het dat "die sprong af is". "Nee," antwoord Verster, wie se opdragte direk kom van Gleeson, 101 Taakmag se bevelvoerder, "die sprong is aan en julle spring vanaand nog in."

Blaauw sê dat hy nog geen amptelike operasionele order van enige hoofkwartier ontvang het nie. Hy het geen koördineringinstruksie vir gelyktydige en gesamentlike optrede met 32 Bataljon nie, en het ook nie 'n sein-, gebeurlikheids- of noodplan nie. "Hoe dit ook al sy, julle moet vanaand nog inspring," sê Verster.

Dit gee toe 'n groot geskarrel af om al die manne in die Fort Doppies-omgewing bymekaar te kry. Die operateurs het al 06:00 opgestaan en begin PT doen; daarna het hulle die hele dag lank vuur-en-bewegingoefeninge met skerp ammunisie gedoen, wat besonder fisiek is en baie energie verbruik. Dit was dus glad nie goeie tydsberekening nie om ewe skielik aan die uitgeputte operateurs te sê: "Julle spring nou in."

Dit was 27 Oktober ('n dag later as die beplande ontplooiing) en 'n Dakota en twee Super Frelon-helikopters word nou van M'pacha na die Immelman-aanloopbaan net noord van Fort Doppies gestuur om die groep op te laai. Diegene wat nie per lug vervoer word nie, neem al die beskikbare Unimogs, laai die valskerms op en ry M'pacha toe.

In die lug kom Blaauw agter die Dakota se dreuning klink verdag en deur die venster sien hy die bakboordenjin het uitgesny. Hy gaan sê vir die vlieënier en vlugingenieur die enjin het uitgesny. Ja, sê hulle, hulle weet. Toe die vliegtuig op M'pacha se aanloopbaan land, sny die stuurboordenjin ook uit. Die span kon

...oeër gebeur
...het tot gevolg gehad het.

...e eindpunt
...n. Dit was
...elk geval
...nnig don-
...

...ie omdat
...aanvals-
...om val-
...af 1 Val-
...Doppies
...2 Batal-
..., is ook as
...angesluit.

...die groep nou in die skemerdonker hul valskerms aangord om reg te maak vir die sprong. Omdat dit 'n basisaanval sou wees, was almal bewus daarvan dat van hulle moontlik nie die aanval sou oorleef nie. Die volgende oomblik klap 'n geweerskoot in hul midde en Wynand Kruger word in die knie getref.

Wynand het, soos Charl en Frans, eers gehelp om die ander springers na te gaan voordat hulle hul eie valskerms aangepas het. Die operateur wat langs Wynand in die string was, het gekla dat sy valskerm se rugbande te styf was. Wynand vra hom toe om vooroor te buk sodat hy die bande losser kan maak. Hy trek die

---

63 RSM Johnny Kieser, sserss Ben Pretorius, Gert Kitching, Pinto Ferreira, Van Niekerk en sers Deon van der Merwe.

64 Eddie Webb sou baie jare later bevelvoerende generaal van die spesialemagte word.

rugbande uit en toe hy die operateur vra om regop te kom, gaan die skoot af wat hom in die knie tref.

Die valskerm se borsband was deur die geweer se snellerbeuel (die halfmaanomhulsel wat die sneller beskerm) geryg en toe die operateur orent kom, het die borsband styfgetrek en die veiligheidsknip sowel as die sneller afgedruk. Met die vooraf beveiliging van die wapen het daar 'n patroon in die kamer agtergebly en die skoot het afgaan.

Die ops-medics het hom op die toneel behandel, waarna hy na M'pacha se siekeboeg afgevoer is. Gelukkig was dit nie so 'n ernstige wond nie en hy het volkome herstel. Hoe dit ook al sy, Operasie Kropduif se eerste ongeval het plaasgevind nog voordat die vliegtuig met die operateurs opgestyg het.

Dit was ontsettend warm in die vliegtuie terwyl hulle gewag het. Die manne was swaar gelaai en met black is beautiful gekamoefleer. Weens die oormatige sweet het die kamoefleerroom oor hul gesigte geloop, wat hul oë laat brand het en die meeste operateurs het met rooi, geïrriteerde oë gesit. Van die meer ervare operateurs het 'n sweetband of 'n gekamoefleerde kopdoek om hul kop gedraai om te verhinder dat die sweet in hul oë inloop.

Die gedagte dat die kans op verliese baie groot was, het in menige operateur se kop bly maal. Hulle sou die basis oor 'n oopte moes aanval terwyl die vyand die beskutting van hul loopgrawe gehad het. Al hul hoop was op die verrassingselement gevestig; dit sou ideaal wees om die vyand soos met Shatotwa in hul hutte te kon betrap.

RSM Pep van Zyl het koue water en koeldrank gereël en dit in bekers in die bedompige vliegtuie rondgestuur sodat die operateurs hul dors kon les. Dit was erg ongemaklik so saamgedruk in 'n klein ruimte met al die uitrusting en valskerms aan hul lywe en

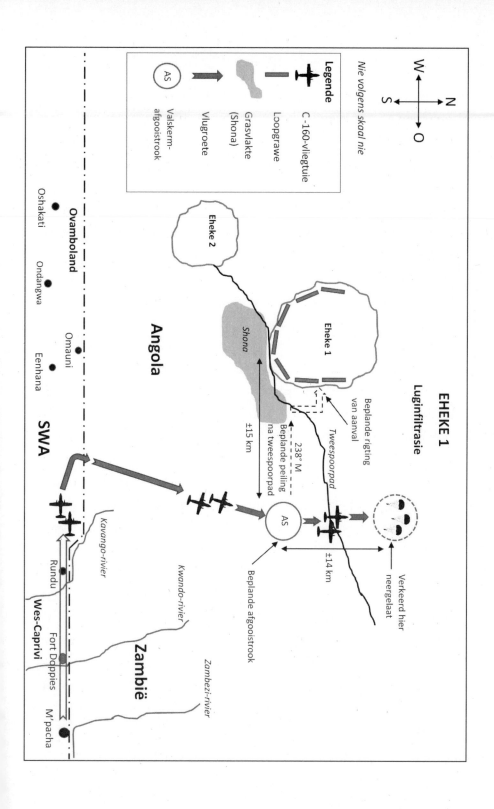

EHEKE 1

Luginfiltrasie

Eheke 2

Eheke 1

Shona

±15 km

Beplande rigting van aanval

Tweespoorpad

238° M

Beplande peiling na tweespoorpad

AS

Beplande afgooistrook

±14 km

Verkeerd hier neergelaat

Legende

✈ C -160-vliegtuie

▬ Loopgrawe

Grasvlakte (Shona)

➜ Vlugroete

AS Valskerm- afgooistrook

Nie volgens skaal nie

N
W — O
S

Ovamboland

Oshakati

Ondangwa

Omauni

Eenhana

Angola

SWA

Kavango-rivier

Kwando-rivier

Zambezi-rivier

Zambië

Wes-Caprivi

Rundu

Fort Dappies

M'pacha

die manne het onophoudelik gesweet. Uiteindelik, ná wat soos 'n ewigheid gevoel het, is die vliegtuig se motore aangeskakel.

Die laaibrug en die springdeure is toegemaak en die twee vliegtuie het stadig na die opstygpunt beweeg. Daarna het hulle vinnig spoed vermeerder en skielik was die hele groep in die lug. Die dowwe rooi ligte in die romp is aangeskakel om die springers teen nagblindheid te beskerm. Albei vliegtuie het op boomtophoogte gevlieg om vyandelike radar te vermy en koers gekry na die teikenarea via 'n verwysingspunt in Ovamboland. Die lae hoogte het veroorsaak dat die vlug, wat na verwagting 2 uur 10 min sou duur, baie stamperig was.

Ná sowat 'n uur en 'n half het die vlieëniers die 20 minute-waarskuwingsklokkie gelui. Elkeen het die hake van sy statieselyn-valskerm aan die kabel bokant sy kop gehaak en homself asook die springer voor hom nagegaan, voordat die afstuurders elkeen ook noukeurig nagegaan het. Elke springer het in vinnige opeenvolging bevestig dat hy gereed was om te spring.

Die twee C-160's het steeds laag oor die boomtoppe gevlieg. Almal het nou gestaan met die uitrusting wat swaar aan hulle hang. Mens kon die adrenalien in die lug ruik. Sommige het met stroewe gesigte voor hulle gestaar, ander het geglimlag, hul wit tande en die wit van hul oë duidelik sigbaar in die dowwe rooi skynsel. Met hul natgeswete, swartgesmeerde gesigte het die operateurs vreesaanjaend gelyk.

Toe lui die 10 minute-waarskuwingsklokkie, opgevolg deur die 6 minute-klokkie. Die afstuurders het die springdeure aan die bakboord- sowel as stuurboordkant oopgemaak. Die wind het die ruim met 'n geweldige lawaai gevul en al manier om nou te kommunikeer was om hard vir mekaar te skreeu.

Die twee vliegtuie het steeds net bokant die bome gevlieg en in die helder maanskyn het bome en landskappe deur die oop deure verbygeflits. Die minder ervare springers het die druk baie erg gevoel. Nie net moet hulle met volle gevegsuitrusting in die nag op 'n ongemerkte afgooistrook uitspring nie, maar boonop nog 'n vyandelike basis daarna aanval.

Sers Flip Marx, wat deel was van die aanval op Shatotwa, onthou dat hy tydens die invlug meer aan die springery gedink het as aan die aanval. Hy was nie werklik bekommerd oor die vuurgeveg nie omdat hy gereken het dat hulle die vyand op die-selfde wyse gaan verras as by Shatotwa.

In die agterste vliegtuig was die ervare Charl Naudé die no 1-springer aan bakboordkant met Frans van Dyk die no 1-springer aan stuurboordkant. Pep van Zyl het aan stuurboordkant in die oop deur gestaan, sy gesig natgesweet terwyl die wind aan sy groot snor pluk.

Charl kon die spanning op die manne se gesigte sien. Hy het terdeë besef dat sommige van hulle met dagbreek reeds dood kon wees. Soos voor alle groot aanvalle was daar altyd die ver-twyfeling van hoekom jy jou juis hier bevind in stede van in 'n gewone infanterie-eenheid waar jy nie aan al die risiko's bloot-gestel is nie.

Een minuut voor springtyd het die waarskuwingsklokkie gelui en die rooi springligte bokant die deure het aangegaan. Die twee vliegtuie het teen 'n baie skuins hoek opgewip na die spring-hoogtes van onderskeidelik 183 m en 213 m bo die grond. Hier-die skielike opwip het die springers tot bykans op hul knieë afgedruk. Op springhoogte stabiliseer die vliegtuig wat die teen-oorgestelde effek tot gevolg het en die springers bykans van hul voete oplig. Die afstuurders het hard "Action stations!" geskreeu en die twee stringe aan die bakboord- en stuurboordkant het gelyktydig vorentoe beweeg. Daar was nou geen omdraaikans nie. Deur die oop deur het die onbekende landskap in die maanlig vir hulle gewag.

Die bevel om te spring volg normaalweg 3 tot 10 sekondes na-dat die rooi lig aangegaan het. Vreemd genoeg was dit dié aand nie die geval nie. Sonder dat iemand dit verwag, swenk die vlieg-tuig skielik skerp na regs en Frans, wat in die deur staan, val byna uit. Slegs Pep van Zyl se sterk greep op sy valskermharnas hou hom binne.

Onder die vliegtuig sien hy vure op die grond en dit lyk vir hom of die springers bo-op die Swapo-basis losgelaat gaan word. Ná 'n paar sekondes is daar geen vure meer sigbaar nie en skielik flits die groen springlig bokant die deur aan. "Go! 2, 3, 4, 5!" skreeu die afstuurders en die een ná die ander spring die manne uit.

Die glystroom sleur hulle mee en hulle kan die vliegtuigromp bokant hulle sien. Dan is hulle stabiel en behalwe vir die valskerms se stuurpanele wat saggies in die wind wapper, is dit nou heelte-mal stil. In die maanlig kom die grond baie vinnig nader, maar die verwagte shona is nie onder hulle nie en verskeie springers val deur bome.

Ook Flip Marx se valskerm het deur 'n boom gegaan. Ná lan-ding was sy eerste gedagte of sy broer, sers Wentzel Marx, veilig is. Hoewel Wentzel die ouer broer is, is dit sy eerste operasie. Die twee het taamlik na aan mekaar geland, met Wentzel wat ook deur die bome geval het. Nadat Flip sy wapen losgemaak en gespan het, lê hy eers 'n paar minute doodstil en kyk en luister of hy dalk iets verdags kan hoor of sien. Daarna beweeg hy saggies in Wentzel se rigting om te kyk of hy dalk met die boomlanding seergekry het. Wentzel is egter ongedeerd en gereed vir die geveg.

Ook die ander Recces het hul wapens losgemaak, dit so stil as moontlik gespan en eers 'n ruk bly lê en luister. Ná 'n hele paar minute het hulle die valskerms twee-twee opgerol, toe vinnig in Blaauw se rigting beweeg en daar in 'n rondomverdedigingsformasie ontplooi. Die spanning van die nagsprong met die swaar gevegsuitrusting was agter die rug. Die Recces het gevoel dat hulle nou in volle beheer van die situasie was en gereed om Swapo in hul tuisbasis aan te durf.

Charl het tydens die daling bly wonder of die lugmag hulle nie dalk weer (soos by Shatotwa) op die verkeerde plek afgegooi het nie. Hulle moes in 'n shona land, maar hy het net bome onder hom gesien terwyl hy daal.

Blaauw het onmiddellik ná landing sy grond-lugradio uitgehaal, die vlieënier geroep en hom gevra om te bevestig dat hulle korrek afgegooi was. Eers ná sowat 'n minuut kom die vlieënier terug op die lug met die boodskap dat die navigator sê hulle is reg afgegooi. Later sou Blaauw uitvind dat die vlieënier so lank getalm het omdat hy eers die navigator in die agterste vliegtuig gevra het of die aanvalsmag reg afgegooi is.

Op die grond aanvaar Blaauw nou dat hulle in die regte posisie is. Hulle maak die valskerms vinnig bymekaar en versteek dit in die bos. Drie operateurs bly by die valskerms agter om dit op te pas totdat dit die volgende oggend met 'n helikopter herwin kon word. Hulle moet ook drie valskerms wat in die bome vasgesit het, uit die takke loskry. Tydens die aanvalsmag se aanmars na die Eheke-basis sou Blaauw en Charl kort-kort wonder of dié drie manne nog veilig was.

Kokkie du Toit en Dawid Fourie navigeer terwyl die aanvalsmag hulle in 'n gevegsformasie volg. Die terrein was nie moeilik nie en ook nie baie bebos nie en hulle kon 'n goeie pas handhaaf. In 'n stadium hoor hulle 'n gerammel en die hele groep stop eers om te luister. Een van die manne sê vir Blaauw dis donderweer. "Nee," antwoord hy, "dis nie donderweer daardie nie, dis bestoking . . . mortiere wat ontplof."

Dit was 'n hewige bestoking wat 'n hele ruk geduur het. Die Recces het eers later gehoor dat 32 Bataljon onder vuur gekom het terwyl hulle in 'n tydelike basis in rondomverdediging was. Dit was die eerste keer dat Swapo 32 Bataljon met 60 mm-fosforbomme gegooi het.

Blaauw begin vermoed dat die bestoking moontlik uit die rigting kom waar 32 Bataljon hulle bevind. Terwyl hulle verder stap, skep hy moontlike scenario's in sy kop. As Swapo deel van die bestoking is, sou hulle die Eheke-basis moes verlaat het om kilometers weg met 32 Bataljon slaags te raak. Dit sou beteken dat die stellings by die basis leeg sou wees. Die Swapo's sou ná die bestoking uitgeput by hul basis aankom en nie baie paraat wees nie. In hierdie onwaarskynlike scenario kon die Recces en Swapo selfs gelyktydig by Eheke aankom. Die Recces kon dan die verwarring uitbuit deur die basis aan te val terwyl die Swapo-soldate nog besig was om te herorganiseer.

Volgens die navigasieplan moes die groep ná 45 minute se stap 'n pad oorsteek wat hulle na die basis toe sou lei. Daar was egter geen teken van die pad nie. Die groep het aanhou stap en steeds geen pad gekry nie. Dit was toe dat Blaauw finaal besef het dat hulle verkeerd afgegooi is, heel waarskynlik te ver noord. Die beplande afgooistrook was veronderstel om 15 km van Eheke te wees.

Blaauw besluit toe om in 'n suidelike rigting te draai in 'n poging om die Swapo-basis te vind. Dit het nou al begin lig word en met dinge wat nie volgens plan verloop nie, gee hy opdrag dat die aanvalsmag in rondomverdediging moet gaan. Tot sy frustrasie kan hy ook geen radiokontak met Johan Verster in die Tak HK op Eenhana maak nie. Elkeen in die groep het teen dié tyd geweet dat die lugmag 'n groot fout begaan het. Toe die groep in 'n suidelike rigting draai, het party operateurs gereken dat hulle onttrek. Dit sou eintlik 'n verligting gewees het omdat dinge van die begin af verkeerd geloop het weens die foutiewe valskermin-filtrasie.

Dit was yl bebos waar die aanvalsmag in rondomverdediging gegaan het. Die bome en gras was plek-plek afgebrand en daar was nie veel skuiling teen die son wat begin opkom het nie. Dit was Oktober en met die min skadukolle het die manne gou dors geword.

Die groep het ná 'n ruk weer begin loop en aanhou en aanhou loop. Steeds was daar geen teken van die Eheke-basis nie, net die son wat hulle genadeloos brand. Dit was al namiddag toe daar skielik 'n Grad P 122 mm-grond-lug-vuurpyl in die omgewing afgevuur word. Hulle hoor hoe die vuurpyl in 'n suidelike rigting trek. Blaauw neem onmiddellik 'n kompaspeiling wat aantoon dat die vuurpyl suidoos van die aanvalsmag afgevuur is. Hy kom tot die gevolgtrekking dat hulle noord van die basis verby is en Eheke gemis het.

Met die aanname dat die vuurpyl uit die Eheke-basis afgevuur is, maak hy nuwe berekenings. Hulle moet nou iewers noordwes van die basis wees. Intussen maak hy radiokontak met Verster en vra of hulle nie 'n Telstar kan opstuur om die aanvalsmag se posisie te bepaal nie.

Hulle stap voort op die nuwe kompaspeiling maar kom steeds nie op die basis af nie. Skielik word die stilte onderbreek deur radiokommunikasie uit die Telstar-vliegtuig. Die sein is besonder duidelik en Blaauw wil dadelik weet waar die vliegtuig is. "Oos van die basis," antwoord die vlieënier. "Ek het die basis in sig en vlieg oos daarvan."

Blaauw sê hy vermoed dat die aanvalsmag iewers noordwes van die basis is en versoek die vlieënier om wes te vlieg. Hulle sal dan met 'n heliospieëltjie van die grond af flits sodat hy hul posisie kan bepaal. "Negatief," antwoord die vlieënier egter. "Ek het 'n beperking en mag nie wes van die basis vlieg nie." Hy bly sirkel sowat 5 tot 8 km oos van die basis. Die rede hiervoor was dat hulle bang was dat die Russe by Pereira d'Eça (Ongiva) die vliegtuig op hul radarstelsel sou kon opspoor. Hulle sou dan aan Swapo rapporteer dat daar 'n Suid-Afrikaanse vliegtuig aan hul westekant is.

Met die Telstar wat hulle nie kan help nie, besluit Blaauw om steeds op dieselfde peiling voort te stap. Ná nog 'n ent se stap kom hulle op 'n voetpad af met baie spore in die sand. Nadat hulle dit 'n ruk gevolg het, kom hulle op 'n tipe opslagplek in die grond af met 'n groot gevlegte mandjie met mielies in. Van die manne het dit dadelik stukkend gesteek sodat hulle die mielies in die hande kon kry.

Die aanvalsmag het steeds voortgestap totdat daar teen 15:30 meteens weer radiokommunikasie van buite gekom het. Die groep het rondomverdediging ingeneem om vir 'n wyle te lê en rus. Dit was Connie van Wyk wat Blaauw dringend oor die BHF-radio geroep het. Connie was nou self in die vliegtuig. "Bring daai vliegtuig nader sodat ek vir jou 'n helioflits kan gooi!" sê Blaauw. Kokkie du Toit sien heel eerste die naderende vliegtuig. Hy gaan lê plat op sy rug en flits met sy spieëltjie na die Telstar.

"Roger!" sê Connie. "Ek sien jou. Ek het jou. Ek sien julle, ek sien daai flits van julle!" Uit die lug het Connie 'n oorhoofse blik op die situasie. Hulle is presies 2 km direk wes van die Eheke-basis, lig hy hulle in. Dis vir Blaauw 'n massiewe verligting om uiteindelik ná al die verlore tyd te weet waar die aanvalsmag hulle bevind. Nogtans sit hy met 'n groot probleem. "Die manne is vodde," sê hy vir Connie. "Hulle het nou al hul eie druppe begin drink, want ons water is ook vodde."

Hy vra Connie om die Tak HK te versoek om die aanvalsmag toe te laat om 'n tydelike basis te stig waar hulle is, uit te rus en dan te hergroepeer. Hulle sal dan ná donker beweeg en in die maanlig óm die Eheke-basis loop tot by die dowwe pad wat na die basis toe lei. Dis eintlik maar net 'n dowwe tweespoorpaadjie, maar hulle sou dit wel in die maanlig vind.

Blaauw se voorstel beteken dat hulle dan presies kan opstel soos wat aanvanklik beplan is. Hulle val dan die Eheke-basis die volgende oggend met eerste lig aan – die oorspronklike aanvalstyd. Op dié manier wou hy sy manne eers 'n ruskans gee, waarna hulle gedurende die nag stadig om die basis sou beweeg en dit dan aan die noordoostekant aanval.

Ná 'n ruk is Connie weer terugkom op die lug. "Negatief," kom sy stem oor die radio, "julle val die basis aan van waar julle nou is."

As dit die geval is, moet Connie die Tak HK solank in kennis stel om die choppers op 'n gereedheidsgrondslag te kry, sê Blaauw, want daar gaan verliese wees. Hy vermoed dat die basis aan die suidwestelike kant van die shona heelwat sterker verdedig sou word as aan die noordoostelike kant. Hy meen ook dat 'n aanval in die dag takties nie slim is nie omdat die verrassingselement só prysgegee word.

Blaauw wou sy operateurs 'n broodnodige blaaskans gee, maar die antwoord oor die radio was 'n kort en besliste "negatief".

Terwyl Blaauw oor die radio gepraat het, het Charl twee

spanne van 5 Recce sowat 300 m op hul spore teruggestuur om die aanvalsmag se rug te beskerm.

Hennie Blaauw verander die rigting en die aanvalsmag begin op die nuwe peiling stap, reguit na die Eheke-basis toe. Die manne was nou al lank op hul voete, reeds 36 uur onafgebroke aan die gang en sou die basis in die warm son sonder drinkwater moes aanval. Met die opstel van die gevegsformasie kon operateurs soos Gert Eksteen egter voel hoe die geoefende prosedures outomaties inskop. Skielik was hy glad nie meer bang nie.

Die spanning en adrenalien en die feit dat hulle nou net op hul taak moes fokus, het alle vrees verdryf. Tog het een, Louis Klopper, instinktief geweet dat groot probleme hulle in die gesig staar want die verrassingselement was daarmee heen.

Die aanvalsmag het al hoe nader aan die basis gekom maar is steeds nie opgemerk nie. Meteens kom daar egter 'n trop beeste in hul rigting aangeloop, gevolg deur 'n beeswagtertjie. Die beeswagtertjie het Charl nie gesien nie en reguit op hom afgeloop. Charl het hom gegryp en sy mond toegedruk. Hy was maar so 7, 8 jaar oud en het 'n skilpadjie aan 'n toutjie om sy nek gedra. Die kind het bevestig dat die basis net hier, reg voor hulle is. Charl het hom 'n droë vrugterolletjie en 'n blikkie kos gegee. Hulle kon hom nie laat gaan nie omdat hy dadelik alarm sou maak en besluit toe om hom by hulle te hou en eers los te laat net voordat die aanval begin.

Baie na aan die basis stop die groep en Blaauw roep al die spanleiers en ook senior operateurs soos Frans van Zyl, Kenaas Conradie en Trevor Floyd. Hulle sit in 'n kring om hom terwyl hy elke man se mening vra: "Val ons nou aan of vanaand of moreoggend met eerste lig?" Tak HK het reeds die bevel gegee dat hulle

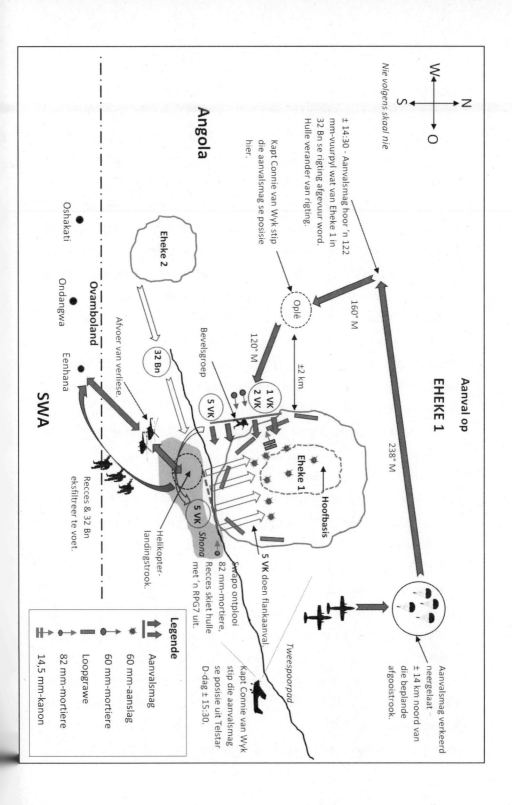

Aanval op
EHEKE 1

Nie volgens skaal nie

± 14:30 - Aanvalsmag hoor 'n 122
mm-vuurpyl wat van Eheke 1 in
32 Bn se rigting afgevuur word.
Hulle verander van rigting.

Kapt Connie van Wyk stip
die aanvalsmag se posisie
hier.

Angola

Eheke 2

Oplê

160° M

120° M

238° M

±2 km

Bevelsgroep

32 Bn

5 VK

1 VK
2 VK

Eheke 1

Hoofbasis

5 VK doen flankaanval.

5 VK

Shona

Swapo ontplooi
82 mm-mortiere,
Recces skiet hulle
met 'n RPG7 uit.

Helikopter-
landingstrook.

Afvoer van verliese.

Oshakati

Ondangwa

Ovamboland

Eenhana

SWA

Recces & 32 Bn
eksfiltreer te voet.

82 mm-mortiere,
Recces skiet hulle
met 'n RPG7 uit.

Kapt Connie van Wyk
stip die aanvalsmag
se posisie uit Telstar
D-dag ± 15:30.

Tweespoorpad

Aanvalsmag verkeerd
neergelaat –
± 14 km noord van
die beplande
afgooistrook.

Legende

Aanvalsmag
60 mm-aanslag
60 mm-mortiere
Loopgrawe
82 mm-mortiere
14,5 mm-kanon

onmiddellik moet aanval, maar hy laat elke man nietemin eers self sy mening lug. Heel laaste kom hy by Frans van Zyl uit. "Majoor, kom ons val nou aan en kry die hele ding agter die rug," sê hy.

Frans van Zyl was 'n ruk weg uit die spesialemagte en Eheke is sy eerste operasie sedert sy terugkeer by die Recces. Blaauw onthou dat Frans daar in die veld met sy grysblou oë na hom gekyk het. Ten spyte van wat hy pas gesê het, was daar 'n vraag in daardie oë. Sy oë het gevra of dit nou werklik nodig was? Daardie kyk in die grysblou oë waarmee Blaauw 'n oomblik lank in die veld kontak gemaak het, sou hom vir altyd bybly.

Blaauw moes nou die finale beslissing maak. Hy moes daar onder die stekende Angola-son taamlik alleen gevoel het by die gedagte dat wat hy ook al besluit, hy die volle verantwoordelikheid vir sy besluit sou moes dra. Sonder om verder te huiwer, gee hy die bevel: "Ons val nou aan!"

Op daardie oomblik vuur Swapo nog 'n 122 mm-vuurpyl uit die basis af. Blaauw meen dat die vuurpyl uit die middel van die basis afgevuur is en maak 'n klein verstelling na regs in hul aanvalsrigting. Met die vuurpyl wat amper by hulle afgevuur word, ruk die beeswagtertjie los. Hy laat spaander in die teenoorgestelde rigting vir al wat hy werd is terwyl hy heeltyd skreeu. Dit maak egter nie meer vir die groep saak nie, hulle is so te sê by die basis.

Kort tevore het die operateurs al die mortierbomme wat hulle saamgedra het by die mortiergroep gaan stapel. Gert Keulder se mortierspan het die bomme se neusbuise op vuur gedraai en was gereed om maksimum vuur te lewer.

Die groep het die nadering tot kontak in 'n uitgestrekte linie begin. Links en regs van hom het Blaauw die vasberadenheid en konsentrasie op die gesigte gesien. Die masjiengewere en AK47's was op die heupe, vingers op die snellers.

Heel links was Dawid Fourie se span met Corrie Meerholtz se span regs van hom. Net agter hulle in reserwe was Kokkie du Toit se span en die ops-medics. Meer na regs was Frans van Dyk se span en verder regs Dave Tippett met sy span. Blaauw en Charl het sowat 1 tot 2 m agter die aanvalsgroep beweeg om die bevel te voer. Gert se mortierspan was sowat 30 tot 40 m agter die aanvalsmag opgestel.

Die tyd vandat hulle opgestel is tot die begin van die nadering het vir Flip Marx besonder lank gevoel. Hy het dit by Shatotwa ook so ervaar. Die meeste manne het altyd 'n klein plastiekbotteltjie met rum saamgedra vir die senuwees. Net voordat die groep finaal opgestel is, het Flip sy botteltjie uitgehaal en 'n sluk saam met Wentzel gedrink, min wetende dat dit hul laaste drankie saam sou wees.

Net soos by Shatotwa was die bos besonder stil, dit het amper onnatuurlik gevoel met geen voël- of diergeluid hoorbaar nie. Die aanvalsmag se lyn was perfek. Hulle het al hoe nader en nader gestap en deur die bome kon van die manne die vyandelike loopgrawe sien, vol gewapende Swapo's. Hulle was diep ingegrawe, net hul koppe het uitgesteek en hul wapens was direk op die aankomende Recces gerig.

Vandag is ons almal dood, het Frans van Dyk gedink. Swapo het steeds nie begin skiet nie. Het hulle dalk getwyfel wie hierdie mag met die swartgesmeerde gesigte, Swapo-uniforms en AK47's was?

Die Recces het in doodse stilte al hoe nader aan die loopgrawe gestap en op 40 m begin wonder hoekom Swapo nie skiet nie.

Die volgende oomblik klink dit kompleet asof iemand 'n groot stuk materiaal middeldeur skeur! Alle hel bars uit die loopgrawe los toe Swapo begin skiet. Die Recces gaan instinktief af grond toe en skiet terug. Die vuur is so hewig dat die bietjie blare wat nog aan die bome oor was, op die Recces se rûe neerreën en dik boomtakke bokant hulle afgeskiet word. Die Swapo-vuur is veral gekonsentreer op die Recces se linkerflank waar Dawid en Corrie se spanne ontplooi is. Op die regterflank trek 5 Recce se spanne ook vuur, maar nie so hewig as aan 1 Recce se kant nie. Vir Louis Klopper is dit 'n eerste, hy was nog nie voorheen in so 'n hewige vuurgeveg nie.

Uit 'n bunker vuur 'n ontsagwekkende Russiese ZPU 14,5 mm-lugafweerkanon onophoudelik – Swapo het die loop grond toe geswaai en pen hulle met die dodelike vuur vas. Mortierbomme bars oral tussen hulle en 'n koeëlreën uit masjiengewere en AK47's dreun onafgebroke om hul koppe. In die verstikkende stof, grond, blare en sand is Louis oortuig dat niemand vandag hier lewend gaan uitkom nie. Die eerste twee, drie minute is die lawaai so oorverdowend dat hy nie eens die bevele kan hoor nie. Agter hom lê die ligstrepe van honderde ligspoorkoeëls en hy sien hoe klein boompies en takke deur die vyandelike koeëls afgeskiet word.

Vir Klein-Jakes Jacobs voel dit asof die tyd en alles om hom heeltemal stilstaan. Dis ook sy eerste operasie en die oorverdo-wende bombardement en rook skep 'n amper bonatuurlike atmos-feer. Skaars 'n minuut of twee ná die openingsvuur word hy deur mortierskrapnel getref. Hy het oomblikke tevore 'n effense holte in die sand voor hom gesien en soontoe beweeg om daarvan-daan te skiet. Net voordat hy dit bereik, ontplof 'n mortierbom reg in die holte. Klein-Jakes word in die skouer getref, maar kruip voort tot in die holte waar hy die bom se stertvin, wat bokant die grond uitgesteek het, uitpluk en wegslinger. Later kon hy nie sê of dit uit woede of skok was nie.

As dit nie vir die sagte sand was nie, sou meer manne in die ontploffing gewond gewees het of selfs gesterf het. Sers Jack Greeff, wat naby hom was, snel hom te hulp en verbind die wond. Vir Klein-Jakes was die geveg by Eheke verby. In die wasigheid kon hy nie veel meer registreer van wat rondom hom gebeur nie.

Toe Swapo uit die loopgrawe begin skiet, het Gert Eksteen met sy LMG losgetrek, maar ná 'n paar sarsies weier sy wapen weens 'n tegniese probleem. Hy gaan op sy knieë af om die storing reg te maak. Op daardie oomblik tref 'n vyandelike koeël sy LMG en skiet sy hand raak.

Steeds saai Swapo se 14,5 mm-lugafweerkanon verwoesting in Recce-geledere. Aan Gert se regterkant sien hy sers Vingers Kruger op sy knieë terwyl hy bo-oor sy masjiengeweer hang. Hy was dood. Links van hom sien hy Garry Walker teen 'n boom vasgepen met 'n paar skote deur die bors, ook dood. Hy kruip agtertoe na 'n posisie waar hy mediese hulp kon kry en verbind solank sy hand met sy bomverband terwyl hy die naaste medic soek.

Flip Marx was in Dawid Fourie se span heel links aan die noordekant van die linie. Hulle het baie stadig vorentoe beweeg en toe die kontak begin, dadelik afgegaan en teruggeskiet. Effens na regs voor hulle kon hulle die gevreesde 14,5 mm-lugafweer-kanon in 'n bunker sien met sy loop op grondhoogte.

Die bunker was reg voor Corrie Meerholtz se span, asook die Russiese RPD- en PKM-masjiengewere, AK47's en mortiere – al hierdie wapens was reg voor Corrie-hulle ontplooi. Dit is hoe-kom hulle die meeste verliese gely het en Corrie self baie ernstig in die bobeen gewond is.

Uit die hoek van sy oog sien Frans van Dyk vir Sakkie Seegers van 5 Recce se groep waar hy in die vyandelike vuur vasgepen is. Tot Frans se verbasing spring Sakkie skielik onverklaarbaar midde-in die vuur op. Onmiddellik klap die ligspoorkoeëls in die grond om sy voete. Met elke koeël lig hy sy knieë sodat dit kompleet lyk asof hy die pas in een posisie markeer. Ook die 14,5 mm-lugafweerkanon vuur nou die een sarsie ná die ander op hom. Telkens as 'n ligspoorkoeël onder hom vasslaan, sis Sakkie "sssss, sssss" deur sy tande. Wonder bo wonder word hy nie raakgeskiet nie.

Maar sy makabere koeëldans is dalk die vonk wat die ander inspireer. 'n Fris Portugees van 5 Recce, Manuel "Mick" Fonete, spring op en skreeu: "Swapo se moer!" Die hele linie herhaal die strydkreet en storm op die vyandelike posisies af terwyl die koeëls hittestrepe by hul ore verby trek. Niemand weet waar om te koes nie, maar almal gaan vorentoe terwyl hulle onafgebroke "Swapo se moer!" skreeu.

Hier en daar val 'n Recce want die 14,5 mm saai steeds dodelike verwoesting. Kenaas Conradie gewaar die kanon in die bunker aan 5 Recce se kant. "Skiet daai donnerse ding!" skreeu hy vir Joe de Villiers, wat as RPG7-skut uitgeblink het. Dié laat waai en die skoot tref die 14,5 mm met bemanning en al dat jy net klere, uitrusting en metaal sien trek.

Callie Faber was Flip Marx se buddy tydens die vuur-en-beweging. Terwyl hulle vorentoe na die loopgrawe toe beweeg, kon Flip agterkom dat die vyandelike vuur minder raak. Dit het nie meer gevoel soos die aanvanklik ondeurdringbare muur waarteen hulle te staan gekom het nie. Flip kry die gevoel dat hulle beheer van die situasie neem en besig is om die vuurgeveg te domineer.

Die 600 patrone in Flip se masjiengeweerbande was op en hy het by Callie 'n band of twee LMG-ammunisie gekry en haastig sy wapen herlaai. Weens die hewige vuurtempo het die masjiengeweerlope vuurwarm geword en sommige manne het hul hande verbrand terwyl hulle herlaai het.

Charl Naudé het net voor Operasie Kropduif 'n boek gelees oor die Tweede Wêreldoorlog waar die manne so in die oopte beweeg het en die vyand in loopgrawe aangeval het. Kort voor die kontak het hy gewonder of wat hulle nou doen, regtig 'n spesialemagte-operasie was. Die skrywer het die troepe wat sulke aanvalle uitvoer, "kanonvoer" genoem. Was die Recces dan nou kanonvoer, het dit deur sy gedagte geflits?

Soos die ander het Charl ook gesien hoe kleiner boompies morsaf geskiet word terwyl die koeëls die bas van die groter bome stroop. Die stamme het naderhand spierwit geword. Daar was nie sprake van mondelingse bevele nie want niemand sou dit hoor nie. Handseine is vir alles gebruik en bevel en beheer was baie moeilik – die manne was so gefokus op wat voor hulle aangaan en het self ook hewige vuur gelewer.

In 'n stadium sien Charl links van hom hoe Blaauw in die mondstuk van die BHF-radio praat. Terwyl hy praat, val 'n mortierbom naby Blaauw en hy verdwyn onder die stof. Charl aanvaar dadelik dat hy dood is en besef dat hy nou in beheer van die aanval is, wat van die eerste oomblik af al skeefgeloop het. Maar toe die stof begin sak, staan Blaauw wonder bo wonder steeds regop en praat op sy radio. Hy was bekend daarvoor dat hy geen bang haar op sy kop gehad het nie. Charl reken hy was selfs nog blyer as Blaauw dat hy die ontploffing oorleef het.

Gert en sy mortierspan het talle mortierbomme afgevuur. In 'n stadium van die geveg kyk Charl om en wys vir Trevor om nog meer en vinniger bomme te gooi. Trevor beduie dat hy nie kan nie. Eers ná die geveg sien hulle dat een van die mortierlope drie skote deur gehad het, wat die wapen buite aksie gestel het. Die mortierspan het heel duidelik onder net soveel vyandelike vuur deurgeloop.

5 Recce se groep het taamlik vinnig vorentoe beweeg omdat hulle nie onder dieselfde hewige vuur as 1 en 2 Recce was nie. Hulle het die suidelike punt van die Eheke-basis getref, waar die vyandelike vuur minder gekonsentreerd was.

Op Blaauw se bevel het Charl 5 Recce se operateurs beveel om die aanval te swaai. Hulle het besef dat daar groot probleme op die linkerflank by 1 en 2 Recce was en het besluit dat 5 Recce 'n flank-aanval op die vyand direk voor 1 en 2 Recce moet uitvoer.

Blaauw het 1 en 2 Recce beveel om die vyand onder hewige vuur te bring terwyl 5 Recce die flankaanval uitvoer. Dave Tippett en Frans van Dyk se spanne het baie goed met die teenaanval gevorder en die Swapo's gedwing om hul stellings te ontruim.

Dit het begin voorkom of die Recce-aanvalsmag nou die oor-hand gehad het. Daar was baie verliese aan Recce-kant, maar met hul 32 masjiengewere, AK47's, RPG-vuurpylrigters en 7 mor-tiere moes die Recces Swapo beslis ook 'n baie groot knou gegee het.

Terwyl 5 Recce die flankaanval uitvoer, het Charl gesien hoe 'n Swapo-mortiergroep uit die basis hardloop en sowat 500 m weg hul mortiere begin opstel. Die mag het beslis nie nóg vuur op hulle nodig gehad nie. Charl het Joe de Villiers opdrag gegee om die mortiergroep met sy RPG7 te bestook. Joe, uitstekende skut wat hy was, het 'n Swapo-mortieris met sy eerste skoot vol in die rug getref. Die ontploffing het die hele Swapo-mortier-groep uitgeskiet.

Kenaas Conradie het op die Bluff in Durban die gewoonte ge-had om sy handpalms teenmekaar te vryf as daar iets na sy sin gebeur het. Met dié dat Joe die mortieris oor so 'n lang afstand raakskiet, kan hy hom nie van dié gewoonte weerhou nie. "Jou nonsens!" sê hy vir Joe terwyl hy sy handpalms teenmekaar vryf.

Die Recces was nou al deur die eerste stel vyandelike loopgrawe waarin talle Swapo's dood gelê het. Sommige Swapo's het weggehardloop en ander het eienaardig genoeg weer in hul stellings teruggespring.

Ná al die oorlogslawaai het daar meteens weer 'n doodse stilte oor die bos gehang. Hulle het die dooies en gewondes na die helikopterlandingstrook toe gesleepdra. Hulle sou met Puma-helikopters na Ondangwa afgevoer word.

Vingers Kruger is opgetel waar hy in 'n gebukkende posisie agter sy PKM-masjiengeweer gesit het. Hy is deur die bors geskiet maar het nie omgeval nie en net so in sy gevegshouding bly sit. Sy masjiengeweer se rompdeksel was oop – 'n aanduiding dat hy besig was om sy wapen te herlaai of dalk 'n storing reggemaak het toe hy geskiet is.

Okpl Garry Walker het dood teen 'n boom gesit met verskeie skote deur die bors. Lt Les Greyling van 2 Recce en Neville Clack (albei 2 Recce) is swaar gewond. Neville sterf kort daarna en Les 'n paar dae later. Kpl Antonie Badenhorst is tydens die 14,5 mm-lugafweerkanon se meedoënlose aanslag doodgeskiet. Frans van Zyl en Wentzel Marx sterf ook in aksie.

1 Recce se medics het uitstekende werk onder vyandelike vuur gedoen en sers Marius Viljoen het 'n HC-dekorasie vir sy dapper optrede ontvang. Hulle het waar moontlik lewens gered deur hul vinnige optrede, maar sommige, soos Neville, was te erg gewond.

Marius het onder vyandelike vuur na hom gehardloop en hom begin behandel. Neville se slagaar in sy bobeen was afgeskiet, hy het baie bloed verloor. Weens die bloedverlies kon Marius nie die hoofaar kry en afbind nie. Neville het op 'n poncho gelê wat Marius in die veld oopgegooi het. Hulle was heeltyd onder hewige vyandelike vuur en in 'n verstikkende wolk van stof en rook gehul. Terwyl die manne Neville na die landingstrook toe dra, het die bloed van die poncho af gestroom. Hy het gesterf terwyl sy makkers hom dra.

Okpl Piet Linden is deur mortierskrapnel in sy regterlies gewond en 'n koeël het sktr Fritz Bosch in sy linkerbobeen getref. Corrie Meerholtz is baie ernstig in die bobeen gewond en die medics het gesukkel om die bloeding te stop. Bones Boonzaaier se arm was aan flarde geskiet en Marius het met groot moeite 'n binneaarse drup en 'n toedienstel met 'n pynstiller opgesit. Die erg geskokte Bones het dit telkens uitgepluk en dan moes Marius van voor af spook om dit terug te sit. Oplaas het hy genoeg gehad: "Ruk dit nou weer uit jou arm, dan donner ek jou," het hy Bones gewaarsku.

Maj Eddie Viljoen en sy 32 Bataljonkompanies (sowat 300 manne) was in 'n stadium van die Recces se aanval op Eheke 1 sowat 10 km van hulle af. Agterna, terug op Eenhana, het Viljoen aan Frans van Dyk genoem dat hy op sy horlosie gekyk het toe die Recce-kontak begin. Hy kon hoor dat 'n hewige geveg gewoed het en ná 32 minute kon hy steeds hewige geweervuur en mortierontploffings hoor.

Viljoen het so vinnig as moontlik met sy kompanies na Eheke 1 beweeg om bystand te verleen. Maar toe hulle daar kom, was die geveg verby en was die Recces besig om hul verliese na die helikopterlandingstrook te dra.

Blaauw, Charl en Viljoen het dit oorweeg om voordat dit donker is, die Swapo-basis weer 'n keer aan te val, maar die versoek is deur die Tak HK afgekeur. Die operasie was verby en albei magte

(32 Bataljon en 1 Recce) moet onmiddellik onttrek en na die kaplyn stap, was die opdrag. 1 Recce het in elk geval nie meer veel ammunisie oorgehad om 'n aanval te loods nie.

Frans van Dyk staan naby Viljoen toe een van 5 Recce se operateurs met 'n LMG aankom wat hy in een van die Swapo-loopgrawe gekry het. "Wat is daardie wapen se reeksnommer?" wil Viljoen onmiddellik weet toe hy die masjiengeweer sien. Toe hy die nommer hoor, sê hy dit is 'n 32 Bataljonwapen wat hulle in 'n operasie verloor het. Net daar en dan oorhandig die operateur die LMG, verlig dat hy dit nie nou hoef uit dra nie.

By die helikopterlandingstrook het Flip Marx 'n voorgevoel gekry dat sy broer geskiet is. Hy het in die rigting gestap waar die lyke in 'n ry gelê het, toegegooi met poncho's. Sy broer Wentzel was 'n groot man en baie lank. Daar was nie stewels in die eenheid wat hom gepas het nie en hy het sy eie velskoene gedra met dikker sole vir langafstandstap. Flip het na die poncho's gekyk en toe hy die twee velskoene sien uitsteek, het hy geweet Wentzel is dood. Hy het die poncho afgetrek en gesien sy broer is bokant die linkeroog geskiet; Flip het vermoed hy het tydens die openingsvuur gesterf.

Blaauw het Charl gevra om die afvoer van die verliese te hanteer. Charl het opdrag gegee dat die manne 'n landingstrook in die rigting van die shona aan die suidpunt van die basis moet voorberei. Hoewel geen skote meer geval het nie, was daar steeds 'n groot bekommernis dat Swapo enige oomblik 'n teenaanval kon begin of die inkomende helikopters met mortiere kon bestook.

In die omgewing waar die helikopters moes land, het Charl vir Flip Marx aangetref waar hy op sy eie gesit het. Hy het hom gevra om te kom help om die gewondes en dooies te dra. Dis toe

dat Flip antwoord: "Kaptein, my broer is nou net doodgeskiet."
Dit was een van die slegste ervarings in Charl se offisiersloopbaan
om Flip so te sien sit. Hy het vir Flip gesê om net daar te bly sit
en het toe met die ander manne gereël om die gewondes en dooies
so vinnig as moontlik na die landingstrook toe te dra. Die medics
het steeds voortgegaan om die gewondes te behandel.

Charl het vir Flip gesê om saam met die helikopters terug te
vlieg. "Nee, ek bly by die aanvalsgroep," het Flip gesê. Met Flip
Marx se weiering om in die helikopter te klim, het Charl onge-
looflike agting vir hom gekry, respek wat deur hul hele spesiale-
magte-loopbaan sou geld.

Die Puma-helikopters het net voor laaste lig opgedaag. Die een
het onmiddellik geland terwyl die ander een gesirkel het. Die Puma
wat gesirkel het, het toevallig oor die Eheke-basis gevlieg. "Ek sien
honderde Swapo's in die loopgrawe. Net waar ek kyk, is daar
gewapende Swapo's. Julle moet sorg dat julle hier uitkom!" het
die vlieënier onmiddellik laat weet.

Eheke was toe nie 'n kamp met net sowat 200-250 Swapo-
soldate nie. Dit was foutiewe inligting – daar was inderdaad massas
Swapo's in die kamp ontplooi. Tydens die aanval het die Recces
net die suidelike punt van die basis geslaan. Dit was 'n bedekte
seën dat hulle nie die basis in die middel getref het nie, want dan
sou die oormag hulle heeltemal oorskadu het.

Voordat Corrie Meerholtz in die Puma gelaai is, het hy weer
kwaai begin bloei. Charl het die bloeding probeer stop deur 'n
bomverband baie styf om sy bobeen te draai. Toe Corrie kla dis
te styf en te seer, sê hy: "Jy verloor eerder jou been as jou lewe."
Charl het vir die medics gesê om eers as Corrie flou word met 'n
bloedoortapping te begin. Hy was bang al die beskikbare bloed
raak op voordat die Puma Oshakati se hospitaal bereik.

Maar Corrie was nou al baie swak weens die bloedverlies en Charl was bekommerd oor sy toestand. Hy gee toe twee operateurs met Corrie se bloedgroep opdrag om ook in die helikopter te klim sodat die medics 'n bloedoortapping direk van hulle na Corrie kan doen. Dit was gebruiklik vir die Recces om hul bloedgroep op hul hempsakke met 'n swart merkpen te merk. Of die prosedures medies korrek was of nie, volgens Charl het dit Corrie se lewe gered. So 'n bloedoortapping is nog nie voorheen in die Recce-eenheid gedoen nie.

Onmiddellik nadat die eerste Puma opgestyg het, het die tweede een geland. Die eerste Puma het suid van Eheke gesirkel terwyl die oorblywende gewondes en dooies in die tweede Puma gelaai is. Met die opstyg van die Pumas het daar heelwat bloed by die deure uitgeloop voordat hulle vinnig koers gekies het Oshakati toe.

Die vlieëniers het per radio laat weet hulle kom terug om die res van die Recce-aanvalsmag uit te lig, soos wat die Tak HK versoek het. Hulle sou die Pumas egter nooit weer sien nie.

Toe die eerste Puma opstyg, het die vlieënier weer gesak en uit sy kajuitvenster 'n lemoen vir Charl gegooi. Hy het die lemoen onder soveel operateurs as moontlik probeer verdeel. Die vog van die soet lemoen was hemels in die kurkdroë monde.

Toe Eddie Viljoen met sy manskappe van 32 Bataljon by die Recces aankom, het hulle nie meer drinkwater gehad nie. Van die masjiengewere met die volgelaaide bande het nie meer 'n enkele patroon bevat nie. Die manne se hande was blase gebrand van die witwarm lope. Hulle het verbande om hul hande gedraai en gesit en wag toe Viljoen-hulle opdaag.

Viljoen kon 'n bietjie water met hulle deel asook ammunisie, maar 32 Bataljon was ook laag in voorraad omdat hulle reeds in 'n geveg betrokke was. Die helikopters het wel 'n kan of twee water afgelaai, maar dit was hopeloos te min vir almal.

Nou, ná alles, was die Recces kwaad oor hul gestorwe en gewonde makkers.[65] Dit het begin donker word en daar was nog geen teken van die beloofde helikopters wat hulle sou oppik nie. Toe kom die volgende radiosein deur: Tak HK gee hulle opdrag om saam met 32 Bataljon na die kaplyn te stap wat sowat 25 tot 30 km suid van Eheke was.

Onderweg loop Louis Klopper tot by Flip Marx: "Flip," sê hy, "jy het vandag 'n broer verloor, maar jy stap nou saam met jou lewende broers uit."

Die Recces was uitgeput, baie dors en sonder ammunisie. Sedert vroegoggend die dag voor die ontplooiing het hulle aan oefeninge by Fort Doppies deelgeneem. Die aand het hulle ingespring. Daarna was hulle die hele nag asook die daaropvolgende dag op hul voete terwyl hulle Eheke gesoek het.

Nou moes hulle teen laaste lig saam met 32 Bataljon na die kaplyn toe stap. Die stof van 32 Bataljon se 300 manskappe wat voor gestap het, het hul monde verder uitgedroog en die dors vererger. Die Recces was moeg, baie moeg. Hulle het deur die nag gestap en die kaplyn teen vroegoggend bereik. Net anderkant die grens was 'n watergat en hoewel die water vuil en vol slym was, het hulle dit gedrink. Teen hierdie tyd was die Recces drie dae en twee nagte op hul voete.

---

65 Lt Les Greyling (2 VK), AO2 Frans van Zyl, serss Wentzel Marx en Vingers Kruger (al drie 1 VK), Neville Clack (2 VK), kpl Antonie Badenhorst en okpl Garry Walker (albei 1 VK) het gesneuwel. Die gewondes was lt Corrie Meerholtz, serss Gert Eksteen (albei 1 VK), Wynand Kruger (5 VK), kpls Callie Greyling en Bones Boonzaaier, okpls Klein-Jakes Jacobs en Piet Linden en sktr Fritz Bosch (al vyf 1 VK).

Flip onthou die stof en gebrek aan slaap as die ergste ervaring van die uitstap. Dit het vir hom by tye gevoel asof hy aan die slaap wil raak – agterna was hy seker dat hy soms wel op sy voete aan die slaap was.

Trevor, wat naby Charl gestap het, het skielik van die voetpad wat 32 Bataljon voor hulle uitgetrap het, afgewyk en trompop in 'n bos vasgeloop. Hy ruk sy AK47 van sy skouer af en wil die bos skiet. Toe besef Charl dat Trevor weens uitputting op sy voete aan die slaap was. Hy het wakker geword en net weer voortgestap asof niks gebeur het nie.

Van die operateurs was dit eens dat hulle op hul keuringskursusse nie so swaar gekry het as tydens Operasie Kropduif nie. Die lang periode sonder slaap, spanning, swaar gelaaide uitrusting, hewige geveg en die uitstap in die stof met kurkdroë monde het daartoe bygedra.

Die groep het die Eenhana-basis omstreeks 09:00 bereik. Die swaarkry het weer eens onderstreep hoe belangrik keuring is om manne van die regte stoffasie te kry en voor te berei. Met Eheke het hulle die toets deurstaan. By Eenhana is die groep dadelik en sonder enige omhaal met C-160-vliegtuie na M'pacha gevlieg en daarvandaan met helikopters reguit terug na Fort Doppies.

Vroeg die oggend toe die Recces en 32 Bataljon die grens oorgesteek het, het Johan Verster gereël dat twee Puma-helikopters die drie manne wat nog heeltyd die valskerms opgepas het, gaan haal. Die drie plus al die valskerms is veilig opgepik en later na Fort Doppies gebring.

By Fort Doppies is die wapens skoongemaak en uitrusting teruggegee voordat 'n warm ete en slaap gevolg het. Eers die volgende dag het die groep onder leiding van Blaauw en Charl nabetragting

gehou. Hulle het ook opdrag gekry om hul gewonde en gesneu-
welde makkers se uitrusting na te gaan en in te pak sodat dit na
die RSA gestuur kon word.

Frans van Dyk het sy groot vriend sedert Operasie Savannah,
Vingers Kruger, se uitrusting gepak. Hy kom toe op 'n vol bottel
Red Heart-rum in Vingers se uitrusting af. Daardie aand is 'n
groot vuur op Freedom Square (Fort Doppies se klein parade-
grond) gemaak en hulle het buffelsteak gebraai. Vingers se bottel
Red Heart se seël is gebreek en die bottel is in die rondte gestuur
sodat elkeen 'n sluk kon vat. Op hierdie wyse het die Recces af-
skeid geneem van hul gesneuwelde makkers.

'n Voormalige Britse soldaat wat in die Britse Valskermbataljon
en SAS diens gedoen het, kpl Jock Cow, het as 'n lid van 1 Recce
aan Eheke deelgeneem. Ná afloop van die operasie maak hy die
volgende opmerking:

> "The bravery of the unit in such circumstances was awe-
> some. I believed then, and still believe now, that few fight-
> ing units in the world could have done as well and none
> could have done better."

Ná afloop van die operasie is HC-dekorasies vir dapperheid tydens
aksie toegeken aan lt Corrie Meerholtz (HCS), lt Les Greyling
(postuum), sers Marius Viljoen en kpl Callie Greyling.

Om in die chaos die vyandelike verliese te bepaal, was baie moei-
lik en bykans onmoontlik. Baie van die vyand moes gesneuwel het
in die Recces se hewige en akkurate vuur. Die Recces se 200 mor-
tierbomme (60 mm-brisant) moes ook tot groot verliese gelei
het. Hulle het die vyandelike lyke in en om die loopgrawe sien lê.

Daar was ook baie bloed en sleepmerke in die sand soos wat Swapo hul gewondes en dooies weggesleep het.

Hoewel dit nie moontlik was om 'n akkurate bepaling te maak nie, is daar later aanvaar dat ongeveer 200-250 Swapo's doodgeskiet is.

Die Recces het tot die slotsom gekom dat Swapo se gevegsvaardigheid op 'n besonder hoë standaard was. Hul verbergingstegnieke, uitmerk van die rigting van vuur (skootsvakke), vuurbeheer, onttrekking- sowel as teenaanvalprosedures was baie deeglik ingeoefen.

'n Merkwaardige eienskap van Swapo was dat hulle uiterste pogings sou aanwend om die wapens van hul gesneuwelde kamerade te herwin. Alle mortiere asook die Grad P 122 mm-vuurpylrigter is weggesleep. Die enigste wapen wat hulle ná 'n baie desperate poging agtergelaat het, was die 14,5 mm-lugafweerkanon.

In Suid-Afrika het die pers te hore gekom van al die gewondes en gesneuweldes. Hulle wag die Recces by die lugmagbasis in Durban in en maj John More reël dat die trokke van 1 Recce tot teen die vliegtuig ry sodat die manne ongesiens kan inklim.

'n Groot aantal Recce-vroue het op die Bluff in Durban gewag. Dié wie se mans gesneuwel het, is vooraf reeds deur More in kennis gestel. Die vroue wat geen tyding gekry het nie, vertrou egter steeds nie die vrede nie. Van die gewonde Recces is in die hospitaal opgeneem en die vroue bly onseker oor hul lot. Tog was daar te midde van die verdriet ook groot dankbaarheid by diegene wat weer met hul mans en geliefdes herenig is.

Corrie Meerholtz se toestand het mettertyd sodanig verbeter dat hy kon terugkom Durban toe. Hy het hoë eise aan homself gestel en twee maande later het hy weer aan operasies deelgeneem. Hy het 'n wonderlike humorsin gehad en 'n gebore aanleg om stories te vertel en was baie geliefd onder sy makkers. Op 21 November 1989 het Corrie, toe al 'n kolonel, gesterf toe die voertuig wat hy bestuur het, heeltemal uitgebrand het.

In die dae ná afloop van Eheke het die Recces oral in die land die begrafnisse bygewoon en hul laaste eer aan hul gesneuwelde makkers betoon. Jare later het Charl Naudé met 'n oudoffisier van die Britse SAS ('n operateur) gesels en die man wou weet of die manne wat in Eheke geveg het, nog kontak met mekaar het. Die Britse offisier se opmerking was: "You will never get rid of them." Dit is die band wat Operasie Kropduif onder diegene wat daar was, gesmee het. Die band wat tussen die spesialemagte-soldate as 'n eenheid gesmee is, kan nooit gebreek word nie.

Die pad vorentoe: Rhodesië en verder

Betrokkenheid by die Rhodesiese oorlog was glad nie 'n vreemde gedagte vir die Recces nie. Breytenbach het reeds in 1973 al aan genl Fritz Loots – toe senior stafoffisier spesiale operasies – voorgestel dat 1 VK, wat toe pas gestig is, saam met die SAS in Mosambiek en Zambië ontplooi moet word om operasionele ondervinding op te doen.

Die eerste groep Recces[66] is reeds in 1974 per valskerm na die Tete-provinsie ontplooi met FC van Zyl as spanleier. Breytenbach wou nie self die span lei nie omdat hy aan sy operateurs die geleentheid wou gee om ondervinding in spanleiding op te doen.

Die span se opdrag was om observasieposte te stig en vyandelike bewegings te monitor. Daarna moes hulle die Rhodesian Light Infantry (RLI) oor die radio na die teiken lei. FC se span het hulle besonder goed van hul taak gekwyt en is ná 'n reeks suksesvolle aanwendings deur nog 'n Recce-span[67] afgelos.

---

66 AO2 FC van Zyl, AO2 Trevor Floyd, kpls Wannies Wannenburg, Dave Tippett en Jimmy Oberholzer.

67 Maj Nick Visser (spanleier), ssers Kenaas Conradie, sers Chillie du Plessis en kpls Vingers Kruger en Marius Viljoen.

Dié groep het verskeie noue ontkomings beleef en moes in baie gevalle vir hul lewe hardloop om buite bereik te bly van die Frelimo-soldate wat hul spoor in groot getalle meedoënloos gevolg het.

Nog Recce-operateurs is na Rhodesië gestuur om saam met die SAS-spanne te ontplooi. Een, ssers Dewald de Beer, het dadelik die Rhodesiërs se aandag getrek met sy besonder skerp waarnemings-vermoë in die bos, asook sy uitstaande vermoë as geweerskut.

Hy het in een dag ses Frelimo's met akkurate skote doodgeskiet. Die eerste was gedurende 'n kontak oor die middaguur toe hy drie met vinnige opeenvolgende skote geskiet het. Die span het 15 km verder op 'n rivieroewer gerus toe dit weer Dewald was wat eerste die Frelimo-patrollie opgemerk het wat in die droë rivier-loop aankom. Voor die res van die span kon reageer, het hy weer drie Frelimo's kort ná mekaar met presiese skootplasing geskiet.

Die span is verder na waar Zambië, Mosambiek en Rhodesië se grense bymekaarkom. Hulle het 'n ruskans teen 'n helling ge-neem en weer eens het Dewald 'n Frelimo-patrollie opgemerk wat reg op hulle afgestap kom. In die hewige vuurgeveg wat hierop op 'n kort afstand uitgebreek het, het die span 'n paar Frelimo-soldate doodgeskiet.

Dit was vir die Rhodesiërs duidelik dat geen beweging in die Afrika-bos Dewald se skerp oë kon ontglip nie.

Die vroeë Recce-ontplooiings in 1974 na Rhodesië is as baie ge-slaagd beskou. Dit het die magte van die Zimbabwe National Liberation Army (Zanla) en Frelimo onder meer gedwing om hul logistieke roetes verder oos te skuif vanaf Rhodesië se grens met Mosambiek. Terselfdertyd het die Recces tydens hul operasionele aanwending saam met die SAS waardevolle ervaring opgedoen.

Ná afloop van hierdie ontplooiings het 1 VK se spanne weer na die gevegsterrein in Angola teruggekeer. Van die aanvanklike twaalf Recce-operateurs wat in Rhodesië ontplooi is, het ses in latere operasies daar gesterf.[68]

Die legendariese Jan Breytenbach sou nooit sy kontak met die Recces verbreek nie. Ná afloop van Operasie Savannah stig hy 32 Bataljon in 1976 met die FNLA-troepe wat die Recces onder sy bevel opgelei het. Hy bly bevelvoerder van 32 Bataljon tot aan die einde van 1977.

Op 20 April 1978 stig hy 44 Valskermbrigade (bestaande uit ouddienspligtiges van 1 Valskermbataljon) saam met brig MJ du Plessis. Breytenbach voer die bevel oor die brigade vanaf 1980 tot 1982. Tog was hy nog nie klaar met die Bosoorlog nie en gedurende die 1980's stig hy Fort St Michel in die Wes-Caprivi op die oewer van die Kwando-rivier noord van Fort Doppies.

By Fort St Michel, sowat 20 km noord van die Golden High-way, is Unita-troepe in guerrilla-oorlogvoering opgelei. Soos in die geval van Operasie Savannah steun Breytenbach weer eens swaar op die Recces om hom by te staan met die opleiding. Recce-operateurs word derhalwe van tyd tot tyd afgedeel na Fort St Michel. Hulle bied spesialisopleiding aan die Unita-magte en word ook saam met hulle ontplooi om operasies uit te voer.

Breytenbach bou vir hom 'n huis aan die Kwando-rivier waar hy en sy vrou, Ros, woon. Hy besoek sy geliefde Fort Doppies gereeld waar hy as 'n hoogaangeskrewe gas ontvang word. Op sy beurt nooi Breytenbach die Recces na Fort St Michel en so

---

68 Nic Visser, Kenaas Conradie, FC van Zyl, Vingers Kruger, Wannies Wannen-burg en Dave Tippett.

ontstaan 'n oor-en-weer-kuiery. Omgewingsake bly 'n groot be-
langstelling en prioriteit in Breytenbach se lewe. Hy verwerf 'n
diploma in natuurbewaring en raak aktief by bewaring in die
Caprivi betrokke.

Ná sy aftrede vestig hy hom op Sedgefield in die Wes-Kaap. Die
Recces besoek hom gereeld aan huis en hy is 'n eregas by talle
geleenthede en bedrywighede van die Suid-Afrikaanse Spesiale-
magte-Assosiasie (SASMA).

Kol Jan Breytenbach is die trotse draer van Recce-operateurs-
kenteken no 2. Dit is die laagste nommer wat ooit aan 'n per-
soon toegeken is – no 1 is aan niemand toegeken nie en word in
die Recce-argiewe bewaar.

Rhodesië sou egter 'n konstante faktor in die Recces se geskiede-
nis bly. Ná afloop van Eheke (Operasie Kropduif) en enkele ander
operasies in Angola, sou die Recces sedert einde 1977 weer by die
Rhodesiese oorlog betrek word – dié keer in veel groter getalle
as met die eerste ontplooiing. Die keuringskursusse wat 1 Recce
aangebied het, het 'n nuwe geslag Recces na vore laat tree. Hulle
was ten volle gekwalifiseerd en gereed om onder ervare spanleiers
ontplooi te word.

Van die jonger Recces is voor hul ontplooiing Rhodesië toe om
spesialisopleiding te ondergaan. Hulle het vir niks teruggestaan
wat hulle in die vreemde teëgekom het nie. So het Callie Faber
byvoorbeeld die duwweltjies en dorings getrotseer deur sy hele
boskuns- en spoorsnykursus in Rhodesië kaalvoet te voltooi. Hy
het spoedig 'n spesialis op dié gebied geword en sou met sy ken-
nis en natuurlike aanvoeling vir die bos 'n baie waardevolle
spanlid wees op operasies wat 'n besondere spoorsnyvaardigheid
geverg het.

Die Recces het hul operateurs beskikbaar gestel om die Rhodesiërs, wat min in getalle was, by te staan in die oorlog teen Frelimo en Zanla. Van Desember 1977 tot begin 1980 is die Recces in groot geheimhouding saam met die SAS aan onder meer die Russian Front ontplooi. Die Gaza-provinsie in Mosambiek het onder die Rhodesiese en Recce-operateurs as die Russian Front bekend gestaan vanweë die groot aantal Russiese en Oos-Duitse militêre raadgewers wat daar ontplooi was. Daar is altyd gesê as jy 'n geveg soek, gaan Russian Front toe – dáár is 'n geveg of selfs gevegte gewaarborg.

Die Russiese en Oos-Duitse adviseurs het die reaksietye en opvolgaksies van die Frelimo- en Zanla-guerrillas gekoördineer en opgeskerp. Reaksiemagte is ontplooi sodra 'n vliegtuigbeweging gehoor of gerapporteer is. Hierdie vinnige reaksie het tot gevolg gehad dat die Recce- en SAS-spanne bykans onmiddellik ná infiltrasie, wat gewoonlik per valskerm of helikopter geskied het, gejag is.

Die Frelimo- en Zanla-guerrillas het anders as die Recces en SAS in groot getalle geopereer, selfs op kompaniesterkte. Hierteenoor is die Recces en SAS in spanne van vyf tot ses manne en soms ook in agtmanspanne ontplooi. Dit het in 'n meedoënlose konflik ontwikkel, wat bestaan het uit hinderlae en teenhinderlae en waar aggressie met aggressie beveg is.

Vir die Recces was die Gaza-provinsie 'n ongenaakbare operasionele gebied met weinig water – dit kon slegs by verspreide watergate en by watertenks langs die spoorlyn verkry word. Teenspoorsny was baie moeilik weens die digte terrein en in die meeste gevalle onmoontlik. Sandelhoutwoude het wyd versprei voorgekom en die digte plantegroei was moeilik begaanbaar en het 'n span se energie tot die uiterste getap as hulle daardeur beweeg.

Die vyand sou dit baie selde waag om die SAS- of Recce-spanne in die woude te agtervolg en die bos is eerder met mortiere bestook om hulle uit die ruigte te dryf.

Dit is na hierdie omgewing waarheen 1 Recce sedert einde 1977 vir bykans drie jaar lank ontplooi is. Spanne en groepe van 2 Recce, 4 Recce en 5 Recce het ook betrokke geraak en is saam met 1 Recce ontplooi. Met al die Recces "onder een dak" het daar 'n baie sterk groepsgees onder die manne geheers en het hulle mekaar wedersyds ondersteun. Die jonger operateurs het die kans aangegryp om te wys wat in hulle steek en dat hulle hul plek in hierdie elite-geledere waardig was.

Met die aanvang van die Rhodesiese ontplooiing sou die Recces hulle op vreemde bodem bevind in 'n oorlogsituasie waarin hulle met 'n buitelandse mag (die SAS) moes saamwerk. Dit sou 'n aanpassing by 'n nuwe kultuur verg, met sommige operateurs wat boonop nie vlot in Engels was nie.

Ouer sowel as nuwe operateurs was oorgehaal om hierdie uitdaging saam aan te pak. Die Recces was daarvoor bekend dat hulle vir niks teruggedeins het nie. Die verskuiwing van die oorlog van die wesfront (Angola) na die oosfront (Rhodesië) het wel 'n fokusverskuiwing tot gevolg gehad. Omdat die Recces gekondisioneer was om by enige omstandighede aan te pas, sou hulle spoedig in hul nuwe omgewing floreer.

Die nuwe verwikkelinge was nie net tot die operasionele front beperk nie; ook op administratiewe vlak (met die Serfontein-kommissie) is daar gewerk aan 'n oorgang na 'n groter, omvattender stelsel. Dit het in 1981 tot die totstandkoming van 1 VR gelei. 1 VK sou ophou funksioneer in sy bestaande formaat om as 1.1 Kommando by 1 VR geïnkorporeer te word.

Behalwe vir die administratiewe kwessies het die Recces se werk en ontplooiings normaal voortgcgaan – hulle was nou net deel van 'n groter bedeling. Met die oorskakeling van kommandostatus na regimentstatus was daar meer bevorderingsgeleenthede vir die Recces binne die spesialemagte-struktuur. Verder het die verandering geen invloed op die Recces se alledaagse werksaamhede gehad nie.

Die onsigbare aard wat so eie aan die Recces was, sou steeds voortleef. Bedags sou hulle roerloos onder dekking lê en wag. Sodra die donkerte toeslaan, het hulle aktief geraak omdat hulle hul weg ewe goed in die stikdonkerte kon vind. Onder beskerming van die nag sou die Recces dan geruisloos soos 'n Afrika-roofdier op die niksvermoedende teiken toeslaan.

Dit was 1.1 Kommando se taak om in die lig van vorige en huidige operasies 'n motto te skep wat die werkwyse van die Recces in een sinnetjie kon saamvat. Hulle het vyf woorde nodig gehad om tot die kern van die Recce se operasionele aanwending deur te dring: *Die nag behoort aan ons*. Hierdie boodskap sou die kompaspeiling wees waarmee die nuwe geslag Recces hulle sou rig in hul aanmars na die 1980's. Omstandighede het verander en elke tydvak sou sy eie operasionele uitdagings stel. Saam sou die Recces die mantel van die moedereenheid met trots voortdra na waar hulle ook al ontplooi word.

Soos met hul voorgangers is die Recces se slaankrag nie deur afstand, ontbering, grense, pyn, honger of dors aan bande gelê nie. Niks op die Afrika-vasteland of selfs verder, was buite hul bereik nie. Recce-spanne kon duisende kilometers ver indring om onder die dekmantel van die nag of deur misleidingstegnieke op die vyandelike teiken toe te slaan. Die Recces het nou op die vooraand van 'n nuwe tydvak gestaan, wat soos met die vorige generasie, nuwe operasies en nuwe helde sou oplewer.

Tydens die 1980's het die konflik in intensiteit toegeneem en het kol Ewald Olckers (bevelvoerder 1 VR vir twee jaar) en kmdt André Bestbier (opeenvolgend bevelvoerder van 1 VK, 1.1 Kommando en 1 VR) sterk na vore getree. Meer as ooit tevore sou die jonger operateurs in die brandpunt van die stryd staan. Vuurgevegte het van die oosfront terug na die wesfront verskuif en die operateurs was byna daagliks in kontakte betrokke.

Hierdie ontplooiings sou buiten bosgeoriënteerde ook stedelike en seewaartse operasies insluit. Die opleiding het meer gespesialiseerd geraak, die uitrusting het verbeter en die jonger operateurs is in 'n verskeidenheid aanwendings geslyp tot die gedugste lede in die eenheid. 1 Recce se operateurs het in die 1980's hoogs gespesialiseerde operasies uitgevoer en hulle wêreldwyd onderskei as spesialislede van die spesialemagte.

Erkenning

In Augustus 2015 is ek na 'n vergadering in Centurion genooi waarop die skryf van 'n boek oor 1 Recce bespreek is. Briggenl Jakes Swart en genlmaj André Bestbier, albei voormalige bevelvoerders van 1 Recce, en ltkol Frans van Dyk, voormalige bevelvoerder van 1.1 Kommando en 2IB van 1 VR, was teenwoordig.

Daar is daaroor gepraat dat publikasies oor ander Recce-eenhede bestaan, maar geen boek nog oor 1 Recce, die moedereenheid, geskryf is nie. Almal was dit eens dat dié eenheid se geskiedenis geboekstaaf moet word. Dit was dringend om die sleutelfigure van die spesialemagte, die eerstegeslag-stigterslede, dadelik te betrek sodat hul insette oor veral die beginjare van 1 Recce verkry kon word.

'n Geskikte skrywer met 'n bewese skrywersrekord moes geïdentifiseer word. Dit was hoog onwaarskynlik dat hulle 'n buitestander – iemand wat nie deel van die spesialemagte was nie – sou kies. Op 'n vorige samekoms het genlmaj Bestbier my as 'n voormalige Recce en Afrikaanse skrywer vir die taak voorgestel. Daar is eenparig besluit dat ek die skrywer sou wees.

Hierna is die komitee vergroot om meer persone in te sluit: briggenl Malcolm Kinghorn, briggenl John More, kol Charl Naudé, ltkol Daan van Zyl, ltkol Flip Marx, RSM Trevor Floyd, AO1 Koos Moorcroft (voormalige sersantmajoor van die leër) en ssers Justin Vermaak.

Die skryf van die boek het uitsluitlik by my berus, maar die komitee het in vele opsigte bystand verleen. Dit is nie in die aard van die spesialemagte-lede om inligting sonder meer beskikbaar te stel nie. Met die komitee se ondersteuning kon onderhoude gereël word met Recces wat direk by die opleiding en operasies van 1 Recce betrokke was. Omdat "Recce" 'n geregistreerde handelsnaam is, is daar ook by die SASMA toestemming gekry om dit in die titel van die boek te gebruik.

Tydens die skryfproses het ltkol Frans van Dyk groot bystand verleen met onderhoudvoering en beskikbaarstelling van die materiaal. Hy het hom beywer om mede-Recces, waar hulle ook al was, op te spoor en te betrek sodat hul insette geboekstaaf kon word.

Inligting is eerstehands by Recce-operateurs en personeel gekry en daar is in geen stadium op hoorsê staatgemaak nie. Die primêre navorsingsbronne was persone wat direk by die opleiding, keuring en operasies betrokke was. Hierdie inligting is ook deurentyd geverifieer by ander lede van die spesialemagte.

Hiermee gee ek graag erkenning aan almal wat onverwyld onderhoude toegestaan het en sonder enige voorbehoud inligting verskaf het. Terselfdertyd word erkenning gegee aan almal wat geraadpleeg is om te verseker dat die feite wat in die boek weergegee word, so akkuraat as moontlik is.[69] Sonder al hierdie lede se samewerking en bydraes, wat in die bronnelys erken word, sou hierdie boek nie moontlik gewees het nie.

Hierdie boek dek 1 Recce se beginjare en die era tot aan die einde van die 1970's. Die era van die 1980's word in 'n tweede boek behandel waaraan reeds geskryf word.

---

69 Genlmaj A Bestbier, briggenl JC Swart, briggenl M Kinghorn, briggenl JR More en ltkol F van Dyk het die manuskrip in sy finale vorm nagegaan.

1 Recce

1 Recce

1 Recce

DEKORASIES (1974–1977) *

VAN RIEBEECK-DEKORASIE

1974	VAdm LJ Woodburne – (SA Vloot)
1974	Kol JD Breytenbach

LOUW WEPENER-DEKORASIE

1974	2e Lt FJ Zeelie postuum

VAN RIEBEECK-MEDALJE

1974	AO1 KA Brewin VRM – (SA Vloot)
1974	AO1 JL Conradie
1974	AO1 DL de Beer
1974	AO1 TI Floyd
1974	AO1 JJ Moorcroft
1974	Ebmn WJ Dewey – (SA Vloot)

HONORIS CRUX SILVER (HCS)

1975	Sers FG Wannenburg postuum
1977	Kol CJ Meerholtz

HONORIS CRUX (HC)

1975	Kol A Diedericks
1975	Kapt JC van Wyk
1975	AO1 JL Conradie
1975	Ssers PD Roxo postuum
1976	Sers LJ Klopper
1977	Lt LC Greyling postuum (2 VK)
1977	Sers CP Greyling
1977	Sers M Viljoen

* Rang met uittrede/dood.

Bronne geraadpleeg

ONDERHOUDE

A (André) Bestbier	Generaal-majoor
DP (Dan) Lamprecht	Generaal-majoor
M (Malcolm) Kinghorn	Brigadier-generaal
JR (John) More	Brigadier-generaal
JC (Jakes) Swart	Brigadier-generaal
EC (Eddie) Viljoen	Brigadier-generaal
HM (Hennie) Blaauw	Kolonel
JD (Jan) Breytenbach	Kolonel
JA (Kobus) Human	Kolonel
C (Charl) Naudé	Kolonel
JJ (Hannes) Venter	Kolonel
J (Johan) Verster	Kolonel
CF (Fred) Wilke	Kolonel
J (Jack) Dippenaar	Luitenant-kolonel
BC (Chris) Greyling	Luitenant-kolonel
PJ (Flip) Marx	Luitenant-kolonel
F (Frans) van Dyk	Luitenant-kolonel
DW (Daan) van Zyl	Luitenant-kolonel
L (Lucky) Tshauambea	Kaptein
JMJ (Boats) Botes	AO1
DG (Spik) Botha	AO1
DL (Dewald) de Beer	AO1
TI (Trevor) Floyd	AO1
AWA (Dap) Maritz	AO1
JJ (Koos) Moorcroft	AO1

J (Johan) Burr-Dixon	Stafsersant
GJ (Gert) Eksteen	Stafsersant
LJ (Louis) Klopper	Stafsersant
J (Justin) Vermaak	Stafsersant
JH (Klein Jakes) Jacobs	Sersant
Rosa Fourie	Recce-vrou
Alet Meerholtz	Recce-vrou

BOEKE

Breytenbach, J. 1992. *The Buffalo Soldiers. The story of South Africa's 32-Battalion 1975–1993*. Alberton: Galago Publishing.

Breytenbach, J. 1990. *They live by the sword*. Alberton: Lemur Books (Pty) Ltd.

Breytenbach, J. 2014. Tweede uitgawe. *Forged in Battle*. Pretoria: Protea Book House.

Dunkley, S. 2017. *Daniel Roxo. The Phantom of the Forest*. Pretoria: Groep 7 Drukkers & Uitgewers Bpk.

Els, PJ. 2014. *We fear naught but God*. Pretoria: PelsA Books.

Greeff, J. 2001. *A Greater Share of Honour*. Ellisras: Ntomeni Printers.

Matthysen, P. Kalkwarf, M. & Huxtable, M. 2010. *"Recce". A Collector's Guide to the South African Special Forces*. Durban: Pinetown Printers.

Spies, FJ du T. 1989. *Operasie Savannah, Angola, 1975-1976*. Pretoria: Gedruk deur Perskor vir die Staatsdrukker, Privaatsak X161.

Stiff, P. 2006. *The Silent War. South African Recce Operations 1969–1994*. Alberton: Galago Publishing.

DR ALEXANDER STRACHAN is 'n bekroonde romanskrywer van Harrismith in die Oos-Vrystaat. Ná sy studie in tale aan die Universiteit van die Oranje-Vrystaat verwerf hy sy doktorsgraad in Zoeloe aan die Universiteit van Pretoria en word 'n vol professor in Afrikatale.

Strachan se debuutbundel kortverhale, *'n Wêreld sonder grense* (1984), is met die Eugène Marais-prys bekroon. Saam met die werk van ander skrywers, onder wie JC Steyn, Etienne van Heerden en Koos Prinsloo, het *'n Wêreld sonder grense* grensliteratuur as genre gevestig.

Hy skryf onder meer die romans *Die jakkalsjagter* (1990), wat met die eerste prys in DeKat en Antenne se Groot Roman-wedstryd bekroon word, en *Die werfbobbejaan* (1994), waarvoor hy die WA Hofmeyr-prys ontvang. Met sy roman *Dwaalpoort* (2010) wen hy weer die WA Hofmeyr-prys vir letterkunde. Sy mees onlangse roman, *Brandwaterkom* (2015), wat oor die Anglo-Boereoorlog handel, is met die kykNET-Rapport-boek-prys bekroon.

Oorlog en spesifiek die Grensoorlog vorm 'n sentrale tema in sy oeuvre. *1 Recce: Die nag behoort aan ons* is sy eerste niefiksie-werk. Hiermee keer hy terug na die Bosoorlog en fokus hy spesifiek op 1 Recce se geskiedenis en rol tydens dié oorlog. Strachan was self 'n Recce.